KB039605

CASE
STUDY
OF
CIVIL
LAW

민사사례

안법영 · 백경희

박영사

머리말

    저자들은 민법 강의를 보완하기 위해 이 책을 만들게 되었다. 법학전문대학원의 수강생들은 분쟁사건의 실무적 해결에 지향된 융합형 문제로 출제되는 변호사시험을 준비하고 있다. 따라서 저자들은 다양한 논점들을 통합하는 사안을 구성했고, 수험학습에 활용될 수 있도록, ㅡ학리적 관점은 유보하면서ㅡ, 통설과 판례를 중심으로 예시적인 해설을 제시하였다.

    수록된 연습사례는 저자들의 교과강의에서 판결례를 참조하여 재구성하여 시행했던 시험문제들을 기초로 하였고, 법해석 및 적용의 역량을 배양하는데 주안을 두었다. 그렇지만 초판이기에 아직 부족한 부분이 적지 않아 지속적으로 보완하려고 한다.

    독자들의 민법 학습에 도움이 되기를 바라마지 않으며, 출간에 도움을 주신 박영사, 자료 및 원고 정리에 수고해 준 정희림 법무관, 이규호 법무관에게도 고마움을 표한다.

2016. 7.

안법영 · 백경희

Contents

차 례

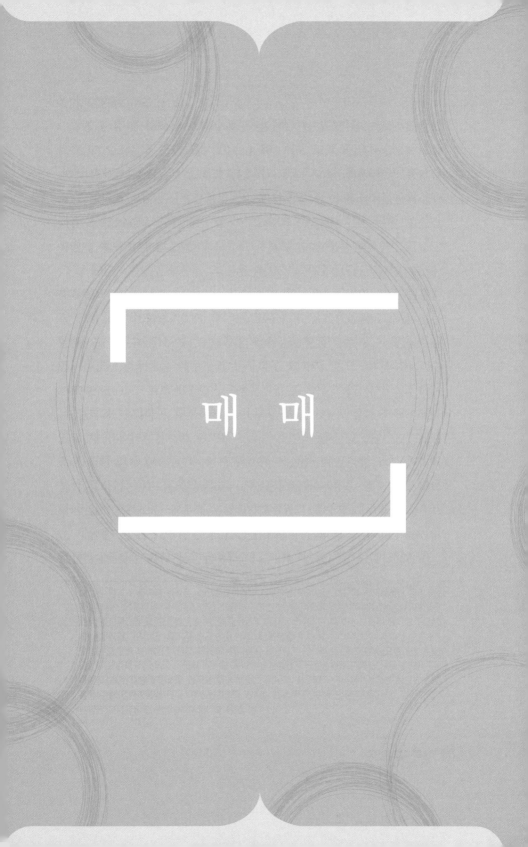

매매

⚖️ »»

토지 매매와 토지거래허가
- 토지 매매, 국토의 계획 및 이용에 관한 법률(국토계획법)의 토지거래허가, 유동적 무효, 착오로 인한 의사표시의 취소, 기판력, 일부 취소 등 -

※ 이하 [사안] 및 각 [사례], 그리고 각 문제의 일자는 공휴(무)일이 아닌 것으로 의제함.

사안

　甲과 乙은 2013. 10. 31. 甲 소유의 ○○시 소재 A토지(답 1,000㎡), B토지(전 1,000㎡)의 2필지 토지에 대하여 매매계약을 체결하였다. 그런데, 위 B토지의 경우 오랫 동안 경작을 하지 않아 수풀이 우거진 상태라서 토지가 정비되어야 하고 정확히 토지가격에 대한 감정을 평가받은 후에야 소유권의 이전이 가능해지기 때문에 甲과 乙은 필지를 나누어서 매매대금을 산정하기로 하고 별도의 매매계약을 체결하였다.

　甲과 乙은 A토지에 대하여는 계약금 2천만 원, 중도금 8억 원, 잔금 1억 원으로 하는 매매계약을 체결하였고, 계약금은 위 매매계약 당시에, 중도금은 2013. 11. 30. 잔금은 2014. 1. 31. 지급하기로 하였다. 그리고 B토지에 대하여는 甲과 乙이 협의하여 정한 K감정평가법인의 토지가격에 대한 감정평가 결과에 의해 매매대금을 결정하기로 합의하였다.

[사안 구성 참조 판결례]　대법원 2006. 1. 27. 선고 2005다52047 판결, 서울고등법원 2005. 8. 11. 선고 2004나29530 판결, 대법원 2013. 5. 23. 선고 2010다50014 판결, 서울고등법원 2010. 5. 20. 선고 2009나50522 판결, 대법원 1991. 12. 24. 선고 90다12243 전원합의체 판결, 대법원 1998. 2. 10. 선고 97다44737 판결, 대법원 2010. 7. 22. 선고 2010다1456 판결 등.

사례 1

A토지에 관하여 乙은 계약금과 중도금은 약정한 기일에 甲에게 지급하였고, 甲은 잔금지급일인 2014. 1. 31. 이전에 소유권이전등기에 필요한 일체의 서류를 준비하여 두었다. 그런데 乙은 위 잔금지급일에 1억 원을 지급하지 못하였다. 이에 甲은 2014. 1. 31. 乙과의 사이에 위 잔금지급일을 2014. 2. 15.까지로 연기하되, 그때까지 잔금을 지급하지 못하면 매매계약은 해제된 것으로 처리하고 기지급된 계약금의 반환청구권은 포기하기로 합의하였다. 또한 합의서에는 乙은 "매매계약서에 있어 2014. 1. 31.로 지정된 잔금일을 乙의 귀책사유로 지연함을 확인하며"라고 기재하기까지 하였다. 그러나 乙은 연기된 잔금지급일까지도 甲에게 잔금을 지급하지 못하였다. 그런데 나중에 확인된 결과 A토지는 국토의 계획 및 이용에 관한 법률상 거래허가구역 내의 토지에 해당하였다.

甲은 매매 잔금이 그 지급기일에 지급되지 아니하는 경우, 매매계약을 해제되는 것으로 약정하였다는 이유로 乙에 대하여 위 매매계약을 해제하고 기지급된 계약금 반환청구권을 乙이 포기함으로써 계약금이 甲에게 귀속된다는 내용의 통고를 하였다. 이에 乙은 위 토지에 대하여 국토의 계획 및 이용에 관한 법률상 토지거래허가를 득하지 아니하였으므로 매수인으로서는 아직 그 계약 내용에 따른 대금지급의무가 있다고 할 수 없음에도 불구하고 乙이 甲과 잔금지급 기일 연장의 합의를 한 착오가 있기 때문에, 그와 같은 합의는 착오로 인해 취소된 것이라고 주장한다.

사례 1 개요도

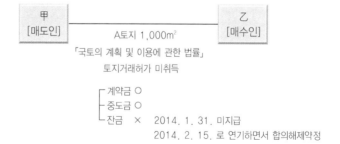

4

국토의 계획 및 이용에 관한 법률(국토계획법)이 규정하고 있는 토지거래계약 허가의 법적 성질에 관해 대법원 판례를 중심으로 약술하시오.

국토계획법 제118조 제1항은 허가구역(동법 제117조)[1]에 있는 토지에 관한 소유권·지상권을 이전하거나 설정하는 계약을 체결하려는 당사자는 공동으로 대통령령으로 정하는 바에 따라 시장·군수 또는 구청장의 '허가'를 받아야 한다고 규정하고 있으며, 동조 제6항에서는 제1항에 따른 허가를 받지 아니하고 체결한 토지거래계약은 '그 효력이 발생하지 아니한다'고 규정하고 있다.

대법원 전원합의체 판결의 다수의견은 위 토지거래 허가의 법적 성질에 관하여, 허가 전 유동적 무효상태에 있는 법률행위의 효력을 완성시켜 주는 강학상 '인가'행위라고 하는바, 그 논거는 다음과 같다.

첫째, 위 제도의 입법취지는 토지의 투기적 거래를 방지하려는 것이다. 따라서 투기적 거래방지를 위하여는 거래계약의 채권적 효력도 부인할 필요가 있으나, 일단 허가를 받은 때에는 당초의 거래계약을 유효화하더라도 투기방지 목적에 장애가 되지 않는다. 둘째, 이러한 관점에서 본다면, 위 허가가 규제지역 내의 모든 국민에게 전반적으로 토지거래의 자유를 금지하고 일정한 요건을 갖춘 경우에만 금지를 해제하여 계약체결의 자유를 회복시켜 주는 성질의 것(강학상 허가)

---

1 국토의 계획 및 이용에 관한 법률 제117조(허가구역의 지정) ① 국토교통부장관 또는 시·도지사는 국토의 이용 및 관리에 관한 계획의 원활한 수립과 집행, 합리적인 토지 이용 등을 위하여 토지의 투기적인 거래가 성행하거나 지가(地價)가 급격히 상승하는 지역과 그러한 우려가 있는 지역으로서 대통령령으로 정하는 지역에 대해서는 다음 각 호의 구분에 따라 5년 이내의 기간을 정하여 제118조 제1항에 따른 토지거래계약에 관한 허가구역(이하 "허가구역"이라 한다)으로 지정할 수 있다. ② ….

으로 보는 것은 위 법의 입법취지를 넘어선 해석이므로 규제지역 내에서도 토지거래의 자유가 인정되나 다만 허가 전의 유동적 무효상태에 있는 법률행위의 효력이 위 허가를 통해 완성되는 것(강학상 인가)이라고 보는 것이 타당하다.[2]

문제 2) 국토의 계획 및 이용에 관한 법률(국토계획법)상 허가구역 내의 토지에 대해 허가를 받지 않은 매매계약의 법적 효력에 관해 대법원 판례를 중심으로 서술하시오.

---

1. 유동적 무효

[문제 1]에서 검토한 바와 같이, 대법원 전원합의체 판결에서는 국토계획법 제118조 제1항의 토지거래계약의 허가를 (강학상) '인가'행위로 해석하고, 동조 제6항이 "제1항에 따른 허가를 받지 아니하고 체결한 토지거래계약은 그 효력이 발생하지 아니한다"고 규정하고 있는바, 허가구역 관할 관청의 허가를 받아야만 해당 토지거래계약은 그 효력이 발생하고 허가를 받기 전에는 물권적 효력은 물론 채권적 효력도 발생하지 아니하여 무효라고 한다. 다만 허가를 받기 전의 거래계약이 처음부터 허가를 배제하거나 잠탈하는 내용의 계약일 경우에는 확정적으로 무효로서 유효화될 여지가 없으나 이와 달리 허가받을 것을 전제로 한 거래계약(허가를 배제하거나 잠탈하는 내용의 계약이 아닌 계약은 여기에 해당하는 것으로 본다)일 경우에는 허가를 받을 때까지는 법률상 미완성의 법률행위로서 소유권 등 권리의 이전 또는 설정에 관한 거래의 효력이 전혀 발생하지 않음은 위의 확정적 무효의 경우와 다

---

2 대법원 1991. 12. 24. 선고 90다12243 전원합의체 판결.

를 바 없지만, 일단 허가를 받으면 그 계약은 소급하여 유효한 계약이 되고 이와 달리 불허가가 된 때에는 무효로 확정되므로 허가를 받기까지는 유동적 무효의 상태에 있다고 한다.[3]

2. 유동적 무효상태에서의 매매계약관계

1.에서 서술한 바와 같이, 국토계획법상 허가받을 것을 전제로 한 허가구역 내의 토지를 거래하는 매매계약이 유동적 무효상태에 있는 경우, 허가를 받기 전에는 계약당사자 사이에는 물권적 효력은 물론 채권적 효력도 발생하지 않는다. 따라서 매수인은 매매목적인 소유권 등의 권리의 이전 또는 설정에 관한 어떠한 내용의 이행청구도 할 수 없고, 매도인은 매수인에게 토지를 인도하거나 소유권이전등기를 경료해 줄 의무가 없으며, 매수인도 매매대금을 지급해야 할 의무가 없다.

3. 계약 당사자의 허가신청 협력의무

위 대법원 판결은, 규제지역 내의 토지에 대하여 허가받을 것을 전제로 한 거래계약을 체결한 당사자는 그 계약이 효력 있는 것으로 완성될 수 있도록 서로 협력할 의무가 있음은 당연하므로 계약의 쌍방 당사자는 공동으로 관할 관청의 허가를 신청할 의무가 있다고 한다.

일방 당사자가 협력의무를 이행하지 않아 관할 관청으로부터 허가를 받지 못하고 있다면, 타방 당사자는 소로써 협력의무의 이행을 제기할 수 있으며, 그로 인해 손해를 입은 경우에는 손해배상을 청구

---

3 대법원 1991. 12. 24. 선고 90다12243 전원합의체 판결 (다수의견) 참조.

할 수 있다.[4]

그렇지만 위 협력의무는 유효한 매매계약의 채무는 아니므로, 상대방이 토지거래허가 신청절차에 협력하지 아니한다 하더라도 그러한 사유만으로 거래계약 자체를 일방적으로 해제할 수 없다.[5]

문제 3) [사례 1]에서 甲의 A토지 매매계약의 해제 주장에 관한 판단을 논거를 제시하여 약술하시오.

1. 계약해제의 약정(합의해제)

국토계획법상 허가구역 내의 토지를 매매하는 당사자가 토지거래허가를 받지 않아 매매계약이 유동적 무효상태에 있는 경우, [문제 2]에서 검토한 바와 같이, 위 계약상 급부의 이행의무는 없다. 따라서 매수인으로서는 아직 그 계약 내용에 따른 대금지급의무가 없으므로 매도인이 매수인의 대금지급의무 불이행을 이유로 매매계약을 해제할 수 없다.[6]

그렇지만 당사자 사이에 별개의 약정으로 잔금 지급의 불이행 시에 매매계약을 해제하기로 약정하는 것은 가능하다.[7] 이때 부동산 매매계약에 있어서 매수인이 잔대금 지급기일까지 그 대금을 지급하지 못하면 그 계약이 자동적으로 해제된다는 취지의 약정이 있더라도, 매도인이 이행의 제공을 하여 매수인을 이행지체에 빠뜨리지 않

---

4 대법원 1995. 4. 28. 선고 93다26397 판결.
5 대법원 2006. 1. 27. 선고 2005다52047 판결.
6 대법원 1991. 12. 24. 선고 90다12243 전원합의체 판결(다수의견) 등 참조.
7 대법원 1991. 12. 24. 선고 90다12243 전원합의체 판결, 대법원 2010. 7. 22. 선고 2010다 1456 판결 등 참조.

는 한 그 약정기일의 도과 사실만으로는 매매계약이 자동 해제되지는 않는다(민법 제544조). 다만, 이와 같은 경우에서도 대법원 판례에 의하면, 매수인이 수회에 걸친 채무불이행에 대하여 책임을 느끼고 잔금 지급기일의 연기를 요청하면서 새로운 약정기일까지는 반드시 계약을 이행할 것을 확약하고 불이행시에는 매매계약이 자동적으로 해제되는 것을 감수하겠다는 내용의 약정을 한 특별한 사정이 있다면, 매수인이 잔금 지급기일까지 잔금을 지급하지 아니함으로써 그 매매계약은 자동적으로 실효된다.[8]

2. [사안]의 해결

[사안]에서 甲은 잔금지급일에 모든 서류를 갖추고 이행할 준비를 하였으나, 乙은 잔대금 지급을 하지 못하고 지급기일을 연기해 줄 것을 요청하였다. 이에 甲과 乙은 그 유예기일까지도 잔대금을 지급하지 못할 경우 계약이 자동적으로 해제되는 것으로 합의하였다.

위와 같은 해제 약정은 토지거래허가의 규제를 배제하거나 잠탈하려는 것이라 할 수 없으므로 유효하다. 따라서, 甲이 乙의 위 약정 불이행에 대하여 매매계약의 해제를 주장하는 것은 정당하다.

문제 4) [사례 1]에서 乙의 착오로 인한 합의해제 약정의 취소 주장에 관한 판단을 논거를 제시하여 약술하시오.

---

8 대법원 1994. 9. 9. 선고 94다8600 판결, 대법원 2010. 7. 22. 선고 2010다1456 판결 등 참조.

앞에서 검토한 바와 같이, [사안]에서는 A토지에 관한 甲과 乙의 매매계약은 국토계획법 제118조 제1항에 따른 거래허가를 받아야 효력이 있다. 그러므로 이하에서는 [사례 1]에서 甲과 乙의 합의해제 약정 당시에 乙은 잔대금지급의무가 없음에도 착오로 한 해제약정의 의사표시로서 취소할 수 있는가를 검토한다.

1. 착오에 의한 취소

민법 제109조에 의해 표의자가 착오를 이유로 의사표시를 취소하기 위해서는 ① 의사표시 당시 표의자에게 착오가 있어야 하고, ② 그 착오는 법률행위 내용의 중요부분에 관한 것이며, ③ 표의자에게 중대한 과실이 없어야 한다. 여기에서 '법률행위의 중요부분의 착오'라 함은 주관적으로 표의자가 그러한 착오가 없었더라면 그 의사표시를 하지 않으리라고 생각될 정도로 중요한 것이어야 하고, 객관적으로도 일반인도 표의자의 처지에 섰더라면 그러한 의사표시를 하지 않았으리라고 생각될 정도로 중요한 것이어야 한다.[9] 이에 관한 입증은 착오로 취소하려는 표의자가 부담한다.

또한 표의자의 중과실이란 표의자의 직업, 행위의 종류·목적 등에 비추어 보통 요구되는 주의를 현저히 결여한 것으로서,[10] 착오를 한 표의자의 상대방이 그 입증을 부담한다.

위와 같은 요건이 갖추어진 경우 표의자는 착오에 의한 의사표시를 취소할 수 있으며(유동적 유효상태), 취소 후에는 그 법률행위는 소급적으로 무효가 된다(민법 제141조 본문).

---

9 대법원 1999. 4. 23. 선고 98다45546 판결, 대법원 2012. 9. 27. 선고 2011다106976 판결 등 참조.

10 대법원 1998. 2. 10. 선고 97다44737 판결, 대법원 2000. 5. 12. 선고 2000다12259 판결, 대법원 2012. 9. 27. 선고 2011다106976 판결 등 참조.

[사안]에서는 해제 약정 당시 乙에게 A토지가 토지거래허가 대상임을 알지 못한 착오가 있었다. 그리고 甲이 乙의 중과실을 입증할 수 있는 특별한 사정도 보이지 않는바, 이하에서는 乙의 착오가 법률행위 내용의 중요부분에 관한 것인지를 검토한다.

2. 乙의 착오(동기의 착오)

법률행위의 내용이란 당사자가 그 법률행위를 통해 발생시키고자 하는 법적 효과, 즉 법률행위의 목적을 의미한다. 그런데 [사례 1]에서 乙이 착오한 것은 甲과 체결한 매매계약상 잔급지급채무의 존부에 관한 것이다. 따라서 합의해제 약정의 내용이 아니라 그러한 약정을 하게 된 연유에 해당한다. 이는 합의해제를 하려는 의사를 결정할 때의 동기 내지 그 과정에서의 착오로서 '동기의 착오'이다.

동기의 착오를 법률행위 내용의 착오로 볼 수 있는지에 관해 학리적으로는 여러 견해들이 있으나,[11] 대법원 판례는 동기의 착오가 법률행위의 내용의 중요부분의 착오에 해당함을 이유로 표의자가 법률행위를 취소하려면 그 동기를 당해 의사표시의 내용으로 삼을 것을 상대방에게 표시하였고, 그 의사표시의 해석상 법률행위의 내용으로 되어 있다고 인정되면 충분하고 당사자들 사이에 별도로 그 동기를 의사표시의 내용으로 삼기로 하는 합의까지 이루어질 필요는 없다고 한다.[12]

---

11 학설은 다음과 같이 견해를 달리한다. 제1설은 동기가 표시되고 상대방이 알고 있는 경우에만 동기의 착오가 내용의 착오로 될 수 있다고 본다(동기표시설). 제2설은 표시의 여부를 불문하고 동기의 착오도 내용의 착오와 동일하게 민법 제109조가 적용되어야 한다고 본다(표시불문설). 제3설은 동기의 착오는 원칙적으로 통상의 착오와 동일시할 수 없으나 예외적으로 '거래에 있어서 중요한 사람 또는 물건의 성질에 관한 착오' 및 이에 준하는 착오에 대해서는 민법 제109조를 유추적용하여야 한다고 본다(유추적용설). 제4설은 동기의 표시여부를 불문하고 동기의 착오는 고려될 수 없으나, 다만 상대방에 의하여 유발된 동기의 착오는 신의칙상 취소가 가능하다고 본다(불고려설).

12 대법원 1997. 9. 30. 선고 97다26210 판결, 1998. 2. 10. 선고 97다44737 판결, 대법원 2000.

3. [사안]의 해결

乙은 해제 합의서에 "이 사건 매매 잔대금일을 본인의 귀책사유로 지연함을 확인하여"라고 기재함으로써 乙에게 잔금지급의무가 있다는 것을 외부에 표시하였다. 따라서 乙의 동기는 법률행위 내용으로 된 것이다. 또한 잔금지급채무 및 합의해제 약정은 주관적, 객관적으로 법률행위의 중요부분이므로 乙은 착오를 이유로 합의해제의 의사표시를 취소할 수 있다.[13]

문제 5) [사례 1]에서 乙이 甲을 상대로 A토지의 소유권이전등기청구 등의 소(이하 전소)를 제기하였는데, 소유권이전등기절차의 이행청구는 기각되고 토지거래허가 신청절차의 이행청구는 인용한 판결이 확정되었다. 그 후 乙이 토지거래허가를 받고서 甲을 상대로 소유권이전등기절차의 이행을 구하는 소(이하 후소)를 제기하였다.

전소의 변론종결 전에 이미 A토지가 토지거래허가구역에서 해제된 사실이 있었으나 乙은 이를 알지 못하여 주장을 할 수 없었던 경우, 乙의 후소의 제기의 적법성에 관한 판단의 논거를 제시하여 서술하시오.

---

5. 12. 선고 2000다12259 판결, 대법원 2012. 9. 27. 선고 2011다106976 판결 등 참조.

13 [사안]과 유사한 사건에 관한 판결에서 대법원은, 매수인이 그 합의에 이르게 된 동기는 매매계약이 유동적 무효상태여서 자신에게 잔급지급의무가 없음을 알지 못하여 그 의무를 지체하였다고 생각했기 때문이고, 그 동기는 위 합의 과정에서 문언을 통해 의사표시의 내용으로 삼을 것이 매도인에게 표시됨으로써 의사표시의 내용이 되었다고 보아 착오의 취소를 인정하였다. 대법원 2010. 7. 22. 선고 2010다1456 판결.

1. 문제점

[문제 5]에서 전소와 후소의 당사자 및 소송물이 동일하기 때문에(민사소송법 제216조, 제218조), 후소의 제기는 원칙적으로 전소의 기판력에 저촉된다. [문제 5]에서는 甲이 전소의 변론종결 전에 위 토지가 토지거래허가구역에서 해제된 사실에 대하여 알지 못한 관계로 공격방어방법을 제출하지 못한 것이므로, 이 점이 기판력의 효력에 영향을 미칠 수 있는지 여부 그리고 법원은 후소에 대하여 어떠한 판결을 내려야 할지를 각 검토한다.

2. 전소에서 선의로 공격방어방법을 주장하지 못한 당사자가 후소에서 동일한 주장의 허용 여부

대법원 판례에 의하면, "동일한 소송물에 대한 후소에서 전소 변론종결 이전에 존재하고 있던 공격방어방법을 주장하여 전소 확정판결에서 판단된 법률관계의 존부와 모순되는 판단을 구하는 것은 전소 확정판결의 기판력에 반하는 것이고, 전소에서 당사자가 그 공격방어방법을 알지 못하여 주장하지 못하였는지 나아가 그와 같이 알지 못한 데 과실이 있는지는 묻지 아니한다"[14]고 보아, 선악, 과실 여부 등을 막론하고 전소에서 공격방법을 주장하지 못한 당사자의 후소에서의 동일한 주장을 받아들이지 않는다.[15]

---

[14] 대법원 1980. 5. 13. 선고 80다473 판결, 대법원 1992. 10. 27. 선고 91다24847, 24854 판결, 대법원 2014. 3. 27. 선고 2011다49981 판결.

[15] 이와 같은 기판력의 작용을 실권효 또는 차단효라 한다. 이시윤, 신민사소송법, 제8판, 박영사, 2014, 618-619면.

3. 전소와 동일한 내용으로 제기된 후소에 대한 법적 판단

기판력의 본질을 모순된 판단의 금지로 보는 견해(모순금지설)에 따르면, 전소에서 승소판결이 확정된 경우 원고가 동일한 후소를 제기하는 것은 권리보호의 이익이 흠결된 것으로 소각하 판결을 내려야한다. 전소에서 패소판결이 확정된 경우에는 판결내용과 모순되는 판단을 내려서는 안 되는 구속력 때문에 후소에 대하여 청구기각 판결을 내려야 한다. 이와 달리, 기판력의 본질을 분쟁해결의 일회성으로 보는 견해(반복금지설)에 따르면, 전소의 결과가 승소이든 패소이든 관계없이 후소의 제기는 부적법한 것으로 소각하 판결을 내려야 한다.

대법원 판례는 동일한 소송물에 관하여 후소가 제기된 [사안]에서 원고가 승소한 전소의 기판력과 저촉된다는 이유로 후소에 대하여 청구기각 판결을 내리고 있는바, 모순금지설의 입장을 취하고 있다.[16]

4. [사안]의 해결

[사안]에서 乙의 공격방어방법 주장은 기판력의 실권효에 의해 인정될 여지가 없으며, 이미 패소한 전소와 동일한 소송물을 대상으로 제기한 후소에 대해서는 모순금지설에 의하면 청구기각 판결이, 반복금지설에 의하면 소각하 판결이 각 내려질 것이다.

---

16 대법원 2014. 4. 10. 선고 2012다29557 판결 등.

[사안]에서 K감정평가법인은 2013. 11. 30. B토지를 1㎡ 당 75,000원으로 평가한 감정서를 甲과 乙에게 제출하였고, 甲과 乙은 이에 따라 B토지의 가격을 7,500만 원으로 정하였고, 乙은 甲에게 2013. 12. 1. 계약금 750만 원, 2013. 12. 31. 잔금 6,750만 원을 지급하고, 甲으로부터 소유권이전등기를 경료받았다.

그런데 K감정평가법인이 B토지의 최초 평가시 용도지역 인정상 착오가 있어 자연녹지개발제한구역을 생산녹지로 잘못 알고 평가하였음을 발견하였고, 2014. 1. 15.경 1㎡당 40,000원으로 다시 평가하여 작성한 감정서를 甲과 乙에게 통보하였다.

사례 2 개요도

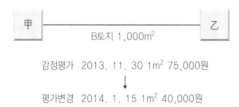

문제 6) [사례 2]에서 乙은 B토지 매매계약을 취소할 수 있는가의 판단을 논거를 제시하여 약술하시오.

[사안]에서 甲과 乙은 B과 토지의 매매에서는 K감정평가법인의 토지가격에 대한 감정평가결과에 따라 매매대금을 결정하기로 하였다. 앞서 검토한 대법원 판례의 법리(동기표시설)에 의하면 위 착오는

법률행위 내용의 착오로 인정된다.[17]

　토지매매가격에 있어 시가에 관한 착오는 원칙적으로 법률행위 내용상 중요부분의 착오가 아니지만 예외적으로 시가의 차이가 현저한 경우에는 중요부분의 착오가 될 수 있다.

　[사례 2]에서는 쌍방에 공통하는 동기의 착오로서 K감정평가법인의 과실에 의하여 유발된 것이어서 乙의 중과실을 인정할만한 사정이 없다. 따라서 민법 제109조 제1항의 요건이 충족되어 乙은 매매계약을 취소할 수 있다.

> 문제 7)　[사례 2]에서 乙은 정정된 감정가격에 기하여 산정된 금액을 초과한 부분에 한하여만 B토지의 매매계약을 취소할 수 있는가의 판단을 논거를 제시하여 약술하시오.

　[사안]에서 甲과 乙은 B토지의 매매가격을 K감정평가법인의 토지가격 감정평가에 의해 정하기로 하였으나, [사례 2]에서 위 감정평가법인이 위 B토지의 1㎡당 평가가격을 75,000원으로 평가하여 통보한 후에 1㎡당 40,000원으로 수정·통보함으로써 초래된 매매대금의 차액부분만을 취소하려는 것이므로, 계약의 일부취소 법리 적용을 검토한다.

　현행 민법은 일부취소에 관해 명시적으로 규정하지 않고 있으나, 대법원 판례는 일부무효(민법 제137조)를 유추하여 법률행위의 일부취

---

17 대법원은 매매대상 토지 중 20~30평 가량만 도로에 편입될 것이라는 중개인의 말만 믿고 주택 신축을 위하여 토지를 매수하였고 그와 같은 사정이 계약체결과정에서 현출되어 매도인도 알고 있었는데, 실제로는 전체 면적의 약 30%에 해당하는 197평이 도로에 편입된 사안에 관한 판결에서 동기의 착오를 이유로 매매계약을 취소를 인정하였다. 대법원 2000. 5. 12. 선고 2000다12259 판결.

소를 인정하고 있다. "하나의 법률행위의 일부분에만 취소사유가 있다고 하더라도 그 법률행위가 가분적이거나 그 목적물의 일부가 특정될 수 있다면, 나머지 부분이라도 이를 유지하려는 당사자의 가정적 의사가 인정되는 경우 그 일부만의 취소도 가능하다고 할 것이고, 그 일부의 취소는 법률행위의 일부에 관하여 효력이 생긴다"고 한다.[18]

B토지의 매매대금은 금전이므로 본질적으로 분할이 가능하고, 甲과 乙이 애당초 B토지에 관해 매매계약을 체결할 당시에 매매대금을 K감정법인의 평가가액으로 정하기로 한 사실에 비추어 수정 평가 전의 매매대금일지라도 당사자가 매매계약을 유지하려는 가정적 의사를 인정할 수 있을 것이다.

그러므로 乙은 수행된 감정가격으로 산정된 매매대금을 초과하는 부분에 극한하여 B토지의 매매계약의 일부만을 취소할 수 있다.

---

18 대법원 1990. 7. 10. 선고 90다카7460 판결, 대법원 1992. 2. 14. 선고 91다36062 판결, 대법원 1998. 2. 10. 선고 97다44737 판결, 대법원 2002. 9. 4. 선고 2002다18435 판결 등 참조. 나아가 대법원은, 여러 개의 계약이 체결된 경우에 그 계약 전부가 하나의 계약인 것과 같은 불가분의 관계에 있는 것인지 여부는 계약체결의 경위와 목적 및 당사자의 의사 등을 종합적으로 고려하여 판단하여야 할 것이고(대법원 2003. 5. 16. 선고 2000다54659 판결, 대법원 2006. 7. 28. 선고 2004다54633 판결 등 참조), 각 계약이 전체적으로 경제적, 사실적으로 일체로서 행하여진 것으로 그 하나가 다른 하나의 조건이 되어 어느 하나의 존재 없이는 당사자가 다른 하나를 의욕하지 않았을 것으로 보이는 경우 등에는, 하나의 계약에 대한 기망 취소의 의사표시는 법률행위의 일부무효이론과 궤를 같이 하는 법률행위 일부취소의 법리에 따라 전체 계약에 대한 취소의 효력이 있다고 한다. 대법원 1994. 9. 9. 선고 93다31191 판결, 대법원 2013. 5. 9. 선고 2012다115120 판결 참조.

이중매매계약

– 부동산 이중매매, 반사회적 법률행위(민법 제103조),
절대적 무효, 원인 무효, 불법원인급여(민법 제746조),
채권자대위권 등 –

※ 이하 [사안] 및 각 [사례], 그리고 각 문제의 일자는 공휴(무)일이 아닌 것으로 의제함.

사안

乙은 甲으로부터 2015. 4. 5. ○○시 소재 A대지(201 대 300㎡)를 매수하는 계약을 체결하면서, 계약금 3천만 원은 당일, 중도금 1억 원은 한 달 뒤인 2015. 5. 5. 잔금 1억 7천만 원은 2015. 11. 5. 지급하기로 하고, 소유권이전등기는 잔금지급일에 잔금 지급과 상환으로 넘겨받기로 하였다. 乙은 甲에게 2015. 4. 5. 계약금을, 2015. 5. 5. 중도금을 각 지급하였다.

그런데 甲은 2015. 5. 15. 丙의 아들로부터 A대지 부근에 대규모 아파트단지가 조성된다는 이야기를 듣게 되었고, 한편 건축사업을 하는 丙은 甲에게 A대지에 상가건물을 건축하여 분양하면 큰 이익을 챙길 수 있다면서 자신에게 위 대지를 팔 것을 제안하였다. 甲은 이미 위 대지를 乙에게 매도하여 중도금까지 받은 상태이니 그렇게 하기는 어렵다고 하였지만, 丙은 甲과 乙 사이에 발생하는 모든 법적 문제는 자신이 책임을 질 것이고, 위 대지 가격도 2배로 드리거니와 앞으로 건축할 상가분양에서도 우선 특혜를 주겠다고 하면서 자신에게 위 대지 명의를 넘겨달라고 하였다.

甲도 생각해보니 노후도 걱정되고 乙에게 A대지를 헐값에 팔았다고 판단하고 2015. 6. 15. 丙과 6억 원에 위 대지를 파는 매매계약을 체결하고

2015. 6. 17. ○○법원 접수 제1234호로 丙 명의의 소유권이전등기를 마쳐주
었다.

한편 丙은 경기불황으로 건축사업의 수익이 악화되자 2015. 8. 7. 丁에게 A
대지를 7억 원에 매도하고 그 대금을 일시에 지급받고서 같은 날 위 대지에
관하여 ○○법원 접수 제5678호로 丁 명의로 소유권이전등기를 넘겨주었다.

乙은 잔금지급일에 지급할 돈을 마련하고 있던 중 위와 같은 사정을 알게
되었다.

[사안 구성 참조 판결례] 대법원 2013. 10. 11. 선고 2013다52622 판결, 부산지
방법원 2013. 6. 14. 선고 2012나16428 판결, 수원지방법원 2001. 1. 19. 선고
99나17767 판결 등.

사안 개요도

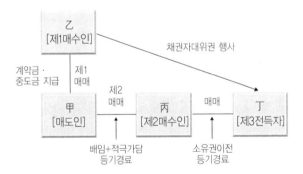

1. 부동산의 이중매매

[사안]에서 甲은 그의 소유 A대지에 관해 乙, 丙과 중첩적으로 매매계약을 체결하고서 제2 매수인 丙에게 위 대지의 소유권을 이전하였으므로 乙에 대한 채무불이행책임이 우선 검토될 수 있다. 그리고 甲이 乙, 丙과 중첩적으로 체결한 매매계약은 A부동산의 이중매매에 해당한다. 부동산의 이중매매는 어느 부동산에 관해 소유권 등을 이전하는 매매계약을 체결한 매도인이 위 부동산에 관해 재차 제3자와 동일한 내용으로 제2의 매매계약을 체결하는 것이다.[19] 이러한 경우에 매도인은 동일 부동산에 관하여 다수의 매수인들과 중첩적으로 매매계약을 체결한 상태이지만, 자유주의적인 경쟁적 시장원리와 그에 기초한 채권자 평등의 원칙상 다수의 매수인들은 매도인에 대해 동등한 지위를 갖는바, 매도인은 어느 매수인에게든지 매매계약에 따라 A부동산의 소유권을 이전해 줄 수 있다. 그러나 위와 같은 원리 및 원칙에는 민법상 내재적이고 외연적인 한계가 인정된다(민법 제103조 등).

---

19 이와 관련하여 이중양도(二重讓渡)와 구별하여야 한다. 양도는 법률행위에 의한 재산권을 종국적으로 이전하는 처분행위이다. 따라서 매매계약에 의한 양도를 매도(賣渡)라고 한다. 하나의 물권을 다수인에게 중첩적으로 양도하는 경우를 가리켜 통상 이중양도(二重讓渡)라고 한다. 그런데 현행 민법은 물권변동에는 이른바 등기나 인도를 요하는 형식주의를 취하고 있으므로(민법 제186조, 제187조), 제1의 양도행위가 유효하는 한, 제2의 양도행위는 무권한의 처분행위가 되어, 제2의 양수인은 원칙적으로 해당 물권을 취득하지 못한다. 이와 달리 채권양도에서는 이른바 대항요건주의(민법 제450조)를 취하고 있어 원칙적으로 이중양도가 가능하다. ☞ 이하 '채권양도' [사안] 참조.

이하에서는 민법상 채무불이행책임과 이중매매의 제한적 법리의 적용, 그리고 채권자대위권의 행사를 검토한다.

2. 甲과 乙의 매매계약

[사안]과 같이 어느 일정 부동산(A대지)에 관해 제1의 매매계약이 체결된 후 매도인이 같은 부동산을 거래 목적으로 하는 제2 매매계약의 매수인에게 해당 부동산의 소유권이전등기를 경료해 준 경우, 원칙적으로 제1의 매매계약상 급부(소유권이전등기)는 불능이 된다.

대법원 판례에 의하면, 채무의 이행불능은 단순히 절대적·물리적으로 불능인 경우가 아니라 사회생활에 있어서의 경험법칙 또는 거래상의 관념에 비추어 볼 때 채권자가 채무자의 이행의 실현을 기대할 수 없는 경우라고 하며,[20] 매수인에게 부동산의 소유권이전등기를 해 줄 의무를 지는 매도인이 그 부동산에 관하여 다른 사람에게 이전등기를 마쳐 준 때에는 매도인이 그 부동산의 소유권에 관한 등기를 회복하여 매수인에게 이전등기해 줄 수 있는 특별한 사정이 없는 때에 비로소 매수인에 대한 소유권이전등기의무가 이행불능의 상태가 된다고 한다.[21]

위와 같은 대법원 판례에 따르면, [사안]에서 매도인 甲이 丙에게 A대지를 매도한 것은 매수인 乙에 대한 관계에서 일응 고의에 의한 이행불능의 채무불이행책임이 성립한다(민법 제390조).

---

20 대법원 2003. 1. 24. 선고 2000다22850 판결, 대법원 2012. 9. 13. 선고 2010다5663 판결 등 참조.
21 대법원 1985. 9. 10. 선고 85다카507 판결, 대법원 2010. 4. 29. 선고 2009다99129 판결, 대법원 2014. 4. 30. 선고 2010다11323 판결 등 참조.

3. 甲과 丙의 매매계약

[사안]에서 甲이 A대지에 관해 丙과 제2매매계약을 체결한 행위가 민법 제103조의 공서양속에 반하는 법률행위로서 무효가 될 수 있는가에 관해 검토한다.

소유자인 매도인의 제2의 소유권양도의무를 발생시키는 원인이 되는 제2의 매매계약이 제1 매수인에 대한 계약위반을 유발시키는 것만으로는 공서양속에 반하여 무효가 되는 것은 아니다. 주류적인 대법원 판례는, "이중매매를 사회질서에 반하는 법률행위로서 무효라고 하기 위해서는 양수인이 양도인의 배임행위를 아는 것만으로는 부족하고, 나아가 배임행위를 유인, 교사하거나 이에 협력하는 등 적극 가담하는 것이 필요하다 할 것인데, 이때에는 제 2양수행위의 상당성과 특수성 및 제 2양도계약의 성립과정, 경위, 양도인과 제 2양수인의 관계 등을 고려하여 판단"한다.[22]

[사안]에서는 A대지의 소유자인 甲이 乙과 이미 매매계약을 체결한 사실을 알고 있는 丙이 2배의 매매대금을 제안하고, 제1 매수인 乙에 대한 계약위반의 법적 책임을 자신이 부담하겠다고 한 사실, 위 대지에 건립하려는 상가건물의 분양에서 우선적 혜택을 주겠다고 한

---

22 대법원 1995. 2. 10. 선고 94다2534 판결, 대법원 2008. 2. 28. 선고 2007다77101 판결, 대법원 2009. 9. 10. 선고 2009다34481 판결 등 참조. 이중매매가 "공서양속에 반한다고 하려면, 다른 특별한 사정이 없는 한 상대방에게도 그러한 무효의 제재, 보다 실질적으로 말하면 나아가 그가 의도한 권리취득 자체의 좌절을 정당화할만한 책임귀속사유가 있어야 한다. 제2의 양도채권자에게 그와 같은 사유가 있는지를 판단함에 있어서는, 그가 당해 계약의 성립과 내용에 어떠한 방식으로 관여하였는지(당원의 많은 재판례가 이 문제와 관련하여 제시한 '소유자의 배임행위에 적극 가담하였는지' 여부라는 기준은 대체로 이를 의미한다)를 일차적으로 고려할 것이고, 나아가 계약에 이른 경위, 약정된 대가 등 계약내용의 상당성 또는 특수성, 그와 소유자의 인적 관계 또는 종전의 거래상태, 부동산의 종류 및 용도, 제1 양도채권자의 점유 여부 및 그 기간의 장단과 같은 이용현황, 관련 법규정의 취지·내용 등과 같이 법률행위가 공서양속에 반하는지 여부의 판단에서 일반적으로 참작되는 제반 사정을 여기서도 종합적으로 살펴보아야 할 것이다." 대법원 2013. 10. 11. 선고 2013다52622 판결.

사실 등은 甲이 乙과 체결한 제1매매계약의 위반을 유인, 교사하여 적극적으로 가담한 것으로서 민법 제103조의 선량한 풍속 기타 사회질서에 위반하는 행위에 해당하여 제2 매매계약은 무효이다.

4. 丙과 丁 사이의 매매계약의 효력

부동산의 이중매매가 민법 제103조의 반사회적 법률행위로서 무효인 경우, 이 무효는 해당 계약의 당사자 이외의 제3자에게도 효력이 없는 이른바 절대적 무효이다.

[사안]에서는 丙은 甲으로부터 A대지의 소유권이전등기를 경료받았고, 丙은 재차 위 대지를 丁에게 매도하였는바, 이러한 소유권이전은 원인무효의 양도행위가 된다. 이와 관련하여 대법원 판례는, 부동산의 제2 매수인이 매도인의 배임행위에 적극 가담하여 제2 매매계약이 반사회적 법률행위에 해당하는 경우에는 제2 매매계약은 절대적으로 무효이므로, 당해 부동산을 제2 매수인으로부터 다시 취득한 제3자는, 제2 매수인이 당해 부동산의 소유권을 유효하게 취득한 것으로 믿었다고 하더라도, 제2 매매계약의 유효를 주장할 수 없다고 한다.[23]

위와 같은 대법원 판례의 법리에 의하면, [사안]에서 甲과 丙 사이의 A대지에 관한 매매계약은 무효이므로, 丁은 위 대지에 관한 甲과 丙 사이의 매매계약의 유효를 주장할 수 없으며, 이에 터 잡아 甲으로부터 丙에게, 그리고 丙으로부터 丁에게 순차적으로 이루어진 A대지의 소유권이전의 물권변동도 또한 무효이다.

---

23 대법원 1979. 7. 24. 선고 79다942 판결, 대법원 1984. 6. 12. 선고 82다카672 판결, 대법원 1985. 11. 26. 선고 85다카1580 판결, 대법원 1996. 10. 25. 선고 96다29151 판결 등 참조.

5. 乙의 채권자대위권 행사

[사안]과 관련하여 [문제 1]에서는 乙은 甲과의 매매계약에 따라 A대지의 소유권을 취득하려고 하는바, 乙이 계약상 채권자로서 丁을 상대로 민법 제404조의 채권자대위권을 행사할 수 있는가를 검토한다(☞ 요건 및 효과에 관해서는 '채권자대위권' [사안] 참조).

대법원 판례에 의하면, 부동산을 이중매매한 제2의 계약행위가 민법 제103조의 반사회적 행위로서 평가되어 무효인 경우에 제1 매수인은 매도인을 대위하여 제2 매수인에게 경료된 소유권이전등기의 말소를 청구할 수 있다고 한다.[24]

위와 같은 대법원 판례의 법리에 의하면, [사안]에서 A대지의 제1 매수인 乙은 매도인 甲을 대위하여 제2 매수인 丙, 그리고 丙으로부터 위 대지를 전매(轉買)하여 소유권이전등기를 경료 받은 丁을 상대로 채권자대위권을 행사하여 丙, 丁 명의로 이전된 A대지의 소유권이전등기의 말소를 청구하고, 甲을 상대로 매매계약에 의한 A대지의 소유권이전등기를 청구할 수 있다.

[참조]

[사안]과 같이, 이중매매에 의한 부동산의 양도행위가 민법 제103조에 위반되어 무효인 경우, 매도인이 제2 매수인에게 위 부동산의 소유권을 이전한 것은 민법 제746조의 불법원인급여에 해당하므로 매도인은 제2 매수인에게 위 부동산의 소유권의 반환을 청구할 수 없다. 따라서 제1 매수인이 채권자대위권을 행사하려는 경우, 그 요건상 대위할 채무자(매도인)의 제3 채무

---

24 대법원 판례는 원고로서는 소외인으로부터 피고에게 위 부동산에 대한 소유권이전등기가 경유된 것에 대하여 중대한 이해관계가 있다 할 것인데 그것이 원고에 대한 배임행위로서 반사회적 법률행위에 해당한다면 이 사건으로서 같은 소외인을 대위하여 피고 앞으로 경유된 등기의 말소를 구할 수 있음은 당연하다고 한다. 대법원 1980. 5. 27. 선고 80다565 판결.

자(제2 매수인)에 대한 권리가 없다는 법리구성상 난점이 지적된다.[25]

위 법리구성에 관해 대법원 판례상 관련 법리들에 상응하는 논거로서는, "토지의 이중매매가 선량한 풍속 기타 사회질서에 위반하여 무효인 경우, 제2 매수인의 불법성이 매도인의 그것보다 현저히 큰 데 반하여 매도인의 불법성은 미약한 경우에는 민법 제746조 본문의 적용이 배제되어 매도인은 제2 매수인에게 소유권이전등기의 말소등기청구를 할 수 있고 따라서 제1 매수인은 매도인의 말소등기청구권을 대위 행사할 수 있으며, 가사 제2 매수인의 불법성이 매도인의 불법성에 비하여 불법원인급여의 반환을 허용할 정도로 현저히 강하다고 할 수 없다고 하더라도 다른 반사회적 법률행위에 있어서와는 달리 이중매매의 반사회성은 매매계약 당사자 사이의 법률행위 과정에 그러한 선량한 풍속 기타 사회질서에 반하는 요소가 있다고 하기 보다는 제1 매수인에 대한 관계에 있어서 그 법률행위가 반사회성을 띠고 있다고 보아야 할 것이어서, 반사회적 이중매매에 있어서는 다른 반사회적 법률행위에 있어서와는 달리 이를 무효라고 주장할 수 있는 자는 제1 매수인 뿐이고, 매도인과 제2 매수인간의 이중매매는 제1 매수인이 그것이 반사회적 법률행위라고 주장할 때에 비로소 무효가 되는 것이라 할 것이므로, 제1 매수인이 이중매매의 무효를 주장하여 자신의 권리를 보전하려고 하는 한 매도인 및 제2 매수인은 각 이에 협력하여야 할 의무가 있고, 이러한 한도 내에서 반사회적 이중매매로 인한 급여는 매도인과 제2 매수인 사이에서 불법원인급여에 해당하지 아니한다고 할 것인바, 제1 매수인이 매도인과 제2 매수인 사이의 매매계약이 반사회적 이중매매에 해당하여 무효라고 주장하며 매도인을 대위하여 위 각 지분이전등기의 말소를 구하는 경우, 제2 매수인은 민법 제746조를 들어 제1 매수인의 청구를 거절할 수 없다"는 하급심 판례의 요지가 참조될 수 있을 것이다.[26]

---

25 이러한 법리구성상 문제점에 관해, 매도인의 권리를 대위하지 않고 직접 제2 매수인에게 소유권이전등기 말소를 청구할 수 있는 방안으로서 채권자취소권의 유추 내지 전용, 또는 불법행위 성립과 원상회복의 효과를 인정하는 등의 해석론도 있다.

26 수원지법 2001. 1. 19. 선고 99나17767 판결.

[문제 1]의 자문의견서를 확인한 乙로부터 2015. 8. 25. 소의 제기를 수임받은 변호사로서 소장의 청구취지 구성을 예시적으로 제시하시오. (판례의 예에 의함)

1. ○○시 소재 201 대 300㎡에 관하여

가. 피고 甲에게

1) 피고 丁은 ○○지방법원 2015. 8. 7. 접수 제5678호로 마친 소유권이전등기의

2) 피고 丙은 같은 법원 2015. 6. 17. 접수 제1234호로 마친 소유권이전등기의

각 말소등기절차를 이행하라.

나. 피고 甲은 2015. 11. 5.이 도래하면, 원고로부터 1억 7천만 원을 지급받음과 동시에 원고에게 2015. 4. 5. 매매를 원인으로 한 소유권이전등기절차를 이행하라.[27]

2. 소송비용은 피고들이 부담한다.

라는 판결을 구합니다.

---

[27] 변론종결시를 기준으로 하여 이행기가 장래에 도래하는 장래이행 청구이므로 민사소송법 제251조에 따라 '미리 청구할 필요'가 요구된다. 이 [사안]에서는 피고가 타인에게 이미 등기를 넘겨 이행기에 이르러도 이행을 기대할 수 없음이 명백한 경우에 해당되어 미리 청구할 필요가 인정된다.

무권대리
– 토지매매, 무권한자의 처분행위, 소유권이전등기말소청구,
채권자대위권, 진정명의회복을 원인으로 한 소유권이전
등기청구, 무효의 주장과 신의칙, 소송수계, 중복제소 등 –

※ 이하 [사안] 및 각 [사례], 그리고 각 문제의 일자는 공휴(무)일이 아닌 것으로 의제함.

사안

　　甲은 1990. 6. 경 ○○시 소재 A토지를 매수하여 그 무렵 위 매매계약을 원인으로 한 A토지의 소유권이전등기를 경료하고서 이를 농지로 경작하여 왔다.

　　그런데 만 19세 10개월 남짓인 甲의 외아들 乙은 사업자금 등을 마련하고자, 2013. 4. 1. 甲이 심장병 질환으로 인해 장기간 입원하여 부재 중인 틈을 타서 A토지의 등기권리증과 甲의 인장, 인감증명서를 지니고 甲의 대리인으로 행세하여 A토지를 丙에게 매도하고, 丙에게 소유권이전등기를 경료하여 주었다.

　　甲은 위와 같은 사실을 모른 채 2014. 8. 1. A토지를 丁에게 매도하는 매매계약을 체결하였고 계약금과 중도금을 지급받았다. 甲은 2014. 8. 10.경 잔금지급기일인 2014. 8. 20.에 丁에 대한 소유권이전등기를 경료해 주기 위하여 등기이전관련 서류를 준비하며 부동산등기부등본을 확인하다가 이미 丙에게 소유권이전등기가 경료된 것을 알게 되었다.

[사안 구성 참조 판결례] 대법원 1994. 9. 27. 선고 94다20617 판결, 서울고등법원 1994. 3. 24. 선고 93나32813 판결, 인천지방법원 1993. 6. 11. 선고 93가합6603 판결 등.

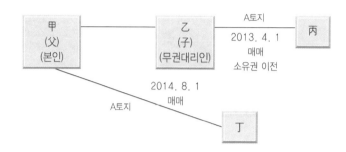

甲
(父)
(본인)

乙
(子)
(무권대리인)

A토지
2013. 4. 1
매매
소유권 이전

丙

2014. 8. 1
매매

A토지

丁

문제 1) [사안]에서, 1. 丙이 A토지의 매매계약의 효력을 주장하거나 乙
의 책임을 추궁할 수 있는 방안에 관해, 그리고 2. 甲이 丙으로
부터 A토지의 소유자명의 등기를 회복하는 방안에 관해 논거를
제시하여 약술하시오.

　　甲의 소유인 A토지에 대하여 甲의 자(子) 乙이 甲의 대리인으로
서 丙과 매매계약을 체결하였고, A토지의 소유권이전등기가 丙에게
경료되었다. 乙의 매매계약 체결행위가 적법한 유권대리행위로 되기
위해서는 ① 본인의 적법한 수권을 받아 대리권이 존재할 것, ② 대
리인이 그 권한 내에서 본인(甲)을 위한 행위라는 표시(현명)를 하였을
것, ③ 대리인과 상대방 간의 적법한 법률행위가 있을 것이라는 요건
이 충족되어야 한다.
　　[사안]에서는 본인인 甲의 대리권 수여 자체가 없으므로, 乙이
丙과 체결한 A토지에 관한 매매계약의 효력은 甲에게 미치지 않는다
(민법 제114조).

1. 乙의 대리행위에 의한 계약책임 등

[사안]에서 丙이 甲에 대해 A토지에 관한 매매계약의 유효를 주장할 수 있는 방안으로서는, 乙의 대리행위에 관해 표현대리(민법 제125조, 제126조, 제129조), 또는 甲의 乙의 무권대리에 관한 추인(민법 제130조)의 주장이 고려될 수 있다. 그러나 [사안]에서는 乙에게 어떠한 기본대리권이 존재하거나 존재했던 사정은 나타나 있지 않고, 권리자 甲의 추인행위로 인정될만한 사정도 없다. 따라서 甲을 대리한 丙과의 A토지에 관한 매매계약은 甲에 대해 효력이 없고 A토지의 丙 명의로의 소유권이전등기는 원인무효이다.

다음으로 丙은 乙에게 민법 제135조에 의한 무권대리인의 책임을 주장할 수 있다. 요건으로는 ① 무권대리인의 대리행위가 있을 것, ② 무권대리인이 대리권을 증명할 수 없을 것(민법 제135조 제1항), ③ 상대방이 무권대리인의 대리권 없음에 대해 선의·무과실일 것, ④ 본인의 추인이 없을 것, ⑤ 표현대리가 인정되지 않을 것, ⑥ 상대방이 철회권을 행사하지 않고 있을 것, ⑦ 무권대리인이 행위능력자일 것(민법 제135조 제2항)이 요구된다.

[사안]에서는 乙의 대리행위(丙과의 매매계약 체결행위)가 있었으나 A토지의 소유자인 甲의 수권행위는 없었으며, 상대방 丙이 수권행위가 존재하지 않음에 대해 악의 또는 과실이 있는 사정은 보이지 않는다. 또한 乙의 표현대리나 甲의 추인은 인정되지 않으며, 丙이 철회한 사정도 보이지 않고 乙은 성년자(민법 제4조)로서, 특별한 사정이 없는 한 행위능력도 인정된다. 따라서 乙은 무권대리인으로서 乙은 丙의 선택에 좇아 계약의 이행 또는 손해배상의 책임을 진다(민법 제135조 제1항).

그렇지만 [사안]에서는 丙이 乙로부터 A토지의 소유권이전을

받거나 손해배상을 받을 수 있는 가능성은 사실상 없을 것으로 여겨
진다.

2. A토지의 甲 소유명의의 등기 회복

甲은 원인무효인 소유권이전등기가 丙에게 경료된 A토지의 소유
자로서 丙을 상대로 소유권이전등기말소청구소송을 제기하거나(민법
제214조), 이미 甲은 자기 앞으로 소유권을 표상하는 등기가 되어 있었
으므로 진정한 등기명의를 회복하기 위한 방법으로 현재의 등기명의
인을 상대로 그 등기의 말소를 구하는 청구(진정명의회복을 위한 소유권이전
등기청구소송)도 할 수 있다.[28]

> **문제 2)** 甲이 丙을 상대로 제기한 A토지의 소유명의 등기를 회복하기 위
> 한 소송에서 丙은 乙이 甲으로부터 대리권을 수여받아 A토지에
> 관한 매매계약을 체결한 것이라고 주장하는 경우, 乙의 대리권
> 유무에 관한 입증부담에 관해 약술하시오.

[사안]에서 A토지에 관한 丙 명의의 소유권이전등기는 등기의
추정력에 의해 적법한 것으로 추정된다.[29] 따라서 이러한 추정을 번

---

28 대법원 2001. 9. 20. 선고 99다37894 전원합의체 판결 등 참조. 부동산 소유명의신탁의 경우,
   명의신탁자 명의로 소유권을 표상하는 등기가 되어 있었거나 명의신탁자가 법률에 의하여 소유
   권을 취득한 진정한 소유자라는 사정이 있다면 등기명의를 회복하기 위한 방법으로 진정명의회
   복을 원인으로 한 소유권이전등기 절차이행을 구할 수도 있다. 대법원 2013. 8. 22. 선고 2013
   다31403 판결 참조.

29 부동산에 관하여 소유권이전등기가 마쳐져 있는 경우, 그 등기명의자는 제3자에 대하여서 뿐만
   아니라 그 전의 소유자에 대하여도 적법한 등기원인에 의하여 소유권을 취득한 것으로 추정되
   므로, 이를 다투는 측에서 그 무효사유를 주장·입증하여야 한다. 대법원 2011. 11. 10. 선고
   2010다75648 판결, 대법원 2013. 1. 10. 선고 2010다75044 판결 등 참조.

복시키기 위한 대리권 부존재에 관한 입증은 甲이 부담하게 된다.

대법원 판례는 "소유권이전등기가 전 등기명의인의 직접적인 처분행위에 의한 것이 아니라 제3자가 개입된 처분행위에 의하여 이루어진 경우에, 현 등기명의인이 그 제3자가 전 등기명의인으로부터 대리권을 수여받았거나 당해 부동산에 관한 명의신탁자 등 실질적인 처분권한을 보유한 자의 허락을 받고 처분행위를 하였다고 주장하는 경우에는 현 등기명의인의 등기가 적법하게 이루어진 것으로 추정된다 할 것이므로, 위 등기가 원인무효임을 이유로 그 말소를 구하는 전 등기명의인으로서는 그 반대사실, 즉 그 제3자에게 전 등기명의인을 대리할 권한이나 실질적인 권리자의 동의가 없었다거나 또는 그 제3자가 전 등기명의인의 등기서류를 위조하였다는 등의 무효사실"에 대한 입증을 부담한다고 한다.[30]

---

30 대법원 1995. 5. 9. 선고 94다41010 판결, 대법원 1997. 4. 8. 선고 97다416 판결, 대법원 2009. 6. 25. 선고 2009다10386 판결 등 참조. 그 밖에 대법원 판례는, 유권대리의 주장에는 무권대리에 속하는 표현대리의 주장이 포함되지 않는다고 하는바, [사안]에서 乙이 유권대리를 하였다는 丙의 주장에 터잡아 乙의 표현대리 성립 여부를 판단할 수 없다. 소송상 변론에서 당사자가 주장한 주요사실(법률효과를 발생시키는 실체법상의 구성요건 해당 사실)만이 심판의 대상이 된다. 즉, 유권대리에 있어서는 본인이 대리인에게 수여한 대리권의 효력에 의하여 법률효과가 발생하는 반면, 표현대리에 있어서는 대리권이 없음에도 불구하고 법률이 특히 거래상대방 보호와 거래안전유지를 위하여 본래 무효인 무권대리행위의 효과를 본인에게 미치게 한 것으로서 표현대리가 성립된다고 하여 무권대리의 성질이 유권대리로 전환되는 것은 아니므로, 양자의 구성요건 해당 사실, 즉 주요사실은 서로 다르다고 볼 수밖에 없으니 유권대리에 관한 주장 가운데 무권대리에 속하는 표현대리의 주장이 포함되어 있다고 볼 수 없다는 것이다." 대법원 1983. 12. 13. 선고 83다카1489 전원합의체 판결 참조.

사례 1   [사안]에 다음과 같은 사실관계를 추가적으로 상정한다.

甲과 A토지에 관해 매매계약을 체결한 丁은 잔금지급기일인 2014. 8. 20. 현재 잔금을 지급할 채무만이 남아 있는데, 丙 명의의 소유권이전등기는 말소되지 않았고, 甲 역시 2014. 9. 20.까지 아무런 권리를 행사하지 않고 있다.

[사안 구성 참조 판결례] 대법원 1994. 9. 27. 선고 94다20617 판결, 서울고등법원 1994. 3. 24. 선고 93나32813 판결 등.

문제 3) [사안]과 [사례 1]에서 丁은 丙의 소유명의로 되어 있는 A토지에 관해 甲에게 매매계약상 잔금을 지급하고서 자기의 명의로 소유권이전등기를 하려고 한다.
丁으로부터 자문을 의뢰받은 변호사로서 판단을 논거를 제시하여 약술하시오.

[사안]에서 丁은 甲과 체결한 A토지의 매매계약상 매수인으로서 매도인 甲에게 위 토지의 소유권이전을 청구할 수 있고(민법 제568조, 제390조), 앞서 검토한 바와 같이, 甲은 丙에 대해 A토지의 소유권이전등기말소청구권을 행사할 수 있으므로, 이하에서는 丁이 丙을 상대로 민법 제404조의 채권자대위권을 행사하는 방안을 검토한다.[31]

채권자대위권을 행사하기 위한 요건으로서 피보전채권과 관련하여 ① 피보전채권이 있을 것, ② 보전의 필요성, ③ 피보전채권의 이행기 도래가 요구되며, 피대위권리와 관련하여 ④ 피대위권리가 있을 것, ⑤ 피대위권리의 불행사, ⑥ 채무자의 일신전속권에 해당되지 않

---

31 甲은 현재 부동산등기부상 A토지의 소유명의자가 아니므로 丁이 甲을 상대로 하여 말소등기소송을 제기할 경우 각하될 것이고(대법원 1979. 7. 24. 선고 79다345 판결), 丙을 상대로 말소등기소송을 제기할 경우 甲을 상대로 소유권이전등기청구권을 갖는다는 것만으로 丙에 대하여도 말소등기청구를 할 권원이 있는 것은 아니므로 기각될 것이다.

아야 한다(제404조 제1항).

丁은 甲에 대해 A토지의 소유권이전등기청구권을 피보전채권으로 갖고 있고, 그 이행기는 2014. 8. 20. 이미 도래하였다(제404조 제2항 본문). 또한 피대위권리에 해당되는 甲의 丙에 대한 소유권이전등기말소등기청구권 내지 진정명의회복을 원인으로 한 소유권이전등기청구권을 2012. 9. 20.까지 甲은 행사하지 않고 있으며, 이는 甲의 일신전속권에 해당되지 않는다.

나아가 피보전채권의 '보전의 필요성' 요건이 갖추어져야 한다. 대법원 판례에 비추어 보면,[32] 피보전채권이 금전채권인 경우 변론종결 당시를 기준으로 채무자가 무자력하여 그 일반재산의 감소를 방지할 필요가 있는 경우에는, 보전의 필요성을 인정하는 것이 원칙이지만, 일정한 경우에는 채무자의 무자격을 요하지 않고 있다(이른바 채권자대위권 전용).[33] 피보전채권이 특정채권인 경우에 "채권자가 보전하려는 권리와 대위하여 행사하려는 채무자의 권리가 밀접하게 관련되어 있고 채권자가 채무자의 권리를 대위하여 행사하지 않으면 자기 채권의 완전한 만족을 얻을 수 없게 될 위험이 있어 채무자의 권리를 대위하여 행사하는 것이 자기 채권의 현실적 이행을 유효·적절하게 확보하기 위하여 필요한 경우에는 채권자대위권의 행사가 채무자의 자유로운 재산관리행위에 대한 부당한 간섭이 된다는 등의 특별한 사정이 없는 한 채권자는 채무자의 권리를 대위하여 행사할 수 있다"고 한다.[34]

---

[32] 대법원 판결의 주류적 경향은, 채권자대위권을 채무자의 책임재산 보전의 제도로서만 파악하는 관점에서는 채무자의 무자력 요건을 갖추어야 하는 반면, 이른바, 채권자대위권의 전용(轉用)으로서 특정채권의 보전을 위해서 채권자대위권의 행사를 인정하는 때에는 보전의 필요성 요건에서 채무자의 무자력을 요하지 않고 있는 것으로 분석된다.

[33] 대법원 판례에 의하면, 채권자대위권의 행사로서 채권자가 채권을 보전하기에 필요한 여부는 변론종결 당시를 표준으로 판단되어야 할 것이며, 그 채권이 금전채권일 때에는 채무자가 무자력하여 그 일반재산의 감소를 방지할 필요가 있는 경우에 허용되고 이와 같은 요건 사실은 채권자가 주장·입증하여야 한다. 대법원 1976. 7. 13. 선고 75다1086 판결 참조.

[34] 대법원 2001. 5. 8. 선고 99다38699 판결.

위와 같은 대법원 판례에 따르면, [사안]에서는 채권자가 자신의 소유권이전등기청구권을 보전하기 위하여 채무자의 제3채무자에 대한 소유권이전등기말소등기청구권을 대위행사하는 경우로서 보전의 필요성을 인정할 수 있다.[35] 그러므로 丁은 甲에게 매매잔대금을 제공하면서, 甲을 대위하여 丙에게 A토지의 소유권이전등기말소를 청구할 수 있다.

사례 2　　　　[사안]에 다음과 같은 사실관계를 추가적으로 상정한다.

甲은 丙을 상대로 A토지의 소유권을 되찾고자 진정명의회복을 위한 소유권이전등기청구소송을 진행하던 중 심장질환이 급성으로 재발하여 사망하게 되었다. 이에 乙은 2013. 4. 1. 위 소송의 수계절차를 밟음과 동시에 2013. 4. 15. 乙은 丙에 대하여 자신이 무권대리인이었으므로 A토지에 관한 丙의 소유권이전등기는 원인무효라는 이유로 그 말소를 구하는 소(訴)를 제기하였다.

[사안 구성 참조 판결례] 대법원 2001. 9. 20. 선고 99다37894 전원합의체 판결, 서울고등법원 1999. 6. 10. 선고 98나60165 판결, 서울지방법원 1998. 10. 21. 선고 98가합62928 판결 등

문제 4) [사례 2]에서 甲의 丙에 대한 소송을 수계한 乙이 丙을 상대로 자신이 A토지에 관해 丙과 체결한 매매계약을 체결한 것은 무권대리에 의한 것이기 때문에 무효라는 주장에 관한 판단을 논거를 제시하여 약술하시오.

---

35 대법원 2002. 3. 15 선고 2001다61654 판결 등. 임차보증금반환채권의 양수인이 임대인의 임차인에 대한 임차목적물인도청구권을 대위행사하는 경우는 대법원 1989. 4. 25. 선고 88다카4253 판결 참조.

[사안]에서 甲은 A토지의 소유자이었으므로, 자유롭게 무권대리인 乙의 처분행위를 추인할지의 여부를 결정할 수 있었고, [문제 1]에서 검토한 바와 같이 乙은 甲의 추인을 받지 못할 경우 丙의 선택에 의하여 제135조 제1항에 기한 이행책임 내지 손해배상책임을 져야 할 처지에 놓여 있었다. 그런데 甲의 사망으로 乙은 甲의 지위를 포괄 승계하여 소유자 본인으로서의 지위와 무권대리인으로서의 지위를 겸유하게 되었다.

이하에서는 乙이 A토지를 상속한 소유자로서 앞서 무권대리인으로서 행한 대리행위의 무효를 주장하는 것이 허용될 수 있는가에 관해 검토한다.

대법원 판례는 무권대리의 상대방이 선의·무과실이어서 무권대리인이 민법 제135조의 책임을 져야 할 사안에서는 대리권한 없이 타인의 부동산을 매도한 자가 그 부동산을 상속한 후 소유자의 지위에서 자신의 대리행위가 무권대리에 해당된다는 이유로 무효임을 주장하여 등기말소 등을 구하는 것은 금반언 원칙이나 신의칙상 허용될 수 없다고 한다.[36]

따라서 위와 같은 판례에 의하면 乙의 무권대리로 인한 무효의 주장은 인용될 수 없다.

---

36 대법원 1994. 9. 27. 선고 94다20617 판결 참조. 상대방이 악의여서 무권대리인이 민법 제135조의 책임을 지지 않는 경우에는 무권대리인이 본인의 상속인의 지위에서 추인거절권을 행사하더라도 금반언 원칙에 반하지 않는다는 대법원 1992. 4. 28. 선고 91다30941 판결 참조. 학설로서는, 무권대리행위가 당연히 유효로 되고 본인의 지위에서 추인을 거절하지 못한다는 견해(당연유효설), 본인의 지위(추인권, 추인거절권)와 무권대리인의 책임(민법 제135조)이 병존하지만 본인의 지위에서 추인을 거절하는 것은 신의칙상 허용되지 않는다는 견해(병존설), 원칙적으로 무권대리 행위는 유효한 공동상속을 한 때에는 상속인 전원의 추인이 없으면 유효하게 되지 않는다는 견해 등이 있다.

　　민사소송법 제259조에 의하면, 전소와 당사자 및 소송물이 동일
한 후소를 전소의 소송계속 중에 제기한 경우, 후소는 중복제소에 해
당하여 부적법 각하된다.

　　[사안]과 [사례 2]에서 甲과 乙은 각각 丙을 상대로 A토지에 관해
진정명의회복을 위한 소유권이전등기청구의 소, 그리고 소유권이전등
기말소청구의 소를 제기한 것이다. 이러한 경우에 관해 대법원 판례는,
전자의 소유권이전등기청구소송과 후자의 말소등기청구소송은　어느
것이나 진정한 소유자의 등기명의를 회복하기 위한 것으로서 실질적으
로 그 목적이 동일하고, 두 청구권 모두 소유권에 기한 방해배제청구권
으로서 그 법적 근거와 성질이 동일하므로, 비록 전자는 이전등기, 후
자는 말소등기의 형식을 취하고 있다고 하더라도 그 소송물은 실질상
동일한 것이므로 진정명의회복을 원인으로 한 소유권이전등기청구소송
에서 패소확정판결을 받았다면 그 기판력은 그 후 제기된 소유권이전
등기의 말소등기청구소송에도 미치며, 말소등기청구사건의 소송물은
당해 등기의 말소등기청구권이고, 그 동일성 식별의 표준이 되는 청구
원인, 즉 말소등기청구권의 발생원인은 당해 '등기원인의 무효'라고 할
것이고, 등기원인의 무효를 뒷받침하는 개개의 사유는 독립된 공격방어
방법에 불과하여 별개의 청구원인을 구성하는 것으로 볼 수 없으며, 모
두 전소의 변론종결 전에 발생한 사유라면 전소와 후소는 그 소송물이
동일하여 후소에서의 주장사유들은 전소의 확정판결의 기판력에 저촉
되어 허용될 수 없다고 한다(민사소송법 제216조, 제259조 참조).[37]

---

37 대법원 1981. 12. 22. 선고 80다1548 판결, 대법원 1993. 6. 29. 선고 93다11050 판결, 대법
원 1999. 9. 17. 선고 97다54024 판결, 대법원 2001. 9. 20. 선고 99다37894 전원합의체 판

[사례 2]에서 乙의 후소는 甲이 제기한 전소의 소송계속 중인 2013. 4. 15. 제기되었고, 甲의 사망 이후 민사소송법 제233조 제1항에 따라 甲이 제기한 전소를 乙이 수계(受繼)하여 乙이 전소의 당사자가 됨으로써 후소와 당사자 또한 같아지게 되었다. 그러므로 위와 같은 대법원 판례에 따르면, 법원은 후소에 대하여 중복제소를 이유로 소각하의 판결을 하여야 한다.

결, 대법원 2002. 12. 6. 선고 2002다44014 판결, 대법원 2009. 1. 15. 선고 2007다51703 판결 등 참조.

위 · 수탁관리계약

- 지입, 가압류, 채무불이행, 권리하자(민법 제576조),
계약해제 및 원상회복, 이전된 위험의 반전, 해제권의
소멸(민법 제553조), 계약해제와 제3자(민법 제548조) 등 -

※ 이하 [사안] 및 각 [사례], 그리고 각 문제의 일자는 공휴(무)일이 아닌 것으로 의제함.

사안

2012. 10. 20. 甲과 乙은 乙이 K주식회사(이하 'K회사')에 지입(持込)하여 둔 건설중장비 A(건설기계관리법 적용대상임, 이하 '중장비 A')를 甲이 3천만 원에 매입하는 계약을 체결하고, 같은 달 23. 대금 전액을 乙에게 지급하였고, 그 즈음 K회사와 위·수탁관리 등을 약정함으로써 지입제에 따른 지입차주가 되었다.

위 계약 체결 당시 위 중장비 A는 D자동차판매 주식회사(이하 'D'회사)를 채권자로 한 1억 5천만 원의 가압류(이하 '가압류')가 설정되어 있었고(피보전권리는 K회사에 대한 자동차 매매대금채권), 甲은 위 중장비 A의 등록증을 확인하여 위 가압류 사실을 알고 있었다. 그리고 위 중장비 A는 사고로 인하여 파손된 상태이었으므로 甲은 위 중장비를 인도받은 후 1천만 원을 들여 파손된 부분을 수리하고, 각종 비용들과 지입료를 납부하면서 영업상 운행하였다.

[참조]
건설기계관리법 제3조(등록 등) ① 건설기계의 소유자는 대통령령으로 정하는 바에 따라 건

설기계를 등록하여야 한다. ② … 제4조(미등록 건설기계의 사용금지) ① 건설기계는 제3조 제1항에 따른 등록을 한 후가 아니면 이를 사용하거나 운행하지 못한다. 다만, 등록을 하기 전에 국토교통부령으로 정하는 사유로 일시적으로 운행하는 경우에는 그러하지 아니하다. ② … 제5조(등록사항의 변경신고) ① 건설기계의 등록사항 중 변경사항이 있는 경우에는 그 소유자 또는 점유자는 대통령령으로 정하는 바에 따라 이를 시·도지사에게 신고하여야 한다. ② …

[사안 구성 참조 판결례] 대법원 2006. 9. 8. 선고 2006다26328, 26335 판결, 대법원 2000. 10. 13. 선고 2000다20069 판결, 청주지방법원 2007. 1. 19. 선고 2006나3791(본소), 2006나3821(반소) 판결, 청주지방법원 2006. 4. 11. 선고 2004나2824, 2005나2869 판결, 대구고등법원 1988. 4. 7. 선고 87나201(본소), 202(반소) 제5민사부 판결 등.

사안 개요도

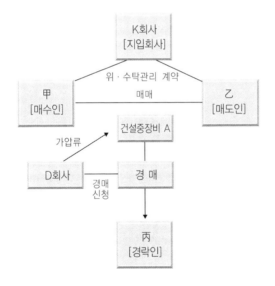

甲과 乙이 중장비 A에 관해 체결한 계약은 매매계약이다. 매매는 당사자 일방이 재산권을 상대방에게 이전하고 상대방이 그 대금을 지급할 것을 약정하는 계약이다(민법 제563조, 제568조).

[사안]에서 甲과 乙 사이의 매매거래의 대상 목적물은 乙이 K회사에 지입하여 놓은 건설중장비 A(지입물)이다. 그렇지만 위 매매계약의 내용은, 위 중장비의 소유권 이전이 아니라, 위 중장비를 매개로 하는 K회사의 지입차주로서의 권리이다. 그러므로 乙은 매도인으로서 위 중장비 A에 대한 K회사의 지입차주로서의 권리를 甲에게 이전하고 甲은 매수인으로서 K회사에 지입된 상태인 건설중장비 A의 가액으로서 합의한 금액을 매매대금으로 지급할 것을 약정한 것이다.[38]

---

38 지입(持込)은 거래계에서 다양한 양태로 이루어지고 있다. 개괄적으로 요약하면, 차량, 중기 등의 소유(등록)명의를 해당 사업면허 등을 가진 지입회사가 보유하고, 지입차주는 지입회사의 사업등록명의를 이용하여 지입된 차량, 중기 등을 운행하여 수익하면서 지입회사에게 약정 지입료를 납입하는 방식의 거래, 즉 위·수탁 관리계약관계를 가리킨다. 지입차주는 지입물에 관하여 지입회사와의 내부관계에서는 소유자이지만, 지입회사의 명의로 이루어지는 대외적 거래관계는 지입회사가 법적 당사자이다. 지입물을 용익하는 (상)거래에서 지입차주는 통상 지입회사의 (상사)대리인으로 취급된다. 이러한 점에서 일종의 명의신탁적 법적 관계라고 할 수 있을 것이다. 대법원은, "화물자동차운송사업면허를 가진 운송사업자와 실질적으로 자동차를 소유하고 있는 차주 간의 계약으로 외부적으로는 자동차를 운송사업자 명의로 등록하여 운송사업자에게 귀속시키고 내부적으로는 각 차주들이 독립된 관리 및 계산으로 영업을 하며 운송사업자에 대하여는 지입료를 지불하는 운송사업형태(이른바 지입제)에 있어, 그 지입차주가 지입된 차량을 직접 운행·관리하면서 그 명의로 화물운송계약을 체결하였다고 하더라도, 대외적으로는 그 차량의 소유자인 회사의 위임을 받아 운행·관리를 대행하는 지위에 있는 지입차주가 지입회사를 대리한 행위로서 그 법률효과는 지입회사에 귀속된다고 할 것이고, 또한 지입차량의 차주 또는 그가 고용한 운전자의 과실로 타인에게 손해를 가한 경우에는 지입회사는 명의대여자로서 제3자에 대하여 지입차량이 자기의 사업에 속하는 것을 표시하였을 뿐 아니라, 객관적으로 지입차주를 지휘·감독하는 사용자의 지위에 있다 할 것이므로 이러한 불법행위에 대하여는 그 사용자책임을 부담한다"고 한다. 대법원 1995. 11. 10. 선고 95다34255 판결, 1988. 12. 27. 선고 87다카3215 판결, 대법원 2000. 10 13. 선고 2000다20069 판결 등 참조.

　　2014. 10. 20. D회사의 신청에 의하여 개시된 강제경매절차에서 위 중장비 A는 압류되어 丙에게 적법하게 경락되었고, 그 결과 甲은 K회사 지입차주로서의 권리를 상실하게 되었다. 이에 甲의 소송대리인은 乙을 상대로 ① 이행불능으로 인한 채무불이행, 또는 ② 민법 제576조 제1항의 담보책임을 근거로 2012. 10. 20.자 계약을 해제하고 그 대금 등의 반환을 청구하는 소장을 법원에 제출하였고, 2015. 7. 15. 乙은 소장 부본을 수령하였다.

문제 2) [사례 1]에서 甲의 소송대리인이 2012. 10. 20.자 매매계약을 해제하는 이유로서 제시한 ①, ②에 관한 판단을 논거를 제시하여 약술하시오.

1. 이행불능에 의한 계약해제

　　중장비 A에 대한 D회사의 가압류 자체는 甲과 乙이 체결한 위 매매계약의 목적인 K회사에 대한 지입차주로서의 권리 이전이 불가능한 사유가 아니다.[39] 따라서 민법 제546조에 의한 이행불능으로 인

---

[39] 가압류나 가처분 등 보전처분은 법원의 재판에 의하여 집행되는 것이기는 하나, 그 실체상 청구권이 있는지 여부는 본안소송에 맡기고 단지 소명에 의하여 채권자의 책임 아래 하는 것이므로, 그 집행 후에 집행채권자가 본안소송에서 패소 확정되었다면 그 보전처분의 집행으로 인하여 채무자가 입은 손해에 대하여는 특별한 반증이 없는 한 집행채권자에게 고의 또는 과실이 있다고 추정되고, 그 부당한 집행으로 인한 손해에 대하여 이를 배상할 책임이 있다. 예를 들어 매매목적물인 부동산에 대하여 가압류집행이 되어 있다고 해서 매매에 따른 소유권이전등기가 불가능한 것도 아니고, 다만 가압류채권자가 본안 소송에서 승소하여 매매목적물에 대하여 경매가 개시되는 경우에는 매매목적물의 매각으로 인하여 매수인이 소유권을 상실할 수 있으나 이는 담보책임 등으로 해결할 수 있고, 경우에 따라서는 신의칙 등에 의해 대금지급채무의 이행을 거절할 수 있음에 그치므로, 매매목적물이 가압류되는 것을 매매계약 해제 및 위약금 지급 사유로 삼기로 약정하지 아니한 이상, 매수인으로서는 위 가압류집행을 이유로 매도인이 계

한 계약해제는 인정될 수 없다.

그리고 지입회사(K회사)가 지입물(건설중장비 A)을 담보로 제공하여 지입회사의 채권자(D회사)에 의해 위 지입물이 압류된 것만으로서 매도인(乙) 귀책사유라고 할 수 없을 뿐 아니라, 지입물에 관한 권리를 목적으로 하는 매매의 특성에 비추어, 매도인(乙)이 지입회사(K회사)가 책임질 사유로 인한 담보제공, 압류등록 등이 되어 있는 지입물(건설중장비 A)을 인도한 것만으로 매수인(甲)으로부터 계약을 해제당할 수 있는 채무불이행책임이 있다고 할 수도 없다.[40]

그 밖에 위 매매계약 당시에 매수인 甲은 위 중장비 A에 가압류가 설정되어 있는 사실을 인지한 상태에서 대금을 전부 지급하고 인도받아 지입차주의 지위를 이전받은 점에 비추어 매도인 乙에게 귀책사유가 없으므로 불완전이행도 성립하지 아니한다.

그러나 매매목적물인 권리에 대하여 가압류 집행으로 인한 담보권 실행의 (임의)경매의 매각으로 매수인이 위 권리를 상실한 것은 매도인 乙이 매매계약의 목적이 된 하자 없는 권리를 매수인 甲에게 이전하지 못한 것이다(민법 제563조, 제568조).

2. 민법 제576조 제1항에 의한 계약해제

[사례 1]에서 중장비 A가 압류되어 제3자 丙에게 경락됨으로써 甲이 위 매매계약의 목적인 지입차주로서의 권리를 상실하게 된 것은 매매계약상 권리하자로 인한 (일종의 추탈) 담보책임을 규정한 민법 제576조 제1항에서 '급부목적물에 설정된 제3자의 담보권 실행으로 매수인이 그 소유권을 잃은 때'와 동등하게 평가할 수 있는바, 위 조항

약을 위반하였다고 하여 위 매매계약을 해제할 수는 없다. 대법원 2008. 6. 26. 선고 2006다 84874 판결 참조.

40 대구고등법원 1988. 4. 7. 선고 87나201 제5민사부 판결 참조.

이 유추적용될 수 있다.[41]

　따라서 매수인 甲은 乙과의 위 매매계약에 대한 해제권이 있다. 甲의 소장이 乙에게 송달됨으로써 해제의 의사표시가 이루어졌는바(민법 제543조 제1항), 乙에게 민법 제548조에 의한 원상회복을 청구할 수 있다.

> **문제 3)** 甲이 중장비 A를 폐지하기에 이를 정도로 영업에 사용한 경우, 甲이 [문제 2]의 사유로 매매계약을 해제하고 매매대금과 그 이자 상당액의 반환을 소구하는 것은 정당한가에 관해 약술하시오.

　甲이 중장비 A를 폐차할 정도로 자기의 위험과 책임 하에 자유로이 지입영업에 활용한 후 계약을 해제함으로써 거래관계를 원상회복을 통해 소급적으로 청산하게 되는바, 제548조 제2항에 따라 甲은 乙에게 지급한 매매대금과 그 이자 상당액을 반환받는 반면, 甲은 사실상 거래가치가 없게 된 중장비 A를 반환받게 된다.[42] 이는 매수인 甲이 스스로 부담하여야 마땅할 통상적으로 발생하는 중장비 A의 감가 내지 우연한 멸실, 훼손 등으로 인한 위험을 계약 상대방인 乙에게 전가하는 결과를 초래한다(해제에 의한 위험의 반전).[43]

---

41 대법원 2011. 5. 13. 선고 2011다1941 판결 참조.

42 대법원 판례는, 계약이 해제된 경우에 각 당사자는 민법 제548조에 따라 상대방에 대하여 원상회복의 의무를 지며, 원상회복의무로서 반환할 금전에는 그 받은 날부터 이자를 가산하여 지급하여야 한다. 이와 같이 계약해제의 효과로서의 원상회복의무를 규정한 민법 제548조는 부당이득에 관한 특별규정의 성격을 가진 것이므로, 그 이익 반환의 범위는 이익의 현존 여부나 선의, 악의에 불문하고 특단의 사유가 없는 한 받은 이익의 전부라고 한다. 대법원 1998. 12. 23. 선고 98다43175 판결, 대법원 2013. 12. 12. 선고 2013다14675 판결, 대법원 2014. 3. 13. 선고 2013다34143 판결 등 참조.

43 안법영, 해제의 효과에 관한 연구(1988. 2.), 65면 이하 참조.

그런데 민법은 제553조에서 정한 사유가 있는 경우에 해제권이 소멸하는 것으로 규정하고 있는바, 그 밖에는 해제권의 행사가 신의칙 위반 내지 권리남용이 되는 사유가 있어야 甲의 해제권 행사는 효력이 없게 될 것이다.[44]

[사안]에서는 甲의 해제권을 배제할 만한 사유가 없으며, 또한 해제권의 행사를 권리남용 내지 신의칙에 위반한 것이라고 할 수도 없다.

그러므로 현행 민법의 해석상 [문제 2]에서 甲의 매매계약의 해제가 인정되는 한, 그 효과인 원상회복의 범위를 획정(劃定)함에 있어 甲이 지입차주로서 위 중장비 A를 사용하여 얻은 수익(사용이익) 반환범위의 판단에서 그 수익에 수반하여 스스로 부담할 (일상적) 위험도 적정하게 고려되어야 할 것이다.[45]

문제 4) 乙은 丙에게 중장비 A의 반환을 청구할 수 있는가에 관해 논거를 제시하여 약술하시오.

대법원 판례에 의하면, 계약 해제가 적법한 경우, 계약은 소급적으로 소멸(통설·판례, 소급적 소멸설)한다. 따라서 [사례 1]에서 甲의 매매

---

44 계약이 일단 성립한 후 그 해제 원인의 존부에 관해서는 그 계약해제권을 주장하는 자가 이를 증명하여야 하고(대법원 1977. 3. 8. 선고 76다2461 판결), 이미 발생한 계약해제권이 다른 사유로 소멸되었거나 그 행사가 저지되는지 여부에 관해서는 이를 주장하는 상대방이 그 입증을 부담한다. 대법원 2009. 7. 9. 선고 2006다67602, 67619 판결 참조.

45 이와 달리 대법원 판례는, 계약 해제로 인하여 계약 당사자가 원상회복의무를 부담함에 있어서 당사자 일방이 목적물을 이용한 경우에는 그 사용에 의한 이익을 상대방에게 반환하여야 하는 것이지만, 그 사용으로 인하여 감가 내지 소모가 되는 요인이 발생하였다 하여도 그것을 훼손으로 볼 수 없는 한 그 감가비 상당은 원상회복의무로서 반환할 성질의 것은 아니라고 한다. 대법원 1991. 8. 9. 선고 91다13267 판결, 대법원 2000. 2. 25. 선고 97다30066 판결 참조.

계약 해제가 인정되는 경우, 위 중장비 A의 소유권은 乙에게 복귀한다(이른바 물권적 효력설). 그러나 丙이 민법 제548조 제1항 단서의 제3자에 해당하는 경우에는 위 중장비 A의 반환을 청구할 수 없다.

대법원 판례에 의하면, 여기에서 제3자는 '일반적으로 계약이 해제되는 경우, 그 해제된 계약으로부터 생긴 법률효과를 기초로 하여 해제 전에 새로운 이해관계를 가졌을 뿐 아니라 등기·인도 등으로 (대세적 효력을 갖는) 완전한 권리를 취득한 자'라고 한다.[46]

丙은 중장비 A에 대한 경매절차를 통해 소유권을 취득함으로써 해제된 계약으로부터 생긴 법률효과를 기초로 하여 해제 전에 새로운 이해관계를 가졌고, 등록을 함으로써 이른바 완전한 권리를 취득한 자에 해당한다. 그러므로 丙은 위 중장비 A에 대한 乙의 반환청구에 대항할 수 있다.

---

46 대법원 2000. 8. 22. 선고 2000다23433 판결, 대법원 2002. 10. 11. 선고 2002다33502 판결, 대법원 2003. 1. 24. 선고 2000다22850 판결, 대법원 2014. 2. 13. 선고 2011다64782 판결 등 참조. 민법 제548조 제1항 단서에서 말하는 제3자는 일반적으로 그 해제된 계약으로부터 생긴 법률효과를 기초로 하여 해제 전에 새로운 이해관계를 가졌을 뿐만 아니라 등기, 인도 등으로 권리를 취득한 사람을 말하는 것인바(대법원 2005. 1. 14. 선고 2003다33004 판결 등 참조), 매수인과 매매예약을 체결한 후 그에 기한 소유권이전청구권 보전을 위한 가등기를 마친 사람도 위 조항 단서에서 말하는 제3자에 포함된다. 대법원 2014. 12. 11. 선고 2013다 14569 판결 참조.

甲은 [사례 1] 소송에서 위 계약이 해제되었으므로 乙에게 4천만 원(중장비 A의 대금 3천만 원 + 수리비 1천만 원)의 반환을 청구하였다. 이에 대해 乙은 甲을 상대로 위 중장비 A가 압류된 시점까지 24개월 동안 甲이 얻은 수익금이 1억 4천만 원이라고 주장하면서, 이를 대등액에서 상계하고 잔여액 중 7천만 원을 반환하라는 반소를 제기하였다. 甲은 상계의 의사표시가 기록된 2015. 8. 10.자 乙의 서면을 2015. 8. 20. 수령하였다.

K회사의 증빙자료에 의해 확인된바, ① 甲이 위 중장비 A를 인도 받은 후 월 평균 3백만 원 상당의 임대수익(각종 비용의 공제)을 얻었는바, 이에 관해서는 甲도 자인하였고, 또한 ② 甲이 자신의 비용으로 위 중장비 A를 수리하고서 2005년부터 해당 업계에서 건설회사를 운영하는 등으로 중장비 A의 임대 운용상 위와 같은 수익을 얻은 데는 甲 자신의 사업수완과 노력이 50% 기여하였음이 인정된다. 그런데 甲은 ③ 2012. 10. 12.자 매매계약 당시 중장비 A는 1천만 원을 들여 수리를 요할 정도로 파손된 상태였으므로 사용이익이 전혀 없었고, 수리한 후 사용이익은 乙에게 이미 지급한 중장비 A 대금의 이자와 대가관계에 있으므로 그 대금의 이자를 청구하지 않은 이상, 공평상 그 반환을 청구할 수 없으며, ④ 계약의 해제를 당하는 乙이 반소청구로써 사용이익의 반환을 청구하는 것은 신의칙에 반한다고 주장한다.

문제 5) 甲의 위 계약의 해제가 적법한 경우 甲과 乙 사이에 성립하는 채권관계에서 1. 甲의 반환청구(본소), 2. 乙의 반환청구(반소)에 관련된 위 ①, ②, ③, ④ 사항에 관한 판단, 그리고 3. 甲과 乙의 청구에 관한 판단을 논거를 제시하여 약술하시오.

1. 甲의 반환청구(본소)

甲이 매매계약을 적법하게 해제한 것으로 인정되는 경우, 甲과

乙 사이에는, 민법 제548조에 의한 원상회복의 반환채권관계가 성립한다.

따라서 위에서 검토한 바와 같이, 乙은 甲에게 매매대금 및 이에 대하여 甲이 소구(訴求)하는 바에 따라 소장부본 송달 다음날부터 다 갚는 날까지의 이자를 반환할 의무가 있다(민법 제548조 제2항).

그런데 [사례 2]에서 甲은 乙에게 중장비 A의 대금과 그 수리비에 해당하는 금액(4천만 원)의 반환을 청구하는바, 청구액 범위 내에서 乙은 위 중장비 A의 대금 3천만 원을 반환하여야 한다.

2. 乙의 반환청구(반소)

가. 甲의 사용이익 반환 (①)

대법원 판례에 의하면, 민법 제548조 제1항 본문은 부당이득에 관한 특별규정의 성격을 가진 것이라 할 것이어서, 그 이익 반환의 범위는 이익의 현존 여부나 선의, 악의에 불문하고 특단의 사유가 없는 한 받은 이익의 전부라고 한다.[47]

[사례 2]에서는 [사례 1]에서 검토한 바와 같이, 甲의 위 계약해제는 매매계약상 권리하자의 담보책임을 규정한 민법 제576조의 해제권을 행사한 것이다. 이 경우에도 매수인은 매도인에게 매매목적물을 반환할 의무는 물론이고 그 목적물을 사용하였으면 그 사용이익을 반환할 의무도 부담한다.[48] 다만, 이러한 매수인의 사용이익 반환의무

---

[47] 대법원 1998. 12. 23. 선고 98다43175 판결, 대법원 2013. 12. 12. 선고 2013다14675 판결, 대법원 2014. 3. 13. 선고 2013다34143 판결 등 참조.

[48] 매매계약상 권리하자의 담보책임을 규정한 민법 제571조의 해제에 관해 대법원은, 그 취지는 선의의 매도인에게 무과실의 손해배상책임을 부담하도록 하면서, 그의 보호를 위하여 특별히 해제권을 부여한다는 것인바, 그 해제의 효과에 대하여 특별한 규정은 없지만 일반적인 해제와 달리 해석할 이유가 전혀 없고, 해제로 인하여 매매가 소급적으로 효력을 상실한 결과로서, 계약당사자에게 그 계약에 기한 급부가 없었던 것과 동일한 재산 상태를 회복시키기 위하여 매수인으로 하여금 인도받은 목적물 자체와 해제할 때까지 이를 사용함으로써 얻은 이익을 반환시

는 매매계약의 해제에 따른 원상회복 의무의 일환으로서 인정되는 것이므로 매도인이 매매계약의 이행으로서 목적물을 매수인에게 인도하여 매수인이 그 목적물을 사용한 경우에 비로소 인정될 수 있다.[49]

甲은 중장비 A를 인도 받아 사용하면서 압류가 된 시점까지 24개월 동안 월 3백만 원의 수익을 얻었는바, 일응 乙에게 반환하여야 하는 사용이익은 7천 2백만 원(=3백만 원 × 24개월)이라고 할 수 있을 것이다. 그러나 이하 나.에서 검토하는 바와 같이, 사용이익에 포함된 매수인 甲의 투입 비용 및 운용이익은 공제되어야 한다.

나. 甲의 수리비용과 운용이익 공제 (②)

대법원 판례에 의하면, "매매계약의 해제로 인하여 매수인이 반환하여야 할 목적물의 사용이익을 산정함에 있어서 매수인이 목적물을 사용하여 취득한 순수입에는 목적물 자체의 사용이익뿐만 아니라 목적물의 수리비 등 매수인이 투입한 현금자본의 기여도 포함되어 있으므로 매수인의 순수입에서 현금자본의 투입비율을 고려하지 아니하고 단순히 현금자본에 해당하는 금액을 공제하는 방식으로 목적물의 사용이익을 산정할 수 없고, 매수인의 영업수완 등 노력으로 인한 이른바 운용이익이 포함된 것으로 볼 여지가 있는 경우 이러한 운용이익은 사회통념상 매수인의 행위가 개입되지 아니하였더라도 그 목적물로부터 매도인이 당연히 취득하였으리라고 생각되는 범위 내의 것이 아닌 한 매수인이 반환하여야 할 사용이익의 범위에서 공제하여야 한다."고 보고 있다.[50]

甲이 중장비 A의 운행을 통하여 얻은 월 3백만 원 순수입(7천 2백만 원)에는 매매 목적물인 중장비 A 자체의 사용이익뿐만 아니라 甲이

킬 필요가 있다고 한다. 대법원 1993. 4. 9. 선고 92다25946 판결.
49 대법원 2011. 6. 30. 선고 2009다30724 판결 등 참조.
50 대법원 2006. 9. 8. 선고 2006다26328 판결. 부당이득의 반환에서 운용이익의 공제는 2000. 2. 25. 선고 97다30066 판결, 대법원 2008. 1. 18. 선고 2005다34711 판결 등 참조.

투입한 수리비 1천만 원 상당의 현금자본의 기여, 甲 자신의 영업수완 등 노력으로 인한 이른바 운용이익도 포함되어 있다. 그러므로 甲은 위 중장비 A의 운행을 통하여 얻은 순수입에서 甲이 투입한 수리비 상당 현금자본의 기여분과 위 운용이익을 공제한 나머지만을 사용이익으로서 乙에게 반환할 의무를 부담한다.

甲이 乙에게 반환하여야 할 사용이익의 금액은, 중장비 A의 운행으로 甲이 얻은 위 순수입에서 甲이 수리비로 투입한 금액의 기여분과 甲의 중장비 A의 운행상 운용이익을 공제한 나머지가 甲이 乙에게 부당이득으로 반환할 사용이익이다. 그러므로 [사례 2]에서는 甲이 얻은 순이익 월 3백만 원 중 50%인 월 1백 5십만 원이 중장비 A의 순수한 사용이익에 해당한다.

결론적으로 甲은 乙에게 위 매매계약의 해제에 따른 원상회복으로서 사용이익 3천 6백만 원(=1,500,000원×24개월)을 반환하여야 한다.

다. 甲의 항변적 주장(③, ④)

위 가.에서 검토한 바와 같이, 민법 제548조 제1항에 따른 원상회복의 반환범위는 이익의 현존 여부나 선의, 악의에 불문하고 특단의 사유가 없는 한 받은 이익의 전부이다.

그런데 甲은 사용이익 반환에 관하여, 계약 당시 중장비 A는 1천만 원의 수리를 요할 정도로 파손된 상태였으므로 사용이익이 전혀 없었다고 한다.

그러나 甲이 중장비 A를 수리 후 운행을 통하여 수익을 얻은 사실은 K회사의 증빙자료에 의해 드러나며, 甲과의 매매거래가 이루어지지 않았더라면 乙이 그의 비용으로 수리하여 중장비 A를 운행하여 이익을 얻었을 것이라고 보는 것이 경험칙에 부합한다. 그리고 甲이 반환하여야 할 사용이익을 산출함에 있어 甲이 수리비로 투입한 현금자본의 기여를 감안하므로, 甲의 위 주장은 이유 없다.

그리고 甲은 중장비 A를 수리한 후 얻은 사용이익은 乙에게 이미 지급한 중장비 A에 대한 대금의 이자와 대가관계에 있으므로 그 대금의 이자를 청구하지 않은 이상, 공평상 그 반환을 청구할 수 없다고 주장한다. 그러나 대법원 판례에 의하면, 계약해제의 효과로서의 원상회복의무를 규정한 민법 제548조 제1항 본문은 부당이득의 특별규정으로서 쌍무계약이 해제된 경우에는 당사자 쌍방이 사용이익과 법정이자를 각 반환하여야 한다.[51] 따라서 甲의 ③위 주장은 이유없다.

또한 甲이 스스로 乙과의 매매계약을 해제함으로써 발생한 법적 효과로서 원상회복의무에 따라 乙이 사용이익의 반환을 청구하는 것을 신의칙에 반한다고 할 수 없으며, 계약의 해제권은 형성권으로서 계약 당사자 일방에 의한 계약해제의 의사표시가 있으면 그 효과로서 새로운 법률관계가 발생하고 각 당사자는 그에 구속되므로 해제권을 행사한 계약 당사자의 상대방도 해제의 효과를 주장할 수 있다.[52] 그러므로 甲의 ④ 주장도 이유 없다.

3. 결 론

甲은 乙을 상대로 제기한 본소청구 매매대금 금액 3천만 원의 반환채권을 가지고, 乙은 甲을 상대로 제기한 반소청구, 즉 위 매매계약의 해제에 따른 원상회복으로 3천 6백만 원(＝24개월×3백만 원×50/100) 상당의 사용이익 반환채권을 가진다. 그런데 양 채권을 대등액에서 상계한다는 乙의 의사표시가 담긴 준비서면이 甲에게 도달됨으로써 甲의

---

51 대법원 1993. 5. 14. 선고 92다45025 판결 등 참조.
52 대법원 2001. 6. 29. 선고 2001다21441, 21458 판결, 대법원 2005. 7. 14. 선고 2004다 67011 판결, 대법원 2008. 10. 23. 선고 2007다54979 판결 참조.

위 매매대금 반환채권은 전부 소멸하고, 甲은 乙의 위 사용이익 반환채권의 잔액 6백만 원(=3천 6백만 원−3천만 원)을 지급할 채무를 부담한다.

결론적으로 甲은 乙에게 사용이익 6백만 원 및 이에 대하여 이 사건 반소장부본 송달 다음날부터 甲이 이 사건 반소청구에 따른 이행의무의 존부나 범위에 관하여 항쟁함이 상당하다고 인정되는 이 판결선고일까지는 민법이 정한 연 5%, 그 다음날부터 2015. 9. 30.까지는 (구)소송촉진 등에 관한 특례법이 정한 연 20%, 그 다음날부터 다 갚는 날까지는 소송촉진 등에 관한 특례법이 정한 연 15%[53]의 각 비율에 의한 지연손해금을 지급할 의무가 있다.

---

[53] 소송촉진 등에 관한 특례법 제3조 제1항 본문의 법정 이율에 관한 규정이 2015. 9. 25. 전부개정(대통령령 제26553호)되어 종래의 20%에서 15%로 변경되어 2015. 10. 1.부터 시행되고 있다. 그런데 경과조치에 관한 부칙 제2조 제2항에 의하면, '이 영의 시행 당시 법원에 계속 중인 사건으로서 제1심의 변론이 종결되지 아니한 사건에 대한 법정이율에 관하여는 2015년 9월 30일까지는 종전의 규정에 따른 이율에 의하고, 2015년 10월 1일부터는 이 영의 개정규정에 따른 이율에 의한다'고 하였으므로 [사례 2]의 경우 동조항이 적용되어야 한다.

금전소비대차

금전소비대차
– 보증 및 연대보증, 가압류에 의한 소멸시효의 중단, 계속적 보증(근보증) 계약의 해지, 보증책임의 제한 등 –

※ 이하 [사안] 및 각 [사례], 그리고 각 문제의 일자는 공휴(무)일이 아닌 것으로 의제함.

사안

　甲은 2005년부터 K주식회사(이하 'K회사')의 공장장으로 재직하고 있었다. K회사의 대표이사 乙은 2009. 3. 3. 甲을 상무이사로 승진시키면서 사업 확장을 위한 금융상 회사 채무에 대해 보증을 서달라고 부탁하였다. 甲은 K회사에서의 자신의 직위와 대표이사 乙과의 친분상 이를 거절하지 못하였다.

　K회사는 C공장을 건립하기 위하여 2009. 6. 27. B은행으로부터 2억 5천만 원(변제기 2012. 4. 26., 약정이자 연 7%, 변제기 이후 지연이자 월 1%)을 대출(이하 '1차 대출금') 받아 위 공장 건설에 사용하였는데, 당시 甲은 이러한 사정을 알고서 연대보증하였다.

　이후 2010. 12.경 대표이사 乙은 甲에게 상임이사직을 연장시켜 주면서 B은행과의 금융대출거래약정에 관해 보증하여 줄 것을 요청하였고, 甲은 상무이사 지위를 연임하게 된 상황이어서 어쩔 수 없이 2011. 1. 2. 위 금융대출거래약정서(기업대출, 기간: 2011. 1. 2~2015. 12. 31., 대출 최고한도 10억 원)에 연대보증인으로 서명하였다.

　2012. 1. 10. 甲은 K회사의 구조조정으로 퇴임하였고, 같은 날 사임등기까지 마쳤다. 그 후 K회사는 1차 대출금의 원금과 이자를 지급하지 못한 채 변

제기를 도과하여 지연이자가 매월 가산되고 있는 상황에서 경영부진을 극복하기 위한 자금을 확충하고자 위 금융대출거래약정에 의해 B은행으로부터 추가적으로 2012. 12. 15. 2억 원(변제기 2013. 12. 16., 약정이자 연 8%, 변제기 이후 지연이자 월 1%)을 대출(이하 '2차 대출금')받았다. 그러나 K회사는 경기침체로 인하여 생산제품과 내수와 수출이 모두 저조한 상태가 지속되어 적자가 누적되다가 2014. 1. 중순 경 이후에는 1, 2차 대출금의 원금과 이자를 변제하지 못하는 사실상 지불불능의 상태가 되었다.

B은행은 1차 대출금채권의 소멸시효를 중단시키고자 위 대출금채권을 청구채권으로 하여 K회사의 C공장 건물에 대해 법원에 가압류를 신청하여 2014. 4. 3. 가압류결정을 받았다. 그렇지만 이와 같은 사실을 甲에게는 통지하지 않았다.

甲이 K회사를 퇴직한 이후에도 B은행과의 2011. 1. 2.자 금융대출거래약정서에는 K회사의 B은행으로부터 대출에 관해 연대보증인으로 되어 있었는바, B은행은 1, 2차 대출금을 회수하기 위하여 K회사가 위 대출금들의 이자지급의 지체 등을 이유로 위 금융대출거래약정을 해지하고, K회사와 甲을 상대로 2014. 11. 10. 대출금반환청구의 소를 제기하였다.

2014. 11. 21. 법원으로부터 소장 부본을 송달받은 甲은 K회사의 사정을 알아본 후, 2014. 11. 30. 자신은 K회사를 퇴사하였으므로 더 이상 위 대출금들에 대해 보증채무를 부담할 이유가 없다고 항의하면서 2011. 1. 2.자 금융대출거래약정상 연대보증을 해지한다는 내용증명의 우편을 발송하였고, 2014. 12. 3.경 B은행에 도달하였다.

[사안 구성 참조 판결례] 대법원 2002. 5. 31. 선고 2002다1673 판결, 대법원 2000. 3. 10. 선고 99다61750 판결, 서울지방법원 1999. 9. 17. 선고 99나15398 판결, 서울지방법원 1999. 1. 13. 선고 98가단54531 판결 등.

K주식회사
[주채무자]

대출(금전소비대차)
2009. 6. 27. 1차 대출
2011. 1. 2. 포괄적 금융대출거래 약정
2012. 12. 15. 2차 대출

B은행

대표이사 乙

2009. 6. 27. 확정채무에 대한 연대보증
2011. 1. 2. 불확정채무에 대한 연대보증

상무이사 甲
[연대보증인]

2012. 1. 10. 퇴사

2014. 12. 3. 해지 의사표시 도달

문제 1) 甲은 K회사에 재직 중 연대보증한 1차 대출은 2009. 6. 중에 이루어진 것이어서 이미 소멸시효가 완성되었고, 2차 대출금채무는 자신이 위 회사를 퇴사한 후 발생한 것이어서 보증책임이 없다고 주장한다.
   甲으로부터 2014. 11. 30. 소송 수행을 수임 받은 변호사로서의 판단을 논거를 제시하여 약술하시오.

[사안] 및 [문제 1]에서는 B은행에 대한 K회사의 1, 2차 대출금채무에 관하여 甲의 연대보증책임의 존부가 주요 논점이다. 따라서 이하에서는 관련된 보증의 법리를 일별하고, 주채무의 시효중단이 보증채무에 미치는 영향, 그리고 계속적 보증(근보증)계약의 해지를 중심

으로 검토한다.

1. 보증 및 연대보증, 그리고 계속적 보증

보증채무는 채권자와 보증인 사이의 보증계약에 의해 성립하는 채무로서, 하나의 급부에 대해 다수당사자의 채권관계가 형성된다(채권자 - 채무자, 채권자 - 보증인).

보증인은 주채무자가 이행하지 아니하는 채무를 이행할 의무가 있다(민법 제428조). 여기에서 보증인은 보증채무자이고, 보증채무는 주채무의 존재를 전제하며(민법 제433조, 성립 및 존속상 부종성), 그 범위는 주채무를 한도로 한다(민법 제430조, 내용상 부종성). 그리고 '주채무자가 이행하지 아니한 채무'라는 것은 보증채무자에게 최고 및 검색의 항변권(민법 제437조)이 인정되는 것을 가리킨다(보충성).[1] 이러한 보충성이 없는 보증을 연대보증이라고 하는바, 연대보증채무자는 주채무자와 연대(連帶)하여 주채무를 이행하여야 한다.[2] 그리고 계속적 보증은 계속적 거래관계에서 발생하는 불확정한 주채무를 보증하는 것(근보증)을 가리킨다.[3]

[사안]에서 甲은 K회사의 B은행에 대한 대출금채무를 주채무로 하는 연대보증채무를 부담하였는바, 1차 대출금채무는 甲이 위 회사에 재직하는 중에 주채무액이 확정되어 있는 채무(확정채무 또는 특정채

---

[1] 그밖에 주채무의 상계권 원용(민법 제434조), 주채무자에게 취소권 또는 해제권이나 해지권이 있는 동안에는 보증인에게 채무의 이행을 거절할 수 있고(민법 제435조), 주채무자에 대한 채권이 양도 등으로 이전되면 보증채무도 이전된다(수반성).

[2] 여기에서 '연대(連帶)'라는 것은 '수인의 채무자가 채무 전부를 각자 이행할 의무가 있는 것'을 가리킨다. 민법 제413조 참조.

[3] 근보증은 채권자와 채무자 사이에 계속적인 거래관계로부터 발생하는 현재 및 장래의 불확정한 채무를 주채무로 하는 보증을 가리키며, 보증채무의 범위를 확정할 수 있는 기준은 정해져 있어야 하지만 주채무를 발생시키는 거래의 종류, 기간 및 보증금의 한도가 반드시 정해져 있어야만 하는 것은 아니다. 오시정, 여신실무법률 - 담보(I), 2014, 39면 이하 참조.

무)를 보증한 것인 반면, 2차 대출금채무는 甲이 위 회사를 퇴직한 후 발생한 것이다.4 2차 대출금채무에 대한 甲의 연대보증책임과 관련하여서는, 확정 또는 불확정 기간 동안 지속적으로 불확정한 주채무에 대한 보증(계속적 보증)에는 계속적 채권관계의 법리가 적용되며, 특히 주채무의 불확정성과 그로 인해 보증인에게 초래되는 가혹한 채무부담과 관련하여 신의칙상 사정변경에 의한 보증계약의 해지,5 보증책임의 제한,6 상속을 제한하는 등7의 판결례를 살펴볼 수 있다.

---

4 대법원 판례는, 채무가 특정된 확정채무에 대하여 보증한 보증인으로서는 자신의 동의 없이 피보증채무의 이행기를 연장해 주었는지에 상관없이 보증채무를 부담하는 것이 원칙이지만 당사자 사이에 보증인의 동의를 얻어 피보증채무의 이행기가 연장된 경우에 한하여 피보증채무를 계속하여 보증하겠다는 취지의 특별한 약정이 있다면 약정에 따라야 하며, 이 경우에 보증채무를 존속시키기 위하여 필요한 이행기 연장에 대한 보증인의 동의는 이행기가 연장된 주채무에 대하여 보증채무를 변제하겠다는 의사를 의미하며, 위와 같은 의사가 담겨 있는 이상 동의는 이행기가 연장되기 전뿐 아니라 이행기가 연장된 후에도 가능하고, 묵시적 의사표시의 방법으로도 할 수 있다고 한다. 대법원 2002. 6. 14. 선고 2002다14853 판결, 대법원 2007. 6. 14. 선고 2005다9326 판결, 대법원 2012. 8. 30. 선고 2009다90924 판결 참조.

5 판례는 기간의 경과(상당한 기간), 주채무자의 재산상태의 악화, 보증인과의 신뢰관계의 파괴 등을 고려한다. 대법원 2002. 5. 31. 선고 2002다1673 판결 등 참조.

6 대법원 판례는, 일반적으로 계속적 보증계약에 있어서 보증인의 부담으로 돌아갈 주채무의 액수가 보증인이 보증 당시에 예상하였거나 예상할 수 있었던 범위를 훨씬 상회하고, 그 같은 주채무 과다 발생의 원인이 채권자가 주채무자의 자산상태가 현저히 악화된 사실을 익히 알거나 중대한 과실로 알지 못한 탓으로 이를 알지 못하는 보증인에게 아무런 통보나 의사타진도 없이 고의로 거래규모를 확대함에 비롯되는 등 신의칙에 반하는 사정이 인정되는 경우에 한하여 보증인의 책임을 합리적인 범위 내로 제한할 수 있다고 한다. 대법원 2005. 10. 27. 선고 2005다35554, 35561 판결.

7 대법원 판례는, 보증한도액이 정해진 계속적 보증계약의 경우 보증인이 사망하였다 하더라도 보증계약이 당연히 종료되는 것은 아니고 특별한 사정이 없는 한 상속인들이 보증인의 지위를 승계하지만(대법원 1998. 2. 10. 선고 97누5367 판결, 대법원 1999. 6. 22. 선고 99다19322, 19339 판결 등 참조), 보증기간과 보증한도액의 정함이 없는 계속적 보증계약의 경우에는 보증인이 사망하면 보증인의 지위가 상속인에게 상속되지 아니하고, 기왕에 발생된 보증채무만이 상속된다고 한다. 대법원 2001. 6. 12. 선고 2000다47187 판결. 장래에 부담하게 될 채무에 관하여 보증한도액과 보증기간의 정함이 없는 연대보증계약의 경우에는 보증인의 사망 후에 생긴 주채무에 대하여는 그 상속인이 보증채무를 승계하여 부담하지 않는다고 한다. 대법원 2003. 12. 26. 선고 2003다30784 판결 등 참조.

2. 주채무에 대한 시효중단과 연대보증채무

[사안]에서 2009. 6. 27. 甲이 K회사의 B은행에 대한 1차 대출금채무를 연대보증한 것은 상사채무로서 5년의 소멸시효가 적용된다(상법 제64조). 甲의 연대보증채무의 이행기는 위 1차 대출금 채무의 변제기인 2012. 4. 26이다. 따라서 甲이 B은행으로부터 소장 부본을 송달받은 2014. 11. 21.에는 [문제 1]에서 甲이 주장하는 바와 달리, 위 대출금 채무에 대한 甲의 연대보증채무는 5년의 소멸시효기간이 경과되지 않았다.

그리고 [사안]에서 B은행은 2014. 4. 3. 1차 대출금채권을 청구채권으로 한 가압류결정을 받았지만, 이에 관해 B은행이나 K회사도 甲에게 통지하지 않았다.

민법 제168조 제2호에서는 가압류신청으로 소멸시효가 중단되는 것으로 규정하고 있다. 이는 가압류에 채권자가 그의 권리를 행사한 것이고, 또한 가압류에 의한 집행보전의 효력이 존속하고 있는 동안에는 채권자에 의한 권리행사가 계속되고 있는 것이므로 그 시효중단의 효력은 위 가압류에 의한 집행보전의 효력이 존속하는 한 계속된다.[8]

그러므로 [사안]에서는 가압류에 의해 1차 대출금채권의 소멸시

---

8 대법원 2000. 4. 25. 선고 2000다11102 판결, 대법원 2006. 7. 4. 선고 2006다32781 판결 등 참조. 그러나 "가압류채권자가 본안소송에서 승소하고 집행권원을 획득하여 즉시 본집행을 할 수 있는 요건을 갖추었음에도 그 집행을 하지 않고 있는 경우에는, 본집행을 하지 못할 장애가 있다는 등의 다른 사정이 없는 한, 피보전권리에 대한 보전의 필요성은 소멸되었다고 할 것이고, 이와 같이 가압류결정 후에 보전의 필요성이 소멸된 때에는 그 가압류를 그대로 존속시켜 놓을 수 없는 사유인 사정변경이 있다고 보아야 한다." 대법원 1984. 10. 23. 선고 84다카935 판결, 대법원 2008. 3. 27. 선고 2006다24568 판결 참조. 나아가 법률의 규정에 따른 적법한 가압류가 있었으나 제소기간의 도과로 인하여 가압류가 취소된 경우, 민법 제175조가 정한 소멸시효 중단의 효력이 없는 경우에 해당하지 아니한다. 대법원 2011. 1. 13. 선고 2010다88019 판결 참조.

효가 중단되어 주채무(1차 대출금채무)는 소멸되지 않으나(절대적 효력설) 위 가압류 사실을 통지 받지 못한 甲으로서는 보증채무의 소멸을 주장을 할 수 없는가라는 의문이 제기된다.[9]

위의 사항과 관련하여 민법 제169조는 '시효의 중단은 당사자 및 그 승계인 간에만 효력이 있다'고 규정하고, 민법 제440조는 '주채무자에 대한 시효의 중단은 보증인에 대하여 그 효력이 있다'고 규정하고 있다.

대법원 판례는, "민법 제440조는 민법 제169조의 예외규정으로서 이는 채권자 보호 내지 채권담보의 확보를 위하여 주채무자에 대한 시효중단의 사유가 발생하였을 때는 그 보증인에 대한 별도의 중단조치가 이루어지지 아니하여도 동시에 시효중단의 효력이 생기도록 한 것이고, 그 시효중단 사유가 압류, 가압류 및 가처분이라고 하더라도 이를 보증인에게 통지하여야 비로소 시효중단의 효력이 발생하는 것은 아니라"고 한다.[10]

[사안]에서 1차 대출금채무에 대한 甲의 연대보증은 K회사의 이사로서 보증할 당시 그 채무액과 변제기가 정해져 있는 확정채무를 보증한 것이다.

대법원 판례에 따르면, 계속적 보증인 경우와 달리, 사정변경을 이유로 위 대출금채무에 대한 보증계약을 해지할 수 없다. 또한 민법

---

9 보증채무에 대한 소멸시효가 중단되는 등의 사유로 완성되지 아니하였다고 하더라도 주채무에 대한 소멸시효가 완성된 경우에는 시효완성의 사실로써 주채무가 당연히 소멸되므로 보증채무의 부종성에 따라 보증채무 역시 당연히 소멸된다. 대법원 1979. 2. 13. 선고 78다2157 판결, 대법원 2012. 1. 12. 선고 2011다78606 판결 등 참조. 또한 대법원 판례는, "주채무에 대한 소멸시효가 완성되어 보증채무가 소멸된 상태에서 보증인이 보증채무를 이행하거나 승인하였다고 하더라도, 주채무자가 아닌 보증인의 위 행위에 의하여 주채무에 대한 소멸시효 이익 포기 효과가 발생된다고 할 수 없으며, 주채무의 시효소멸에도 불구하고 보증채무를 이행하겠다는 의사를 표시한 경우 등과 같이 그 부종성을 부정하여야 할 다른 특별한 사정이 없는 한 보증인은 여전히 주채무의 시효소멸을 이유로 보증채무의 소멸을 주장할 수 있다"고 한다. 대법원 2012. 7. 12. 선고 2010다51192 판결 참조.
10 대법원 2005. 10. 27. 선고 2005다35554 판결 등 참조.

제440조는 민법 제169조의 예외규정이라고 하는바, 1차 대출금채권을 청구채권으로 한 가압류에 관해 B은행이 연대보증인 甲에게 통지하지 아니하였어도 시효중단의 효력이 발생한다.

그러므로 K회사의 1차 대출금채무에 대한 연대보증채무가 시효로 소멸하였다는 甲의 주장은 배척될 것이다. 다만, 위 대출금에 대한 B은행의 이자채권은 민법 제163조 제1호에 의하여 3년의 단기소멸시효가 적용되므로 2009. 6. 27.부터 2011. 4. 2.까지 발생한 이자채권 부분은 소멸되었다.

3. 계속적 보증계약의 해지

[사안]에서 甲은 대표이사 乙의 요청으로 2011. 1. 2. B은행과의 금융대출거래약정서에 연대보증인으로 서명하였고, 2012. 1. 10. 위 회사에서 퇴직한 후, K회사는 위 대출거래약정에 의해 2012. 12. 16. B은행으로부터 추가적으로 2억 원을 대출(2차 대출금)받았다.

B은행이 甲에게 2차 대출금의 원금과 그 이자 상당액의 지급을 소구한 상태에서 甲이 우편으로 통지하였듯이, 위 대출은 甲이 K회사를 퇴사한 후 발생한 것이므로, 위 금융대출거래약정상 B은행과의 연대보증계약을 해지할 수 있는가를 검토한다.

[사안]에서 K회사와 B은행 사이의 위 금융대출거래약정에 관해 甲이 연대보증한 것은 계속적 보증(한정근보증)에 해당한다.[11] 그리고 B

---

11 대법원은, 근보증은 채권자와 주채무자 사이의 특정한 계속적 거래계약뿐 아니라 그 밖에 일정한 종류의 거래로부터 발생하는 채무 또는 특정한 원인에 기하여 계속적으로 발생하는 채무에 대하여도 할 수 있고, 근보증의 대상인 주채무는 근보증계약을 체결할 당시에 이미 발생되어 있거나 구체적으로 내용이 특정되어 있을 필요는 없고, 장래의 채무, 조건부 채무는 물론 장래 증감·변동이 예정된 불특정의 채무라도 이를 특정할 수 있는 기준이 정해져 있으면 된다. 이와 같이 근보증은 그 보증대상인 주채무의 확정을 장래 근보증관계가 종료될 시점으로 유보하여 두는 것이므로, 그 종료 시점에 이르러 비로소 보증인이 부담할 피보증채무가 구체적으로 확정되며, 근보증계약이 특정 기본거래계약에 기하여 발생하는 채무만을 보증하기로 한 것이 아니

은행은 甲이 위 회사를 퇴직한 후 발생한 2차 대출금채무에 대해 연대보증채무를 소구하는바, 이와 같은 불확정한 주채무에 대한 채무부담은 과도한 것으로 여겨지므로 甲이 보증을 하게 된 경위 등을 고려하면 계속적 거래관계에서의 신의칙에 비추어 보증계약을 해지할 수 있어야 할 것이다.

대법원 판례에 의하면, "계속적 거래관계로 인하여 발생하는 불확정한 채무를 보증하기 위한 이른바 계속적 보증에 있어서는 보증계약 성립 당시의 사정에 현저한 변경이 생겨 보증인에게 계속하여 보증책임을 지우는 것이 당사자의 의사해석 내지 신의칙에 비추어 상당하지 못하다고 인정되는 경우에는, 상대방인 채권자에게 신의칙상 묵과할 수 없는 손해를 입게 하는 등의 특별한 사정이 없는 한 보증인은 일방적인 보증계약해지의 의사표시에 의하여 보증계약을 해지할 수" 있으며, "회사의 이사라는 지위에 있었기 때문에 부득이 회사와 은행 사이의 계속적 거래로 인한 회사의 채무에 연대보증인이 된 자가 그 후 회사로부터 퇴직하여 이사의 지위를 상실하게 된 때에는 사회통념상 계속 보증인의 지위를 유지게 하는 것이 부당하므로, 연대보증계약 성립 당시의 사정에 현저한 변경이 생긴 것을 이유로 그 보

라, 기본거래의 종류만을 정하고 그 종류에 속하는 현재 또는 장래의 기본거래계약에 기하여 근보증 결산기 이전에 발생하는 채무를 보증한도액 범위 내에서 보증하기로 하는 이른바 '한정근보증계약'인 경우, 미리 정한 기본거래의 종류에 의하여 장래 체결될 기본거래계약 또는 그에 기하여 발생하는 보증대상인 채무를 특정할 수 있다면 비록 주채무 발생의 원인이 되는 기본거래계약이 한정근보증계약보다 먼저 체결되어 있지 아니하더라도 그 근보증계약의 성립이나 효력에는 아무런 영향이 없으며, 이와 같은 한정근보증계약은 거기에 정한 기본거래의 종류에 속하는 기본거래계약이 별도로 체결되는 것을 예정하고 있으므로, 채권자와 주채무자가 한정근보증계약 체결 이후 새로운 기본거래계약을 체결하거나 기존 기본거래계약의 기한을 갱신하고 그 거래 한도금액을 증액하는 약정을 하였다고 하더라도, 그것이 당초 정한 기본거래의 종류에 속하고 그로 인한 채무가 근보증 결산기 이전에 발생한 것으로서 근보증한도액을 넘지 않는다면, 이는 모두 한정근보증의 피보증채무 범위에 속한다고 보아야 할 것이고, 별도의 약정이 있다는 등의 특별한 사정이 없는 한 새로운 기본거래계약 체결 등에 관하여 보증인의 동의를 받거나 보증인에게 통지하여야만 피보증채무의 범위에 속하게 되는 것은 아니라고 한다. 대법원 2013. 11. 14. 선고 2011다29987 판결.

증계약을 일방적으로 해지할 수 있다"고 한다.[12] 그리고 보증계약상 보증한도액과 보증기간이 제한되어 있는 경우(한정근보증계약)에도 위와 같은 해지권의 발생에는 영향이 없다고 한다.[13]

위 대법원 판례에 따르면, [사안]에서 甲은 K회사의 상임이사 지위가 유지되면서 부득이 위 회사와 B은행 사이의 계속적 금융대출상 발생하는 회사의 대출금채무에 대해 연대보증인이 된 것이고, 그 후 위 회사의 구조조정으로 퇴직하여 이사의 지위를 상실하게 된 때에는 사회통념상 계속 보증인의 지위를 유지케 하는 것이 부당하므로, 비록 대출기한과 최고 한도액이 정해져 있는 한정근보증이지만, 연대보증을 할 당시의 사정에 현저한 변경이 생긴 것이라고 할 수 있다. 그리고 甲은 K회사의 상임이사로 재직하는 한에서 위 회사의 대출금을 보증하려는 것이었다고 할 수 있다. 따라서 甲은 K회사와 B은행 사이의 금융대출약정에 대출금 채무에 대한 연대보증계약을 해지할 수 있다. 따라서 甲은 2011. 1. 2.자 금융대출거래약정상 연대보증을 해지한다는 내용증명의 우편이 2014. 12. 3.경 B은행에 도달하였으므로 이는 위 금융대출거래약정상 연대보증계약 해지의 의사표시를 한 것으로

---

12 대법원 1992. 5. 26. 선고 92다2332 판결, 1996. 12. 10. 선고 96다27858 판결, 1998. 6. 26. 선고 98다11826 판결, 대법원 2000. 3. 10. 선고 99다61750 판결 참조. 또한 "계속적 보증계약의 보증인이 장차 그 보증계약에 기한 보증채무를 이행할 경우 피보증인이 계속적 보증계약의 보증인에게 부담하게 될 불확정한 구상금채무를 보증한 자에게도 사정변경이라는 해지권의 인정 근거에 비추어 마찬가지로 해지권을 인정"한다. 대법원 1998. 6. 26. 선고 98다11826 판결, 대법원 2002. 5. 31. 선고 2002다1673 판결 등 참조.

13 대법원 1992. 11. 24. 선고 92다10890 판결, 1996. 12. 10. 선고 96다27858 판결, 대법원 2002. 2. 26. 선고 2000다48265 판결 등 참조. 그리고 계속적 보증계약을 해지할 만한 상당한 이유가 있는지 여부는 보증을 하게 된 경위, 주채무자와 보증인 간의 관계, 보증계약의 내용, 채무증가의 구체적 경과와 채무의 규모, 주채무자의 신뢰상실 여부와 그 정도, 보증인의 지위변화, 주채무자의 자력에 관한 채권자나 보증인의 인식 등 제반 사정을 종합적으로 고려하여 판단한다. 대법원 2003. 1. 24. 선고 2000다37937 판결 참조. 계속적 보증계약의 보증인이 장차 그 보증계약에 기한 보증채무를 이행할 경우 피보증인이 계속적 보증계약의 보증인에게 부담하게 될 불확정한 구상금채무를 보증한 자에게도 사정변경이라는 해지권의 인정근거에 비추어 마찬가지로 해지권을 인정한다. 대법원 1998. 6. 26. 선고 98다11826 판결 참조.

볼 수 있다.

그러나 [사안]에서 B은행은 2014. 11. 10. K회사와 甲을 상대로 대출금반환청구의 소를 제기하기 전에 K회사와 위 금융·대출거래약정을 해지하였으므로 위 계속적 보증(근보증)상 甲의 연대보증채무는 이미 확정되었다.

이러한 경우 대법원 판례는, 보증계약이 해지되기 전에 계속적 거래가 종료되거나 그 밖의 사유로 주채무 내지 구상금채무가 확정되면 보증인으로서는 더 이상 사정변경을 이유로 보증계약을 해지할 수 없다"고 한다.[14]

그러므로 [사안]에서는 2014. 12. 3. 이전에 발생한 K회사의 2차 대출금채무에 대한 甲의 연대보증책임은 인용될 것이다.

4. 보증책임의 제한

2.와 3.에서 검토한 바, 甲이 1차 대출금채무뿐만 아니라 2차 대출금채무에 대해서도 연대보증채무를 부담하여야만 한다. 그런데 이러한 결과는 연대보증인 甲에게 과도한 부담을 지우는 것이라고 평가할 여지가 있다.

위와 같은 경우 대법원 판례는 보증책임을 일정한 요건에 한정하는바, 회사의 이사 등이 회사의 제3자에 대한 계속적 거래로 인한 채무를 연대보증한 경우 이사 등에게 회사의 거래에 대하여 재직 중에 생긴 채무만을 책임지우기 위하여는 연대보증인이 이사 등의 지위

---

14 대법원 2002. 5. 31. 선고 2002다1673 판결 참조. 대법원 판례는, "당좌대출에 대한 신용보증은 보증기관이 거래기간 동안에는 약정된 한도액의 범위 안에서 증감·변동하는 대출원리금에 대하여 보증책임을 지지 아니하고 정해진 사유로 인한 거래 종료시 보증채무가 확정되는 이른바 근보증에 해당하며, 근보증으로서의 신용보증채무 이행으로 인한 구상채무를 보증한 자가 신용보증채무가 확정되기 전에 보증계약을 해지한 경우에는 그 구상채무 보증인은 보증책임을 면"한다고 한다. 대법원 1998. 6. 26. 선고 98다11826 판결.

때문에 부득이 회사의 계속적 거래로 인하여 생기는 회사의 채무를 연대보증하게 된 것이고 또 회사의 거래상대방이 거래할 때마다 거래 당시의 회사에 재직하고 있던 이사 등의 연대보증을 새로이 받아 오는 등의 특별한 사정이 있어야 하고,[15] 보다 일반적으로는 "계속적 보증계약에 있어서 보증인의 부담으로 돌아갈 주채무의 액수가 보증인이 보증 당시에 예상하였거나 예상할 수 있었던 범위를 훨씬 상회하고, 그 같은 주채무 과다 발생의 원인이 채권자가 주채무자의 자산상태가 현저히 악화된 사실을 익히 알거나 중대한 과실로 알지 못한 탓으로 이를 알지 못하는 보증인에게 아무런 통보나 의사타진도 없이 고의로 거래규모를 확대함에 비롯되는 등 신의칙에 반하는 사정이 인정되는 경우에 한하여 보증인의 책임을 합리적인 범위 내로 제한할 수 있다"고 한다.[16]

위 대법원 판례에 따르면, [사안]에서는 보증책임의 제한요건에 상응하는 사유가 없다.

5. 결 론

[사안]에서 甲은 B에게 1차 대출금 원금(2억5천만 원)과 이자(약정이자 연 7%, 2011. 4. 3.~2012. 4. 26. 이후 변제 시까지 월 1% 추가), 그리고 2차 대출금 원금(2억 원)과 이자(약정이자 연 8%, 2012. 12. 15.~2013. 12. 16. 이후 변제 시까지 월 1% 추가) 상당액을 지급하여야 한다.

---

15 대법원 1995. 4. 7. 선고 94다736 판결, 대법원 1996. 10. 29. 선고 95다17533 판결, 대법원 1998. 12. 22. 선고 98다34911 판결 등 참조.
16 대법원 2005. 10. 27. 선고 2005다35554, 35561 판결, 대법원 2010. 6. 10. 선고 2010다 1791 판결 등 참조.

임대차

임대차(1)
– 주택임대차의 대항력, 확정일자, 주택임대차보호법의 대항요건과 임차보증금의 우선변제권, 국가배상법, 법원의 집행관의 주의의무 등 –

※ 이하 [사안] 및 각 [사례], 그리고 각 문제의 일자는 공휴(무)일이 아닌 것으로 의제함.

사안

甲은 2010. 10. 10. 서울 ○○마을(아파트) 303동 102호(이하 '아파트 세대') 소유자 乙과 임대차기간은 2010. 10. 20.부터 2012. 10. 20.까지로 정하고, 임차보증금은 1억 원으로 정하여 임차하기로 하는 계약을 체결하였다.

甲은 乙에게 위 임차보증금을 지급하고 2010. 10. 20. 입주하여 전입신고를 하고, 그 무렵 임대차계약서에 확정일자를 받았다. 그 후 甲은 2012. 10. 10. 乙과 위 아파트 세대에 관한 임대차 재계약을 체결하여 임차보증금을 2천만 원 증액하여 지급하고 2014. 10. 20.까지로 연장하였다.

위 아파트 세대는 건축물관리대장상 명칭은 '○○마을'이지만 그 외벽에는 '○○빌리지'로 표시되어 있었다. 甲은 위 아파트 세대로 이사하여 '○○빌리지' 303동 102호로 전입신고를 하였다. 이후 乙은 파산상태에 이르게 되어 위 아파트 세대에 대해 △△지방법원 2014타경0000호로 임의경매절차가 진행되었는데, 위 법원 소속 집행관은 임대차관계 등의 현황조사를 위하여 3회(평일 주·야간 각 1회, 휴일 1회)에 걸쳐 위 아파트 세대를 방문하였으나 문이 잠겨 있어 세대 거주자 등을 만나지 못하였고, 이에 위 아파트 세대 우편함에 '현재 303동 102호 세대에 관하여 경매가 진행 중이니 임차인은 권리를 신고하라'는 취지의 안내문을 투입하였다.

위 집행관은 2014. 5. 16. 위 지역 관할 ○○동사무소에서 위 아파트의 건축물관리대장상 주소인 (동명 및 지번 생략) '○○마을 303동 102호'로 주민등록전입세대 열람을 신청한 결과, "해당 주소의 세대주가 존재하지 않음"이라는 내용의 주소별세대열람내역을 받아, 위 집행관은 위 아파트 세대에 관한 현황조사보고서에 "점유관계: 미상, 기타: 본건 현황차 수회 방문하였으나 폐문으로 인하여 거주자 및 이해관계인을 만날 수 없어 자세한 임대차관계는 미상이고 전세대 주민등록등본을 열람한바 주민전입자가 없습니다"라고 기재하면서 위 세대열람내역을 첨부하였고, 집행법원은 위 현황보고서에 따라 2014. 7. 3.자 매각물건명세서에 "조사된 임차내역 없음. 임대차관계 미상 현황보고서 참조"라고 기재하였다.

丙은 위 경매절차에서 위 아파트 세대를 낙찰받아 소유권을 취득한 후 甲에게 위 아파트 세대를 丙에게 인도하라는 2014. 10. 5.자 내용증명의 통지를 하고, △△지방법원에 소송을 제기하였다.

[사안 구성 참조 판결례] 대법원 2010. 4. 29. 선고 2009다40615 판결, 대법원 2004. 11. 9.자 2004마94 결정, 서울중앙지방법원 2009. 5. 8. 선고 2008나 38157 판결 등.

사안 개요도

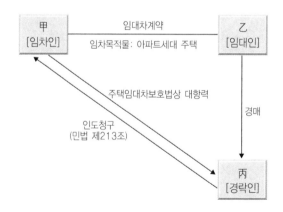

甲으로부터 소송대리를 수임 받은 변호사로서 답변서를 작성하려는 경우, 고려할 논점(들)에 관해 약술하시오.

1. 문제의 소재

[사안]에서는 임대차계약의 당사자가 아닌 丙이 아파트 세대의 소유자가 되어 임차인 甲에게 임차목적물의 인도를 청구한다. 이와 같은 丙의 인도청구는 소유권에 기한 소유물반환청구권(민법 제213조 본문)을 행사하는 것이다. 丙은 경매절차에서 위 아파트 세대를 낙찰받은 소유자이고, 甲은 현재 위 아파트 세대에 주거하고 있는 점유자에 해당되어 민법 제213조 본문의 요건사실이 각 충족되었다.

이하에서는 소유자인 丙의 반환청구에 대해 甲이 적법한 점유자로서 민법 제213조 단서의 '점유할 권리'를 가지고 있는지를 검토한다.

2. 甲의 점유권원

[사안]에서 甲은 위 아파트 세대의 전소유자인 乙과 임대차 계약관계를 맺고(민법 제618조), 임차인으로서 보증금을 지급하였으며, 입주와 전입신고를 마쳤고 임대차계약서상 확정일자를 갖추었다. 또한 전소유자인 乙과 임차기간을 2014. 10. 20.까지 2년 연장하였는바, 丙으로부터 인도통지를 받은 2014. 10. 5. 현재 전소유자 乙에 대해서는 임차권을 주장할 수 있다.

주택임대차보호법 제3조 제1항은 인도와 주민등록의 요건을 갖춘 때에는 제3자에 대해서도 효력(대항력)이 생기는 것으로 규정하고 있다. 여기에서 제3자란 임대인 이외에 임차주택의 점유에 관해 병립

할 수 없는 지위를 갖춘 자를 의미하는바, [사안]에서는 경매절차를 통해 乙의 소유권을 승계취득하고 기존의 임차인 甲에게 위 세대 주택의 반환을 요구하는(민법 제213조 본문) 丙은 이에 해당한다. 그리고 주택임대차보호법 제3조는 전입신고를 한 때에 주민등록이 된 것으로 보고(동조 제1항 단서), 임차주택의 양수인은 임대인의 지위를 승계한 것으로 간주한다(동조 제4항). 따라서 甲은 일응 위 요건들을 모두 갖추고 있어 甲이 丙에게 위 아파트 세대의 인도청구에 대항할 수 있는 정당한 점유권원을 갖추고 있는 것으로 볼 여지가 있다.

그런데 丙은 위 경매절차에서 주소별 세대열람내역에 기초한 위 아파트 세대 현황조사보고서를 신뢰하여 위 아파트 세대 주택에 주민 전입자가 없는 것으로 오인하였다. 이는 애당초 甲이 위 아파트 세대로 이사하면서 건축물관리대장상 명칭('○○마을')과 달리 표기하여 전입신고를 한 사실에서 기인한다.

그러므로 甲의 전입신고상 기재 내용이 주택임대차보호법 제3조 제1항의 대항요건인 주민등록으로서 유효한 것으로 볼 수 있는지 여부가 검토되어야 한다.

3. 대항력 요건으로서 주민등록

주택임대차보호법 제3조 제1항에서 주택의 인도와 더불어 임차권의 대항력 요건으로 규정하고 있는 주민등록은 거래의 안전을 위하여 임차권의 존재를 제3자가 인식할 수 있게 하는 공시방법으로 마련된 것이다(주택임대차보호법 제1조 등의 입법취지 참조). 따라서 주민등록이 주택임대차를 공시하는 효력이 있는가의 여부에 관해 대법원 판례는 '일반 사회통념상 그 주민등록으로 당해 임대차 건물에 임차인이 주소 또는 거소를 가진 자로 등록되어 있는지를 인식할 수 있는가의 여

부'에 따라 판단한다.[1]

4. [사안]의 경우

[사안]에서 甲은 위 아파트 건물 외벽에 표기된 '○○빌리지'로 전입신고를 하였는바, 이 경우 일반 사회통념상 甲의 주택임차권을 공시하는 것으로 평가할 수 있는지의 여부가 관건이다.

통상 아파트 세대의 주택인 경우, '○○아파트'라고 호칭하며 그 뒤에 어떤 문언이 부가되어 있는지는 일반 사회통념상 문제가 되지 않는다고 할 것이므로, [문제 1]의 경우, 주택임대차보호법 제3조 제1항의 대항력을 갖추고 있다는 취지로 답변서를 작성하여야 한다.[2]

---

1 대법원 2001. 4. 24. 선고 2000다44799 판결, 대법원 2007. 2. 8. 선고 2006다70516 판결 등 참조. 건축 중인 주택을 임차하여 주민등록을 마친 임차인의 주민등록이 그 후 소유권보존등기가 경료되고 이를 바탕으로 저당권을 취득하여 등기부상 이해관계를 가지게 된 제3자에 대한 관계에서 임대차를 공시하는 효력이 있는지 여부는 그 제3자의 입장에서 보아 사회통념상 그 주민등록으로 당해 주택에 임차인이 주소 또는 거소를 가진 자로 등록되어 있다고 인식할 수 있는지 여부에 따라 판단되어야 한다: 대법원 1999. 9. 3. 선고 99다15597 판결, 대법원 2008. 2. 14. 선고 2007다33224 판결 등 참조. 박해식, 주택임대차보호법 해설(2000), 127면 이하 참조.

2 대법원 2003. 5. 16. 선고 2003다10940 판결에서는, "이 사건 건물의 등기부상의 동·호수 표시인 '제비(b)동 3층 302호'와 불일치한 위 '○○동 ○○호'로 된 피고의 주민등록은 일반 사회통념상 그로써 당해 임대차 건물에 피고가 주소 또는 거소를 가진 자로 등록되어 있는지를 인식할 수 있다고 보이지 아니하므로 위 주민등록은 임대차의 공시방법으로서 유효하다고 할 수 없고, 원심 판시와 같이 근저당권자인 주식회사 국민은행이나 낙찰자인 원고가 잘못된 주민등록상의 주소인 '○○동 ○○'가 등기부 등의 주소인 '제비(b)동 302호'를 지칭하는 것으로 알고 있었다거나 알 수 있었다고 하더라도 그와 같은 판단에 장애를 가져오는 것은 아니라고 할 것이다"라고 하였으나, 대법원 2002. 6. 14. 선고 2002다15467 판결에서는, "이 사건 다세대 주택의 등기부상의 건물내역과 피고의 최초 주민등록 주소를 비교하여 볼 때, 위 주민등록상의 별층에 해당할 만한 건물 부분이 위 건물내역상 지하층 외에는 없고 그 지하층이 1개의 구분소유 부분으로 이루어져 있으므로, 이 사건 다세대 주택에 실제로 옥상층 등 별층에 해당할 만한 부분이 있지 아니하고 위 지하층을 주소로 한 다른 주민등록자가 없는 한 통상적인 주의력을 가진 사람이라면 어렵지 않게 위 주민등록상의 '별층 101호'가 등기부상의 '지하층 01호'를 의미한다고 인식할 수 있을 것으로 여겨지는바, 그렇다면 일반사회 통념상 피고의 위 주민등록으로 이 사건 구분소유 부분에 피고가 주소 또는 거소를 가진 자로 등록되어 있다고 인식할 수 있다고 봄이 상당하다 할 것이다"고 하였다.

문제 2) 甲은 丙의 변호사가 작성한 소장 부본을 송달받았다. 그런데 甲은 다른 아파트로 이사하려고 한다. 이에 甲은 변론기일에 丙이 임차보증금 1억 2천만 원을 반환하면 위 아파트 세대의 인도청구에 응하겠다고 진술하였다.
　　甲의 임차보증금반환청구에 관한 판단의 논거를 제시하여 약술하고, 결론을 판결 주문의 형식으로 기술하시오.

1. 甲의 임차보증금반환청구

　[문제 1]에서 임차인 甲에게 주택임대차보호법상 대항력이 있는 경우, 丙은 위 아파트 세대의 양수인으로서 임대인 乙의 지위를 승계한 것으로 간주된다(주택임대차보호법 제3조 제4항: 계약승계의 간주).[3] 따라서 임차보증금 반환채무도 부동산의 소유권과 결합하여 일체로서 이전되므로 양도인(乙)의 임대인으로서의 지위나 보증금 반환채무는 소멸한다. 그러나 임차인의 보호를 위한 임대차보호법의 입법취지에 비추어 임차인이 임대인의 지위승계를 원하지 않는 경우에는 임차인이 임차주택의 양도 사실을 안 때로부터 상당한 기간 내에 이의를 제기함으로써 승계되는 임대차관계의 구속으로부터 벗어날 수 있다.[4] 그리고 위 아파트 세대주택의 소유권이 경매로 이전되었을지라도, 주택임대차보호법 제3조의5 단서에서는 임차보증금을 반환받지 않은 상태에 있는 한 대항력을 갖춘 임차권은 소멸하지 않는 것으로

---

3 대법원 2013. 1. 17. 선고 2011다49523 전원합의체 판결 [다수의견]에 의하면, 주택임대차보호법 제3조 제1항이 정한 대항요건을 갖춘 경우, "양수인은 임대인의 지위를 승계한 것으로 본다고 규정하고 있는바, 이는 법률상의 당연승계 규정으로 보아야 하므로, 임대주택이 양도된 경우에 양수인은 주택의 소유권과 결합하여 임대인의 임대차 계약상의 권리·의무 일체를 그대로 승계하며, 그 결과 양수인이 임대차보증금반환채무를 면책적으로 인수하고, 양도인은 임대차관계에서 탈퇴하여 임차인에 대한 임대차보증금반환채무를 면하게 된다"고 한다.
4 대법원 2002. 9. 4. 선고 2001다64615 판결 참조.

의제한다.

또한 같은 법 제4조 제2항에서는 임대차 기간이 종료된 경우에도 임차인이 보증금을 반환 받을 때까지 임대차관계가 존속하는 것으로 간주한다. 따라서 甲과 丙 사이의 임대차관계는 기존 임차기간 동안은 물론, 연장된 임차기간이 종료되는 2014. 10. 20. 이후에도 甲이 임차보증금을 반환받을 때까지 임대차관계는 존속된다.

나아가 임대차관계의 종료시 임차인의 임차목적물의 반환채무[5]와 임대인의 임차보증금 반환채무는 동일한 쌍무계약상 대가적 채무는 아니지만,[6] 해석상 임대차계약의 기간이 만료된 경우에 임차인이 임차목적물을 명도할 의무와 임대인이 보증금 중 연체차임 등 당해 임대차에 관하여 명도시까지 생긴 모든 채무를 청산한 나머지를 반환할 의무는 모두 이행기에 도달하고 이들 의무 상호 간에는 동시이행의 관계가 있다(주택임대차보호법 제3조 제6항).[7] 그 밖에 임차인이 임차보증금을 반환 받지 못하는 경우에는 주택임대차보호법 제3조의3에 의한 임차권등기명령을 신청할 수 있다.

따라서 [사안]에서는 甲은 보증금반환과 상환으로 丙에게 甲이 거주하는 위 아파트 세대의 점유를 반환하여야 한다.[8]

---

5 민법상 임대차계약에서는 임차목적물의 반환에 관하여 직접 규정하지 않고 있으며, 또한 사용대차계약에 관한 민법 제613조를 명시적으로 준용하지 않고 있으나(민법 제654조 참조), 대차형 계약관계의 본질과 사용대차에 관한 준용규정들에 비추어 당연한 법적 효과이다.

6 임차보증금은 보증금계약에 의해 수수된다. 보증금계약은 통상 임대차계약에 부수하는 종된 계약(약정)으로 이루어지며, 임차인의 보증금반환청구권은 임대차가 종료된 후 임차인이 목적물을 반환하는 때에 발생한다. 임차보증금이 담보하는 채권의 범위는 연체차임과 임대차 종료 후 목적물을 반환할 때까지의 차임상당액 등의 손해배상채무이다.

7 대법원 1977. 9. 28. 선고 77다1241, 1242 전원합의체 판결 등 참조.

8 주택임대차 및 상가건물임대차보호법에서는 동시이행항변권이 집행개시의 요건이 되는 것을 배제하여 임차인을 보호하고 있다. 주택임대차보호법 제3조의2(보증금의 회수) 제1항, 상가건물임대차보호법 제5조(보증금의 회수) 제1항 참조.

2. [사안]의 판결 주문

[사안]에 관한 [문제 2]의 판결 주문은 '피고(甲)는 원고(丙)으로부터 1억 2천만 원에서 연체차임이나 종료 이후의 사용·수익 부분을 공제한 나머지 금원을 지급받음과 동시에 원고에게 별지 목록 기재 부동산을 인도하라'고 기술할 수 있다. 여기에서 甲이 丙에게 인도할 아파트 세대를 '별지 목록 기재 부동산'으로 표기한다.

> **문제 3)** 丙이 법원의 판결에 따라 甲에게 임차보증금을 반환한 후, △△지방법원의 임의경매 업무상 오류로 인하여 손해가 발생하였음을 이유로 하여 국가배상법에 의한 손해배상을 청구하려는 경우, 이에 관해 법률자문을 의뢰 받은 변호사로서 판단을 논거를 제시하여 약술하시오.

[사안]에서 丙에게 발생한 손해는 법원 집행관이 경매목적물인 아파트 세대건축물관리대장상 주소(○○마을)에 따른 현황만을 조사하고, 건축물관리대장에 표시된 명칭과 다른 명칭(○○빌리지)으로 전입신고된 세대주의 주민등록까지 확인하지 않은 사실에서 기인한다.

그러므로 丙이 소구하려는 손해배상은 국가배상법 제2조 제1항의 요건이 갖추어져야 하는바, [사안]에서 ① 법원 집행관은 국가공무원이고(법원조직법 제55조, 집행관법 참조), ② 경매절차상 부동산현황조사는 직무의 집행에 해당한다.

이하에서는 [사안]과 관련하여 법원 집행관의 행위가 ③ 고의 또는 중과실로 법령을 위반하여 타인에게 손해를 입힌 것에 해당하는가

를 검토한다.[9]

1. 법원 집행관의 조사의무

법원의 경매개시결정 후 경매절차에서 부동산현황조사(민사집행법 제85조) 및 매각물건명세서의 작성은 매각대상 부동산의 현황을 정확하게 파악하여 일반인에게 그 부동산의 현황과 권리관계를 공시함으로써 매수희망자가 매각대상 물건에 관하여 필요한 정보를 쉽게 얻을 수 있게 하여 예상 밖의 손해를 입게 되는 것을 방지하고자 함에 그 목적이 있다.[10]

대법원 판례에 의하면, 부동산 경매절차에서 현황조사를 하는 법원 집행관은 집행법원에 대하여는 물론, 부동산의 매수희망자에 대한 관계에서도 목적부동산의 현황을 가능한 한 정확하게 조사할 주의의무가 있고, 법원 집행관이 현황조사를 함에 있어서 통상 행하여야 하는 조사방법을 채택하지 아니하거나 조사결과에 대하여 충분한 검토 및 평가를 하지 아니하여 그 기재 내용과 목적부동산의 실제 상황 사이에 간과하기 어려운 차이를 발생시킨 경우에는 주의의무를 위반한 것이라고 한다.[11]

---

9 대법원 2003. 2. 11. 선고 2002다65929 판결 참조.
10 대법원 2004. 11. 9.자 2004마94 결정 등 참조.
11 대법원 2010. 4. 29. 선고 2009다40615 판결. 민사집행법 제85조(현황조사) ① 법원은 경매개시결정을 한 뒤에 바로 집행관에게 부동산의 현상, 점유관계, 차임(차임) 또는 보증금의 액수, 그 밖의 현황에 관하여 조사하도록 명하여야 한다. ② 집행관이 제1항의 규정에 따라 부동산을 조사할 때에는 그 부동산에 대하여 제82조에 규정된 조치를 할 수 있다. 부동산 경매·입찰 절차에서 현황조사시 유의사항(재민 97-8) [대법원 재판예규 제880호] 참조.

2. [사안]의 판단

[사안]에서 법원 집행관은 경매목적물인 아파트 세대를 임차한 甲이 전입신고한 외벽의 명칭인 '○○빌리지'의 세대를 열람하지 않았다. 그러므로 이하에서는 법원 집행관이 건축물관리대장에 표시된 명칭과 다른 명칭으로 전입신고된 세대주의 주민등록까지 확인하여야 할 주의의무가 있는지를 검토한다.

공동주택 임대차관계의 현황조사를 하는 법원 집행관으로서는 현황조사시 대상 부동산을 점유하고 있는 자를 만나지 못한 경우에 그 이웃주민 등 제3자에게 임차인의 거주 여부를 탐문하여야 할 주의의무는 없으며, 그 공동주택의 소재지에 전입신고된 세대주의 주민등록을 확인함에 있어서는 대법원 판례에 의하면, 다른 특별한 사정이 없는 한 전입신고가 주민등록법 시행령에 따라 건축물관리대장 등에 표시된 공동주택의 명칭과 동·호 수로 이루어졌을 것이라고 전제하면 족하고,[12] 그 명칭으로 전입신고된 세대주가 있는지를 확인하는 이외에 그와 다른 명칭으로 전입신고된 세대주가 있는지 여부까지 확인할 주의의무까지는 인정할 수 없다고 한다.[13]

그러므로 위 판례에 따르면, [사안]에서와 같이 건축물대장 등에 따른 공동주택의 이름(○○마을)과 다른 명칭(○○빌리지)이 그 공동주택의 외벽에 표시되어 있는 경우, 법원 집행관이 [사안]과 같은 상황을

---

12 주민등록법 시행령 제9조(주민등록표 등의 기록) ⑤ 「건축법 시행령」 별표 1 제1호 다목에 따른 다가구주택 및 「주택법 시행령」 제2조의2에 따른 준주택의 경우 본인의 신청이 있으면 제3항 및 제4항에 따른 주소의 끝 부분에 괄호를 하고 그 괄호 안에 해당 건축물의 이름, 동 번호와 호수를 기록할 수 있다(신설 2011. 8. 29).

13 대법원 2010. 4. 29. 선고 2009다40615 판결. 이와 달리 'OO빌리지' 명칭의 인식 및 예상가능성을 인정하여 위 아파트 세대 건물의 전입세대 열람시 위 명칭의 주소 열람도 할 주의의무가 있다고 판단한 서울중앙지방법원 2009. 5. 8. 선고 2008나38157 판결 참조. 그 밖에 대법원 재판예규 제880호, 1, 2, 4, 5번 참조.

알고 있었다는 등의 특별한 사정이 없는 한, 경매절차상 부동산현황 조사에서 법원 집행관에게 요구되는 주의의무를 위반하였다고 할 수 없다.

임대차(2)

⚖️ >>>

임대차(2)

– 경매에 의한 임차주택의 소유권이전, 주택임대인의
지위의 승계, 주택임차보증금, 주택임차보증금
반환채권의 가압류, 선순위 근저당권과 주택임차보증금의
우선변제권, 주장 및 입증부담, 경매와 권리하자 담보책임,
금전소비대차, 이자채권, 이자제한법 등 –

※ 이하 [사안] 및 각 [사례], 그리고 각 문제의 일자는 공휴(무)일이 아닌 것으로 의제함.

사안

　　○○시 ○○구 ○○동 소재 C빌리지(철근 콘크리트조 슬래브지붕 18층 근린생활시설 및 아파트) 제10층 제1000호(이하, 'K아파트 세대'는 2010. 2. 21. 甲 명의로 소유권이전등기가 마쳐진 甲의 소유였다. 그런데 甲에 대한 채권자인 A가 ○○법원 2012타경12345호로 강제경매를 신청하여 2012. 12. 23. 경매절차가 개시되었다.

　　경매개시 결정 당시 'K아파트 세대'(시가 8억 원)에 관해 ○○법원 ○○등기소 2011. 5. 29. 접수 제01234호 1번 근저당권설정등기(채권자 B은행, 채권최고액 1억 원)와 2012. 10. 18. 접수 제34567호 2번 근저당권설정등기(채권자 C, 채권최고액 4억 원)가 마쳐져 있었다.

　　한편, 위 경매절차에서 집행관이 경매목적물 현황조사를 한 결과, 위 C아파트 세대에는 乙이 2012. 6.부터 임차보증금 3억 원(월차임 30만 원)으로 하여 임차하여 가족과 함께 거주하고 있으며(임차기간은 2012. 6. 29.~ 2014. 6. 30.), 乙의 처인 丙은 공동임차인으로서 2012. 6. 29. 주민등록 전입신고와 확정일자까지 마친 것으로 조사되었고, 이러한 내용이 입찰물건명

세서에 기재되었다.

丁은 2013. 12. 13. 입찰기일에 입찰가액 4억 5천만 원으로 입찰한 결과 최고가입찰신고자가 되어 경매법원이 2013. 12. 20. 丁을 낙찰인으로 하는 낙찰허가결정을 하였고, 경락대금납부기한은 2014. 1. 10.로 지정되었다.

그런데 위 K아파트 세대의 공동임차인인 丙은 위 아파트 세대에 대한 경매절차가 진행되자 법무사 등에게 문의한 결과, 임대차보증금을 전혀 회수할 수 없게 될 것으로 판단하고서, 甲에게 임차보증금의 반환을 요구하였으나 甲은 이에 응하지 못하고 있던 중, 선순위인 B은행의 근저당권으로 인하여 임대차보증금을 전혀 회수할 수 없게 되므로 경락인이 위 아파트 세대의 소유권을 취득하기 전에 임차권의 대항력이라도 유지될 수 있도록 위 근저당권을 말소하여 달라는 丙의 간청에 못 이겨 甲은 2014. 1. 5. 1번 근저당권자(B은행)에 대한 채무를 변제하고 근저당권설정계약을 해지받아 2014. 1. 6. 1번 근저당권설정등기를 말소하였다.

甲은 선순위 근저당권의 피담보채무를 변제하여 근저당권설정등기를 말소하면서도 이 사실을 입찰한 丁이나 경매법원에 고지하지 아니하였고, 丁은 대금납부기일인 2014. 1. 10. 대금을 납부하였고, 같은 날 丁 명의로 위 C아파트 세대에 관하여 소유권이전등기를 마쳤고, 그 즈음 위 경매에 의한 배당절차도 종결되었다.

[사안 구성 참조 판결례] 대법원 2003. 4. 25. 선고 2002다70075 판결, 서울고등법원 2002. 11. 1. 선고 2002나18604 판결 등

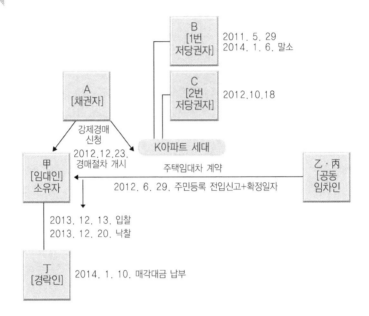

B
[1번
저당권자]
2011. 5. 29
2014. 1. 6. 말소

C
[2번
저당권자]
2012.10.18

A
[채권자]

강제경매
신청
2012.12.23.
경매절차 개시

K아파트 세대

주택임대차 계약

甲
[임대인]
소유자

2012. 6. 29. 주민등록 전입신고+확정일자

乙·丙
[공동
임차인]

2013. 12. 13. 입찰
2013. 12. 20. 낙찰

丁
[경락인]

2014. 1. 10. 매각대금 납부

사례 1

　丁은 2014. 1. 중순경부터 乙과 丙에게 K아파트 세대를 비워줄 것을 요구
하였고, 이에 대해 乙과 丙은 임대차기간이 종료하는 2014. 6. 30. 다른 주
택으로 이사를 하겠다면서 임차보증금의 반환을 요구하였다. 그러나 丁은
위 아파트 세대를 법원의 경매에서 낙찰받았으므로 임차보증금을 반환할 의
무가 없다면서 완강하게 거절하였다. 이에 乙과 丙은 2014. 5. 20. △△법원
에 丁을 상대로 하여 3억 원의 임대차보증금 반환청구의 소를 제기하였다.
　△△법원은 2014. 10. 27. 丁은 乙과 丙이 해당 영수증 등의 증빙자료를
제출하지 않은 차임, 관리비, 가스료 등의 연체된 미지급액을 공제하고 청구
금액 중 2억 9천 5백만 원을 乙과 丙에게 지급하라는 판결을 선고하였고,
이 판결은 2015. 2. 10. 확정되었다.

문제 1) [사례 1]에서 제1심 △△법원 판결에 합당한 논거를 제시하여 약술하시오.

[사안]에서 제1심 소송의 원고들(乙과 丙)은 K아파트 세대를 공동 임차하여 거주하면서 주민등록 전입신고를 마쳤으므로 주택임대차보호법 제3조에 의한 임차권의 대항력 요건을 갖추었다(동조 제1항). 그리고 피고(丁)는 위 아파트 세대를 경매절차를 통해 경락 받고서 매각대금을 완납하여(민사집행법 제135조) 위 아파트 세대의 소유자가 되었다. 따라서 丁은 K아파트 세대 소유권의 양수인으로서 주택임대차보호법 제3조 제4항에 의해 전소유자인 甲의 임대인 지위를 승계한다.

1. 임차보증금의 반환

임대차계약에 의한 임차권은 그 본질상 채권적 권리에 불과하다. 따라서 임차목적물을 양수한 소유자에게 임차인은 대항할 수 없는 것이 원칙이다. 이에 관해 주택임대차보호법 제3조의5에서는 (주택)임차권은 임차주택에 대하여 「민사집행법」에 따른 경매가 행하여진 경우에는 그 임차주택의 경락(競落)에 따라 소멸하지만, 임차보증금이 모두 변제되지 아니한, (주택임대차보호법 소정의) 대항력이 있는 임차권은 그러하지 아니하다고 규정하고 있다.

따라서 [사안] 및 [사례 1]에서 乙과 丙은 위 아파트 세대에 대해 주택임대차보호법상 대항력을 갖춘 주택임차인으로서 임차보증금을 반환받지 못하고 있으므로 임대인의 지위를 승계한 丁에 대해 (주택)임대차관계가 존속하는 것으로서 대항할 수 있다.

그리고 [사안]에서 乙과 丙은 위 아파트 세대의 (주택)임대차에 관해 주택임대차보호법상 소정의 확정일자도 갖추고 있고, 전소유자에 대한 채권자 A에 의해 위 아파트 세대의 강제경매절차가 진행된 것은 「민사집행법」에 따른 경매가 행하여진 경우에 해당하므로, K아파트 세대의 환가대금에서 후순위권리자나 그 밖의 채권자보다 우선하여 임차보증금을 변제받을 수 있다(주택임대차보호법 제3조의2 제2항).

그런데 위 강제경매에서 K아파트 세대가 丁에게 낙찰되고, 그 환가대금의 배당질차도 종결된 이후에 乙과 丙이 丁에게 임차보증금의 반환을 소구하였을 뿐만 아니라, 乙과 丙이 위 (주택)임차권 대항력이 갖춘 시점(2012. 6. 30.)에 앞서 위 아파트 세대에 2011. 5. 29.자로 설정된 B은행의 선순위 1번 근저당권등기가 있었다.

위와 같이 부동산의 경매절차에서 주택임대차보호법 제3조에 정한 대항력 요건을 갖춘 임차권보다 선순위의 근저당권이 있는 경우, 낙찰로 인하여 선순위 근저당권이 소멸하면 그보다 후순위의 (대항력을 요건을 갖춘) 임차권도 선순위 근저당권이 확보한 담보가치의 보장을 위하여 그 대항력을 상실하게 된다(민사집행법 제91조 제2항 및 제3항, 주택임대차보호법 제3조2 제2항의 반대해석).[14]

따라서 [사안]에서는 丁이 K아파트 세대의 경락대금을 경매법원에 지급하기 전인 2014. 1. 6. 선순위 1번 근저당권등기가 말소되었으므로, 乙과 丙의 (주택)임차권의 대항력이 존속하는지에 관해 의문이 제기된다.

대법원 판례에 의하면, 경매 부동산의 "낙찰로 인하여 근저당권이 소멸하고 낙찰인이 소유권을 취득하게 되는 시점인 낙찰대금지급

---

14 경매목적 부동산이 경락된 경우에는 소멸된 선순위저당권보다 뒤에 등기되었거나 대항력을 갖춘 임차권은 함께 소멸하는 것이고, 따라서 그 경락인은 주택임대차보호법 제3조에서 말하는 임차주택의 양수인 중에 포함된다고 할 수 없을 것이므로 경락인에 대하여 그 임차권의 효력을 주장할 수 없다. 대법원 2000. 2. 11. 선고 99다59306 판결, 대법원 1999. 4. 23. 선고 98다32939 판결, 1990. 1. 23.자 89다카33043 결정 등 참조.

기일 이전에 선순위 근저당권이 다른 사유로 소멸한 경우에는, 대항력이 있는 임차권의 존재로 인하여 담보가치의 손상을 받을 선순위 근저당권이 없게 되므로 임차권의 대항력이 소멸하지 아니"한다고 한다.[15]

위 대법원 판례에 따르면, [사안]에서는 丙의 간청에 따라 甲이 K아파트 세대 경매의 낙찰대금지급기한 2014. 1. 10. 이전인 2014. 1. 5. B은행으로부터 위 아파트 세대의 저당권설정계약의 해지를 받고서 그 다음 날 1번 근저당권설정등기를 말소하였고, 丁은 그 이후 낙찰대금납부기한 말일에 경락대금을 경매법원에 지급하였다. 따라서 乙과 丙의 위 아파트 세대에 관한 한 (C의 근저당권보다도) 선순위인 (주택)임차권의 대항력은 유지되며, 또한 주택임대차보호법 제3조의5 단서에 따라 대항력이 있는 임차권자인 乙과 丙이 위 아파트 세대의 전 소유자인 甲의 (주택)임대인 지위를 승계하는 丁으로부터 임차보증금을 모두 변제받지 아니 하는 한, 임차권은 소멸하지 않는다.[16]

그러므로 乙과 丙은 위 아파트 세대에 관한 (주택)임대차관계의

---

15 대법원 2003. 4. 25. 선고 2002다70075 판결. 대법원 1998. 8. 24.자 98마1031 결정 참조. 구 민사소송법이 대금지급기일제도를 취하고 있었던 것과 달리, 현행 민사집행법(민사집행법 제142조 제2항)에서는 대금지급기한제도를 채택하였다.

16 대법원 판례에 의하면, [사안]과 달리 임차인이 대항력과 확정일자를 갖춘 후에 임대차계약이 갱신되더라도 대항력과 확정일자를 갖춘 때를 기준으로 종전 임대차 내용에 따른 우선변제권을 행사할 수 있고(대법원 2012. 7. 26. 선고 2012다45689 판결 등 참조), 주택임대차보호법 제3조 제1항에 의한 대항력을 갖춘 주택임차인이 임대인의 동의를 얻어 적법하게 임차권을 양도하거나 전대한 경우에 있어서 양수인이나 전차인이 임차인의 주민등록퇴거일로부터 주민등록법상의 전입신고기간 내에 전입신고를 마치고 주택을 인도받아 점유를 계속하고 있다면 비록 위 임차권의 양도나 전대에 의하여 임차권의 공시방법인 점유와 주민등록이 변경되었다 하더라도 원래의 임차인이 갖는 임차권의 대항력은 소멸되지 아니하고 동일성을 유지한 채로 존속하며(대법원 1988. 4. 25. 선고 87다카2509 판결), 이러한 경우 임차권 양도에 의하여 임차권은 동일성을 유지하면서 양수인에게 이전되고 원래의 임차인은 임대차관계에서 탈퇴하므로 임차권 양수인은 원래의 임차인이 주택임대차보호법 제3조의2 제2항 및 동법 제8조 제1항에 의하여 가지는 우선변제권을 행사할 수 있고, 전차인은 원래의 임차인이 주택임대차보호법 제3조의2 제2항 및 동법 제8조 제1항에 의하여 가지는 우선변제권을 대위 행사할 수 있다. 대법원 2010. 6. 10. 선고 2009다101275 판결.

종료시에 丁에게 임차보증금의 반환을 청구할 수 있다. 다만, 위 임차보증금의 반환은 K아파트 세대의 인도와 상환으로 이루어진다(동시이행의 관계, 주택임대차보호법 제3조의2 제3항 참조).

결론적으로 [사례 1]에서 乙과 丙의 K아파트 세대의 임대차관계 종료에 따른 임차보증금의 반환을 인용한 제1심 판결은 타당하다.

2. 임차보증금과 연체차임 등의 공제

부동산 임대차에 있어서 수수된 보증금은 임료채무, 목적물의 멸실·훼손 등으로 인한 손해배상채무 등 임대차관계에 따른 임차인의 모든 채무를 담보하는 것으로서 그 피담보채무 상당액은 임대차관계의 종료 후 목적물이 반환될 때, 특별한 사정이 없는 한, 별도의 의사표시 없이 보증금에서 당연히 공제된다.[17]

[사안]에서 공동임차인 乙과 丙이 임대차목적물을 사용·수익하는 동안 연체된 차임, 관리비·수도료·전기료 등 용익에 관한 채무는 임대차계약에서 달리 약정하였다는 등의 특별한 사정이 없으므로 丁이 반환하여야 할 임대차보증금에 의해 담보된다.

3. 임차보증금 공제의 주장 및 증명

임차보증금에서 공제될 연체차임채권 등의 발생 원인에 관한 주

---

17 대법원 판례는, "임대차계약에 있어서 임대차보증금은 임대차계약 종료 후 목적물을 임대인에게 인도할 때까지 발생하는 임대차에 관한 임차인의 모든 채무를 담보한다. 따라서 그 피담보채무 상당액은 임대차관계의 종료 후 목적물이 반환될 때에 특별한 사정이 없는 한 별도의 의사표시 없이 보증금에서 당연히 공제되는 것이므로 임대인은 임대차보증금에서 그 피담보채무를 공제한 나머지만을 임차인에게 반환할 의무가 있다"고 한다. 대법원 2005. 9. 28. 선고 2005다8323, 8330 판결, 대법원 2012. 6. 28. 선고 2012다19154 판결 등 참조.

장은 임대인이 하여야 하고, 그 채권의 소멸에 관한 주장·입증은 임차인이 부담한다.[18]

[사례 1]의 제1심 소송에서 임차인 乙과 丙은 임대인 丁이 주장한 연체차임과 가스료 등의 미지급액에 대한 임차보증금 공제에 관해 해당 영수증 등의 증빙자료를 제출하지 않아 연체 차임채무와 가스료 등의 미납 사실이 없다는 증명을 하지 못하였다.

따라서 丁은 그 납부가 증명되지 않은 차임, 관리비, 가스료 등을 공제하고 청구금액 중 2억 9천 5백만 원을 乙과 丙에게 지급하라는 제1심 판결은 타당하다.

사례 2

[사례 1]의 판결이 확정된 후 2015. 5. 15. 丁은 ○○법원에 甲을 상대로 소송을 제기하였고, 甲은 2013. 5. 27. 다음과 같은 이유가 제시된 소장을 송달받았다.

丁은 甲에게 3억 원의 지급을 청구하는바, K아파트 세대에 대한 ○○법원 2011타경12345호로 진행된 강제경매절차에서 丁은 입찰 당시에 위 아파트 세대의 임차인인 乙, 丙의 대항력이 선순위 근저당권의 존재로 인하여 낙찰인에게 이를 가지고 대항할 수 없음을 확인하고 입찰하였는데, 그후 甲이 대금지급기일 이전에 선순위 근저당권을 말소하여 위 임차권 대항력이 존속하게 되어, 이로써 낙찰부동산의 부담을 현저하게 증가시켰으므로, 민법상 매매계약의 담보책임 규정에 따라 丁이 확정판결에 의해 乙, 丙에게 지급하게 된 임대차보증금 상당의 대금감액을 하여야 한다는 것이다.

---

18 대법원 2005. 9. 28. 선고 2005다8323, 8330 판결. 임대차계약에서 보증금을 지급하였다는 입증은 그 반환을 구하는 임차인이 부담하며, 임대차계약이 성립한 경우에는 임대인에게 임대차계약에 기한 임료 채권이 발생하므로 그 지급에 관한 입증도 임차인이 부담한다. 대법원 2001. 8. 24. 선고 2001다28176 판결, 대법원 2005. 1. 13. 선고 2004다19647 판결 등

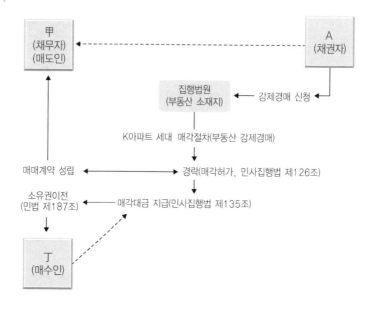

    [사례 2]에서 丁의 소송대리인은 소장에서 甲에게 민법상 매도인의 권리하자 담보책임에 의한 손해배상을 주장하고 있다. [사안]에서 甲은 비록 그의 소유인 K아파트 세대를 스스로 매도한 것은 아니지만 그에 대한 채권자 A의 강제경매신청에 의해 개시된 법원의 매각절차에 의해 丁이 경락받고 그 대금을 지급함으로써 위 아파트 세대의 소유자가 되었는바, 이와 같은 위 아파트 세대의 소유권이 甲으

로부터 丁에게 이전된 민법상 법적 원인은 甲과 丁 사이의 매매에 해당한다.[19]

그러므로 이하에서는 경매(競賣)인 경우, 매도인의 담보책임을 규정한 민법 제578조의 적용을 중심으로 검토한다.[20] 그리고 경매의 목적이 된 부동산에 대항력 있는 주택임차권이 있는 경우, 주택임대차보호법 제3조 제5항에서는 '임대차의 목적이 된 주택이 매매나 경매의 목적물이 된 경우에는 「민법」 제575조 제1항·제3항 및 같은 법 제578조를 준용'한다.

민법 제578조 제1항, 제575조 제1항, 제2항에 따라 낙찰인이 이를 알지 못한 때에는 이로 인하여 계약의 목적을 달성할 수 없는 경우에 한하여 낙찰인은 계약을 해제할 수 있고, 기타의 경우에는 손해배상만을 청구할 수 있을 뿐이다.[21]

---

19 대법원 판례에 의하면, "민법 제578조 제1항, 제2항은 매매의 일종인 경매에 있어서 목적물의 하자로 인하여 경락인이 경락의 목적인 재산권을 완전히 취득할 수 없을 때에 매매의 경우에 준하여 매도인의 위치에 있는 경매의 채무자나 채권자에게 담보책임을 부담시켜 경락인을 보호하기 위한 규정으로서 그 담보책임은 매매의 경우와 마찬가지로 경매절차는 유효하게 이루어졌으나 경매의 목적이 된 권리의 전부 또는 일부가 타인에게 속하는 등의 하자로 경락인이 완전한 소유권을 취득할 수 없거나 이를 잃게 되는 경우에 인정되는 것이고 경매절차 자체가 무효인 경우에는 경매의 채무자나 채권자의 담보책임은 인정될 여지가 없다"고 한다. 대법원 1993. 5. 25. 선고 92다15574 판결.
20 대법원 1993. 5. 25. 선고 92다15574 판결 참조.
21 주택임대차보호법 제3조 제5항은 민법 제578조를 포괄적으로 준용하고 있어 적용상 구체화하는 해석을 요한다(민일영, 주택의 경매와 임차인의 보호에 관한 실무연구, 2005 참조). 이를 나누어 살펴보면 다음과 같다.
　가. 주택임대차보호법 적용
　　해석상 주택임대차보호법 제3조 제4항의 적용상 함께 준용되는 제578조 제1항 보다 구체적인 요건을 정한 민법 제575조 제1항과 제3항이 우선 적용되어야 할 것이다. 그러므로 주택임대차보호법이 적용되어 대항력 있는 주택임차권을 경락인(매수인)이 알지 못한 때에는 이로 인하여 계약의 목적을 달성할 수 없는 경우에 한하여 (경매에 의해 성립한) (매매)계약을 해제할 수 있고, 기타의 경우에는 손해배상만을 청구할 수 있다(민법 제575조 제1항)고 해석하여야 할 것이다. 이 경우에 경락인(매수인)의 해제권과 손해배상청구권은 경락인(매수인)이 그 사실을 안 날로부터 1년 내에 행사하여야 한다(동조 제3항).
　나. 민법 제578조 제2항의 적용
　　민법 제578조의 적용에서는, 경락인이 배당기일이 경과하면서 위와 같은 사정을 모른 경우 따라서 [사례 2]에서 丁이 청구하는 乙, 丙에게 지급한 임차보증금 상당의 대금감액은 인정될 수 없다.

사례 3

[사례 2]의 소장에서는 손해금 2억9천5백만 원과 그 이하 상당액의 배상을 예비적으로 청구하였는바, 丁은 丙의 임차권의 대항력이 선순위 근저당권의 존재로 인하여 소멸하여 낙찰인에게 이를 가지고 대항할 수 없음을 확인한 후, 이를 감안하여 입찰가액을 4억5천만 원으로 정하여 입찰하였고, 아무런 잘못 없이 1번 근저당권이 소멸한 것을 모른 채 위 임차권이 소멸할 것을 전제로 한 입찰가액 전부를 납입하였는데, 이후 △△법원 확정판결에 따라 대항력 있는 공동임차인인 乙, 丙에게 임대차보증금 3억 원의 반환채무를 부담하게 되었으므로, 丁이 입게 된 위 임대차보증금 상당의 손해를 배상하여야 한다는 청구이유를 제시하였다.

(선의)에 (채무자가 변제자력이 없어) 민법 제578조 제2항에 의해 경락대금을 배당받은 채권자에 대하여 그 대금의 전부 또는 일부의 반환을 청구하려는 경우(대금감액과 구별하여야 함을 주의)에는 동조 제1항에 의한 (경매에 의해 성립한) 매매계약을 해제하여야 할 것이다. 경매의 목적물에 대항력 있는 임대차가 존재하는 경우에 경락인이 이를 알지 못한 때에는 경락인은 이로 인하여 계약의 목적을 달성할 수 없는 경우에 한하여 계약을 해제하고 채무자 또는 채무자에게 자력이 없는 때에는 배당을 받은 채권자에게 그 대금의 전부나 일부의 반환을 구하거나, 그 계약해제와 함께 또는 그와 별도로 경매목적물에 위와 같은 흠결이 있음을 알고 고지하지 아니한 채무자나 이를 알고 경매를 신청한 채권자에게 손해배상을 청구할 수 있을 뿐, 계약을 해제함이 없이 채무자나 경락대금을 배당받은 채권자들을 상대로 경매목적물상의 대항력 있는 임차인에 대한 임대차보증금에 상당하는 경락대금의 전부나 일부를 부당이득하였다고 하여 바로 그 반환을 구할 수 있는 것은 아니다. 대법원 1996. 7. 12. 선고 96다7106 판결.

다. 민법 제578조 제3항의 적용

민법 제578조 제3항은 동조 제1항과 제2항의 요건을 전제하는바, 경락인이 계약을 해제를 하였거나 해제하지 않은 경우(대금가액을 청구하는 경우)에도 채무자(매도인)가 경매목적물의 흠결을 알고 고지하지 아니하거나 채권자가 이를 알고 경매를 청구한 때에는 경락인(매수인)은 그 흠결을 안 채무자나 채권자에 대하여 손해배상을 청구할 수 있다고 해석할 수 있다. 서울고등법원 2002. 11. 1. 선고 2002나18604 판결, 그리고 조원철, 대법원판례해설, 2003년 상반기(통권 44호), 336 이하 참조).

문제 3) 甲으로부터 위 소송 수행을 의뢰받은 변호사로서 [사례 3]에서 丁의 손해배상청구에 관한 판단을 논거를 제시하여 약술하시오.

[사례 3]에서 丁이 손해배상을 청구하는 논거는 [사안]에서 甲이 K아파트 세대에 설정된 B은행의 1순위 근저당권이 말소된 사실을 경매법원에 고지하지 아니하였다는 것이다. 이와 관련해서 주택임대차보호법 제3조 제5항은 민법 제578조 제3항을 준용하며, 민법 제578조 제3항에 의하면 "채무자가 물건 또는 권리의 흠결을 알고 고지하지 아니한 경우 경락인은 그 흠결을 안 채무자에 대하여 손해배상을 청구할 수 있는바", [사안]에서 채무자는 甲이며, 경락인은 丁에 해당한다.

[사안] 및 [사례 3]에서처럼 부동산 강제경매의 매각절차에서 주택임대차보호법 제3조에 정한 대항요건을 갖춘 임차권보다 선순위의 근저당권이 있는 경우, [사례 1]에서 검토한 바와 같이 대법원은, "낙찰로 인하여 근저당권이 소멸하고 낙찰인이 소유권을 취득하게 되는 시점인 낙찰대금지급기일 이전에 선순위 근저당권이 다른 사유로 소멸한 경우에는, 대항력 있는 임차권의 존재로 인하여 담보가치의 손상을 받을 선순위 근저당권이 없게 되므로 임차권의 대항력이 소멸하지 아니"하며,[22] "선순위 근저당권의 존재로 후순위 임차권이 소멸하는 것으로 알고 부동산을 낙찰받았으나, 그 후 채무자가 후순위 임차권의 대항력을 존속시킬 목적으로 선순위 근저당권의 피담보채무를 모두 변제하고 그 근저당권을 소멸시키고도 이 점에 대하여 낙찰자에게 아무런 고지도 하지 않아 낙찰자가 대항력 있는 임차권이 존속하게 된다는 사정을 알지 못한 채 대금지급기일에 낙찰대금을 지급하였다면, 채무자는 민법 제578조 제3항의 규정에 의하여 낙찰자가 입게

---

22 대법원 1998. 8. 24. 자 98마1031 결정.

된 손해를 배상할 책임이 있다"고 한다.[23]

위와 같은 대법원 판례에 따르면, [사안]에서 甲은 丙의 간청에 따라 스스로 B은행에 대한 채무를 변제하고 그 채무를 담보하기 위해 K아파트 세대에 설정된 1순위 근저당권을 말소하였다. 그러므로 이는 민법 제578조 제3항의 '채무자가 권리의 흠결을 알고 고지하지 아니한 경우'에 해당한다.

경락인 丁은 위 아파트 세대의 대항력 있는 임차권이 존속하게 된다는 사정을 알지 못한 채 대금지급기일에 낙찰대금을 지급하였고, 이로 인하여 위 아파트 세대의 임차권자인 乙, 丙과의 임차보증금반환청구소송에서 패소하여 손해(2억9천5백만 원과 그 이자 상당액 등)를 입게 되었으므로 甲은 丁의 위 손해를 배상하여야 한다.

사례 4

[사례 3] 丁의 예비적 청구에 대해 甲의 소송대리인은 다음과 같은 주장의 답변서를 제출하였다.
① 강제경매를 당하는 甲으로서는 K아파트 세대의 매각절차에 별 관심이 없었을 뿐만 아니라, 丙의 독촉에 밀려 선순위 근저당권을 말소하면 임차인인 丙이 임대차보증금을 받게 될 수 있을 것이라고 생각하여 甲 자신도 경제적으로 어려운 사정이지만 丙을 도와준 것이고,
② 甲은 법률전문가도 아니어서 丁이 그 임차보증금을 반환하게 되는 구체적인 사실과 그 법률적 효과를 제대로 알지 못하였으며,
③ 경매절차의 특성상 입찰인인 丁은 자신의 위험부담 하에 경매목적물에 관한 권리관계를 분석하여 자신의 책임으로 입찰에 임하여야 하므로, 丙에게 지급하여야 하는 임차보증금 상당의 손해배상책임을 甲에게 지울 수 없다.

---

23 대법원 2003. 4. 25. 선고 2002다70075 판결.

문제 4) 丁으로부터 위 소송을 수임한 변호사로서 [사례 4]에서 답변서의 ①, ②, ③ 주장에 관한 판단을 논거를 제시하여 약술하시오.

① 甲이 자신의 임차인 丙의 사정을 고려하여 선순위 근저당권을 말소하여 준 것은 호의(好意)에 불과하여 이해관계인 丁에 대해서는 법적 의미가 없으며, 甲이 채무자로서 경매목적물인 K아파트 세대에 丙의 대항력 있는 임차권의 존속이라는 부담이 발생하게 된 사정을 알면서 그와 같이 한 것이다.

② 강제경매를 당하는 甲은 채무자로서 경매절차에 별 관심이 없었다는 것은 甲의 주관적인 개인적 사정에 불과하며, 강제경매를 당하는 채무자로서의 고지의무를 면할 수 없으며, 비록 법률전문가도 아니어서 구체적인 사실과 그 법률적 효과를 제대로 알지 못하였을지라도 낙찰자인 丁 또는 △△법원에 위 사실을 고지하지 아니한 이상, 이로 인하여 원고가 입게 된 손해를 배상할 책임이 있다.

③ 경매에 참가하고자 하는 자는 자기의 책임과 위험부담 하에 경매공고, 경매물건명세서 및 집행기록 등을 토대로 경매목적물에 관한 권리관계를 분석하여 경매참가 여부 및 매수신고가격 등을 결정하여야 하나, 경매기일이 지난 후에 발생한 사정변경에 대하여는 그로 인한 부담을 최고가매수신고인 또는 경락인에게 귀속시킬 수는 없다.

[사안]에서 乙과 丙은 함께 영업을 하고 있다. 2013. 7. 1. 丙은 영업자금을 조달하고자 사채업자 戊로부터 5천만 원을 차용하였다(차용서 기재사항은 차용기간: 6개월, 이자: 단리 월 2%, 연대보증인: 乙). 그런데 戊는 丙에게 차용서 기재와 달리 매월 5%의 이자의 지급을 요구하여 丙은 戊의 계좌로 매월 250만 원을 이체하여 오던 중, 2013. 11. 31. 영업사정상 이자 지급을 지체하게 되었다. 이에 戊는 2013. 12. 5. OO법원에 乙과 丙의 K아파트 세대의 임차보증금에 대해 가압류를 신청하였고, 2013. 12. 24. 甲에게 가압류명령이 송달되었다. 이후 丙은 이자 및 차용원금도 변제하지 못하고 있던 중, 2014. 5. 말경 戊는 乙과 丙이 丁을 상대로 위 아파트 세대의 임차보증금 반환청구 소송을 제기한 것을 알게 된 戊는 2013. 6. 10. 위 소송에 참가하여 위 가압류에 따라 丁에게 위 차용원금과 월 2%의 이자 상당액의 지급을 청구하였다.

[사안 구성 참조 판결례] 대법원 2013. 1. 17. 선고 2011다49523 전원합의체 판결, 서울서부지방법원 2011. 5. 26. 선고 2010나8932 판결 등.

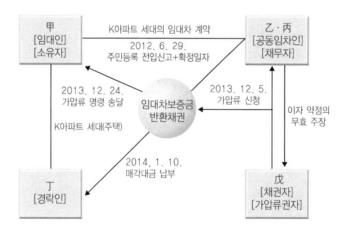

문제 5) [사례 5]에서 戊의 청구에 대해 丁의 소송대리인은, ① 가압류명
        령은 전 임대인 甲에 대한 것으로서 丁은 戊에게 아무런 지급의
        무가 없다고 항변하며, ② 乙과 丙은 이자제한법상 최고이율을
        초과하는 이자약정은 무효이므로 戊에게 이미 지급한 1천만 원
        은 차용원금(5천만 원)에서 공제되어야 한다고 주장한다.
          甲의 소송대리인으로서 ① 丁의 항변, 그리고 ② 乙, 丙의 주
        장에 관한 판단을 논거를 제시하여 약술하시오.

1. 戊의 丁에 대한 청구 – 丁의 항변(①)

[문제 5]에서 검토한 바와 같이, K아파트 세대를 경락받아 소유
권을 취득한 丁은 위 아파트 세대의 ⁽주택⁾임대차계약상 임대인의 지
위를 승계한다. 따라서 甲은 임대차관계에서 탈퇴하게 되며, 丁이 乙,
丙에게 임차보증금반환채무를 부담하게 된다.

[사례 5]에서 丁의 항변과 관련하여, 이하에서는 위 아파트 세대
의 ⁽주택⁾임대차계약상 乙과 丙의 임차보증금반환채권에 대한 가압류명
령이 위 아파트 세대를 경락 받은 丁에게 미치는가를 검토한다.

대법원 판례에 의하면, "임차인에 대하여 임차보증금반환채무를
부담하는 임대인임을 당연한 전제로 하여 임차보증금반환채무의 지
급금지를 명령받은 제3채무자의 지위는 임대인의 지위와 분리될 수
있는 것이 아니"라고 한다.[24]

---

24 대법원 2013. 1. 17. 선고 2011다49523 전원합의체 판결. 이 판결의 [다수의견]은 주택임대차
   보호법 제3조 제1항의 대항요건을 갖춘 임대주택의 양수인의 임대인 지위 승계에 관하여 면책
   적 채무인수의 법리에 따라, "임대주택의 양도로 임대인의 지위가 일체로 양수인에게 이전된다
   면 채권가압류의 제3채무자의 지위도 임대인의 지위와 함께 이전된다고 볼 수밖에 없다. 한편
   주택임대차보호법상 임대주택의 양도에 양수인의 임차보증금반환채무의 면책적 인수를 인정하
   는 이유는 임대주택에 관한 임대인의 의무 대부분이 그 주택의 소유자이기만 하면 이행가능하
   고 임차인이 같은 법에서 규정하는 대항요건을 구비하면 임대주택의 매각대금에서 임대차보증
   금을 우선변제받을 수 있기 때문인데, 임대주택이 양도되었음에도 양수인이 채권가압류의 제3

위와 같은 판례의 법리에 따르면, [사안]에서 戊가 乙, 丙의 채권자로서 임차보증금반환채권에 관하여 가압류결정을 받았는바, 임대인의 지위를 승계한 丁은 임차보증금반환채무의 지급금지명령을 받은 제3 채무자의 지위에 있으므로 가압류권자인 戊는 丁에 대해 위 가압류의 효력을 주장할 수 있다. 따라서 丁의 위 항변은 이유 없다.

2. 乙, 丙 주장(②)

[사례 5]에서 丙이 戊로부터 금전을 차용한 것은 민법상 소비대차이고(민법 598조), 이자제한법상 금전대차계약에 해당한다. 따라서 이자약정에는 이자제한법이 적용된다(강행법규). 丙이 丁으로부터 금전을 차용한 2013. 7. 1. 당시 이자제한법상 최고이자율은 연 30%이었다(이자제한법 제2조 제1항).[25]

[사례 5]에서 차용서에는 이자율 월 2%라고 기재되었으나, 실제로는 丙과 戊는 이자에 관해 월 5%(연 60%)로 합의한 것으로 해석된

채무자의 지위를 승계하지 않는다면 가압류권자는 장차 본집행절차에서 주택의 매각대금으로부터 우선변제를 받을 수 있는 권리를 상실하는 중대한 불이익을 입게 된다. 이러한 사정들을 고려하면, 임차인의 임대차보증금반환채권이 가압류된 상태에서 임대주택이 양도되면 양수인이 채권가압류의 제3채무자의 지위도 승계하고, 가압류권자 또한 임대주택의 양도인이 아니라 양수인에 대하여만 위 가압류의 효력을 주장할 수 있다고 보아야 한다"는 것이다. 이와 달리 [소수의견]은 "우리의 민사집행법은 금전채권에 대한 집행에서 당사자의 처분행위에 의한 제3채무자 지위의 승계라는 관념을 알지 못하며 오로지 압류 또는 가압류의 처분금지효력을 통하여 집행채권자로 하여금 당사자의 처분행위에 구애받지 않고 당초 개시하거나 보전한 집행의 목적을 달성할 수 있게 할 뿐"이어서, "상속이나 합병과 같은 당사자 지위의 포괄승계가 아닌 주택양수도로 인한 임대차보증금반환채무의 이전의 경우 이미 집행된 가압류의 제3채무자 지위는 승계되지 아니"한다고 한다.

25 이자제한법(법률 제10925호, 시행 2011. 10. 26), 이자제한법 제2조 제1항의 최고이자율에 관한 규정(대통령령 제20118호, 시행 2007. 6. 30). 2014년 개정 이자제한법(법률 제12227호, 시행 2014. 7. 15) 제2조(이자의 최고한도) ① 금전대차에 관한 계약상의 최고이자율은 연 25퍼센트를 초과하지 아니하는 범위 안에서 대통령령으로 정한다. 이자제한법 제2조 제1항의 최고이자율에 관한 규정(대통령령 제25376호, 시행 2014. 7. 15) 「이자제한법」 제2조 제1항에 따른 금전대차에 관한 계약상의 최고이자율은 연 25퍼센트로 한다. 그 밖에 주석민법/안법영, 채권총칙(1), 제4판(2014), 383면 이하 참조.

다. 그런데 이자제한법 제2조 제2항에 의하면 최고이자율은 금전(소비)대차의 약정시 이자율이므로 위 약정이자율은 이자제한법상 최고이자율을 초과하는 것으로서 무효이다(동법 제2조 제3항).

그리고 채무자가 최고이자율을 초과하는 이자를 임의로 지급한 경우에는 초과 지급된 이자 상당금액은 원본에 충당되고, 원본이 소멸한 때에는 그 반환을 청구할 수 있다(동법 제2조 제4항).

그러므로 丙이 4개월(2013. 7.~10.) 동안 이자제한법의 최고이자율을 초과하여 지급한 금액 5백만 원[=(2,500,000원×4개월)−(50,000,000원×0.3×4/12)]은 차용원금에 충당되어야 한다.

따라서 2013. 11. 1.부터 丙의 차용원금은 4천5백만 원이 되며, 그에 대한 이자는 2014. 7. 14.까지는 연 30%, 2014. 7. 15.부터는 연 25% 이율이 적용된다.

도급과
다수당사자
채권관계

도급(1)
– 하도급, 하자담보책임, 연대보증, 부진정연대, 건설산업기본법 등 –

※ 이하 [사안] 및 각 [사례], 그리고 각 문제의 일자는 공휴(무)일이 아닌 것으로 의제함.

사안

　주식회사 A건설(이하 'A회사')은 2011. 1. 30. B조합으로부터 ○○시 소재 종합유통단지 지원동 및 상가동 건물 신축공사(이하 '공사')를 대금 100억 원으로 정하여 도급받았다.

　주식회사 C건설(이하 'C회사')은 같은 날 B조합에 대하여 A회사의 요청으로 B조합에 대한 위 공사의 도급계약상의 의무를 연대보증하였다.

　주식회사 D건설(이하 'D회사')은 2011. 11. 11. A회사로부터 위 공사 중 상가동 철근콘크리트공사(콘크리트 타설 수량은 지하층 45,842㎡, 지상층 14,158㎡)를 대금 15억 원으로 정하여 하도급받았다.

　A회사는 2013. 11. 30. 위 공사를 완료하여 신축건물을 B조합에 인도하였으나, D회사가 시공한 위 상가동에 ① 콘크리트 벽, 보, 파라펫 균열, 그리고 ② 바닥 균열의 하자가 발생한 것을 비롯하여 위 건물에 각종 하자가 발생하였다.

　B조합은 A회사에 위 하자의 보수를 요구하였으나 A회사는 부도로 인하여 사실상 폐업 상태에 있게 되었고, 2014. 3. 3. B조합은 C회사에게 상가동 건물에 발생한 하자보수가 이루어지지 않고 있음을 알리면서 하자보수를 요

구하였다. 그러나 C회사는 차일피일 미루면서 하자보수공사를 하지 않고 있
는 상태가 되었다.

　　B조합은 2014. 9. 8. C회사에 대하여 연대보증계약에 따라 위 상가동 건
물에 발생한 하자보수에 갈음하는 손해배상청구소송을 ○○지방법원에 제기
하였다. 이에 2014. 11. 15. C회사는 B조합에게 위 상가동 공사로 인하여 발
생한 하자의 보수에 갈음하는 손해배상금 5억 원을 모두 지급하였고, 같은
해 11. 20. B조합은 C회사에 대한 위 소송을 취하하였다.

[사안 구성 참조 판결례] 대법원 2010. 5. 27. 선고 2009다85861 판결, 서울고
등법원 2009. 9. 23. 선고 2009나24721 판결 등.

사안 개요도

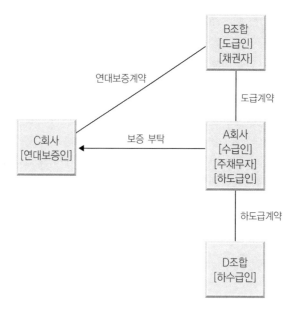

문제 1) [사안]에서 C회사는 2015. 10. 1. 기준으로 B조합에 지급한 ①
하자 보수비용 2억 원과 ② 하자 보수비용 3억 원 및 지연손해
금 상당액을 A회사와 D회사에게 청구하려고 한다.
C회사로부터 소송수행을 수임 받은 변호사로서 다음 사항 ①,
②, ③에 관한 판단을 논거를 제시하여 약술하고, ④ 소장의 청
구취지를 기술하시오.

사항 ① B조합에 대한 A회사와 D회사의 법적 책임

1. B조합에 대한 A회사의 법적 책임

[사안]에서 A회사는 B조합과 종합유통단지 건설공사에 관해 도
급계약을 체결하였고, A회사와 D회사는 하도급관계이다. A회사는 수
급인으로서 도급인 B조합에 위 공사의 '일'을 완성하여야 할 의무가
있다(민법 제390조, 제664조). 그리고 도급계약상 '일의 완성'은 원칙적으
로 하도급을 주어서 이행할 수 있고, A회사는 위 건설공사에 관해 하
도급을 주어 채무를 이행할 수 있다.[1] 그러므로 A회사와 D회사 사이
에 체결된 위 건설공사의 일부인 상가동 건물의 시공에 관한 하도급
계약은 유효하다.

---

1 건설산업기본법 [법률 제12591호, 시행 2014. 5. 20.] 제28조의2(건설공사의 직접시공) ① 건
설업자는 1건 공사의 금액이 100억 원 이하로서 대통령령으로 정하는 금액 미만인 건설공사를
도급받은 경우에는 그 공사금액 중 대통령령으로 정하는 비율에 따른 금액 이상에 해당하는 공
사를 직접 시공하여야 한다. 다만, …. 제29조(건설공사의 하도급 제한) ① 건설업자는 도급받
은 건설공사의 전부 또는 대통령령으로 정하는 주요 부분의 대부분을 다른 건설업자에게 하도
급할 수 없다. 다만, … ③ 하수급인은 하도급받은 건설공사를 다른 사람에게 다시 하도급할 수
없다. 다만, …. 동법 시행령 [대통령령 제25751호, 시행 2014. 11. 19.] 제30조의2(건설공사의
직접시공) ① 법 제28조의2 제1항 본문에서 "대통령령으로 정하는 금액 미만인 건설공사"란 도
급금액이 50억 원 미만인 건설공사를 말한다. ② ….

따라서 A회사는 수급인으로 위 건설공사 도급계약에 따라 위 상가동 건물을 하자 없이 완성하여 B조합에게 인도할 채무가 있고, 위 상가동 건물의 시공상 하수급인인 D회사는 수급인인 A회사의 이행보조자 내지 이행대행자의 지위에 있으므로(민법 제391조), 위 ①, ② 하자에 대해 도급계약상 하자담보책임(민법 제667조) 내지 채무불이행책임(민법 제390조)이 성립한다.

현행 민법상 위 하자담보책임은 이른바 '무과실책임'에 의해 규율되는 특칙으로서, 채무불이행법의 체계에 관한 해석적 논의를 별론으로 하면, 우선 적용된다.[2]

[사안]에서 B조합은 A회사에게 ①, ② 하자의 보수에 갈음하는 손해배상을 청구하였는바, 이는 민법 제667조가 규정하는 배상범위에 속한다. 그런데 A회사는 부도로 인하여 사실상 폐업 상태에 있으므로 소송을 통한 권리구제의 실익은 적을 것으로 보인다.

2. B조합에 대한 D회사의 법적 책임

[사안]에서 D회사는 수급인 A회사와 위 상가동 건물신축에 관해

---

2 여기에서는 해석론의 상술은 유보한다. 다만, 하자로 인해 도급인에 후속적으로 발생하는 부가적 손해에 대해서는 과책(실)책임의 법리에 따라 채무불이행의 손해배상책임이 경합적으로 인정될 수 있다. 대법원 판례는, 도급계약에 의하여 완성된 목적물에 하자가 있는 경우, 수급인의 담보책임에 의한 하자보수의무와 채무불이행책임에 의한 손해배상의무의 관계에 관해, 보수비용은 민법 제667조 제2항에 의한 수급인의 하자담보책임 중 하자보수에 갈음하는 손해배상이고, 하자담보책임을 넘어서 수급인이 도급계약의 내용에 따른 의무를 제대로 이행하지 못함으로 인하여 도급인의 신체·재산에 발생한 손해에 대한 배상은 별개의 권원(민법 제390조)에 의하여 경합적으로 인정되는 것이라고 한다. 대법원 2004. 8. 20. 선고 2001다70337 판결, 대법원 2005. 11. 10. 선고 2004다37676 판결, 대법원 2007. 8. 23. 선고 2007다26455, 26462 판결 참조. 그리고 수급인의 하자담보책임은 법이 특별히 인정한 무과실책임으로서 여기에 민법 제396조의 과실상계 규정이 준용될 수는 없다 하더라도 담보책임이 민법의 지도이념인 공평의 원칙에 입각한 것인 이상 하자발생 및 그 확대에 가공한 도급인의 잘못을 참작할 수 있다고 한다. 대법원 1980. 11. 11. 선고 80다923, 924 판결, 대법원 1999. 7. 13. 선고 99다12888 판결 등 참조.

하도급계약을 체결하였는바, B조합과는 직접적인 계약당사자가 아니다. 그렇지만 D회사는 하수급인으로서 건설산업기본법 제32조 제1항에 의하여 도급인(발주자)인 B조합에 대하여 수급인 A회사와 같은 의무를 부담한다.[3] 이 조항에서 '수급인과 같은' 의무('동일한' 의무)를 진다는 것은 건설공사의 도급 등에서 하수급인 책임의 강화 및 담보를 확보하기 위하여 법률상 특별히 인정되는 법정책임으로서 수급인과 연대하여 채무를 부담한다는 것이다.

대법원 판례에 의하면, 수급인과 하수급인의 채무는 서로 별개의 원인으로 발생한 독립된 채무이기는 하지만, 어느 것이나 도급인에 대하여 시공상 잘못으로 말미암아 발생한 하자의 보수에 갈음하는 손해를 배상하려는 것으로서 서로 동일한 경제적 목적을 가지고 있으므로 양 채무는 서로 중첩되는 부분에 관하여 부진정연대채무 관계에 있다고 한다.[4]

따라서 B조합에 대하여 위 상가동 철근콘크리트 공사로 인하여 발생한 하자의 보수에 갈음하는 손해를 배상할 의무를 부담한다(민법 제667조 제2항).

---

3 건설산업기본법 [법률 제12591호, 시행 2014. 5. 20.] 제32조(하수급인 등의 지위) ① 하수급인은 하도급 받은 건설공사의 시공에 관하여는 발주자에 대하여 수급인과 같은 의무를 진다. … ② 제1항은 수급인과 하수급인의 법률관계에 영향을 미치지 아니한다. ③ … 건설산업기본법 [법률 제8852호, 2008. 2. 29.] 제32조(하수급인등의 지위) ① 하수급인은 그가 하도급 받은 건설공사의 시공에 있어서는 발주자에 대하여 수급인과 동일한 의무를 진다.

4 대법원 2010. 5. 27. 선고 2009다85861 판결 참조.

　　C회사는 B조합에게 A회사의 도급계약상 채무를 연대보증하였는
바, 주채무자인 A회사가 이행하지 아니하는 채무를 이행할 의무(보증
채무)가 있다(민법 제428조). 그리고 보증채무는 주채무의 이자, 위약금,
손해배상 기타 주채무에 종속한 채무를 포함한다(민법 제429조).

　　D회사는 하수급인으로서 위 공사의 시공에 관해 A회사의 이행
보조자 내지 이행대행자의 지위에 있으므로 D회사의 시공상 하자로
인한 책임에 관해서도 C회사는 B조합에 대해 보증책임을 진다. 또한
A회사와 연대하여 위 공사시공상 채무에 관해 보증채무를 부담하였
는바, 수급인 A회사의 하자보수의 이행이나 그에 갈음하는 손해배상
에 관해 도급인 B조합의 우선적 이행청구로써 항변할 수 없다(민법 제
437조 단서, 제438조).

　　따라서 [사안]에서 C회사는 연대보증인으로서 B조합에 대하여
주채무자인 A회사와 함께 위 상가동 신축건물의 하자보수에 갈음하
는 손해배상의 채무를 부담한다.

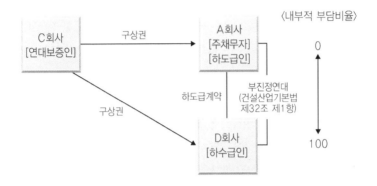

[사안]에서 B조합은 C회사에 대해 소송을 제기하였고, 이에 C회사는 A회사 채무에 관한 연대보증인으로서 위 상가동 건물의 하자보수에 갈음하는 손해배상금을 지급하였다.

1. C회사의 A회사에 대한 구상청구

C회사는 A회사의 요청으로 연대보증하였다. 따라서 과실 없이 변제 기타의 출재로 주채무를 소멸하게 한 때에는 주채무자인 A회사에 대하여 구상권이 있다(민법 제441조).

C회사는 주채무자인 수급인 A회사에 대해 도급인 B조합에게 지급한 손해배상금, 그리고 그 지급으로써 B조합에 대한 A회사의 하자

담보책임이 면책된 날 이후의 법정이자 및 피할 수 없는 비용 등의 상환을 청구할 수 있다(민법 제441조, 제425조 제2항).

2. C회사의 D회사에 대한 구상청구

C회사는 B조합에게 하자보수에 갈음하는 손해배상을 지급한 것도 변제할 정당한 이익이 있는 연대보증인으로서 A회사의 채무를 이행한 것이다. 따라서 C회사는 D회사에 대해 구상권이 인정되는 경우 채권자인 B조합을 대위할 수 있다(민법 제481조).

사항 ① 2.에서 검토한 바, [사안]에서 B조합에 대한 A회사와 D회사의 하자보수에 갈음하는 손해배상채무는 중첩되는 부분에 관해 건설산업기본법 제32조 제1항에 의해 부진정연대채무를 부담한다.

[사안]에서 C회사는 D회사와 위 건설공사 도급계약상 연대채무자로서 자기의 출재로 B조합에게 위 손해배상금을 지급함으로써 A회사와 B조합에 대해 부진정연대채무를 부담하는 D조합의 위 상가동 건물의 하자보수에 갈음하는 손해배상채무를 면하게 하였으므로 도급인 B조합의 D회사에 대한 하자담보의 손해배상채권을 대위행사할 수 있다.

이와 관련하여 대법원은 민법 제481조, 제482조에서 규정하고 있는 변제자대위는 제3자 또는 공동채무자의 한 사람이 채무자 또는 다른 공동채무자에 대하여 가지는 구상권의 실현을 목적으로 하는 제도로서, 대위에 의한 원채권 및 담보권 행사의 범위는 구상권의 범위로 한정되며, 어느 부진정연대채무자를 위하여 보증인이 된 자가 채무를 이행한 경우에는 다른 부진정연대채무자에 대하여도 직접 구상권을 취득하게 되고, 그와 같은 구상권을 확보하기 위하여 채권자를 대위하여 채권자의 다른 부진정연대채무자에 대한 채권 및 그 담보에

관한 권리를 구상권의 범위 내에서 행사할 수 있다고 한다.[5]

위와 같은 대법원 판례에 따르면, [사안]에서 C회사는 공사도급계약상 A회사와 함께 부진정연대채무를 부담하는 D회사에 대해 C회사는 직접 구상권을 취득한다. 따라서 채권자인 도급인 B조합을 대위하여 D회사에 대한 채권 및 그 담보에 관한 권리를 위 구상권의 범위 내에서 행사할 수 있다.

B조합은 하도급계약상 시공을 불완전하게 이행한 D회사에게 위 상가동 건물의 하자에 관해 그 손해 전부에 관해 배상책임을 물을 수 있는바, C회사는 D회사에게 손해배상으로 지급한 금액 전부를 청구할 수 있다.

사항 ④ 청구취지(가집행청구 및 소송비용청구 등 부수적 기재는 생략)

피고 A와 피고 D는 각자 원고(C회사)에게 5억 원 및 이에 대한 2014. 11. 16.[6]부터 이 사건 소장 부본 송달일까지는 연 6%의, 그 다음날부터 다 갚는 날까지는 연 15%[7]의 각 비율에 의한 금액을 지급하라.

---

5 대법원 2010. 5. 27. 선고 2009다85861 판결.

6 이는 면책일이다(민법 제425조 제2항).

7 소송촉진 등에 관한 특례법에 의한 것으로, 2015. 10. 1.부터 15%로 변경되었다.

도급(2)

– 도급계약, 하도급, 선급금 반환채무, 공동보증, 구상권, 채무인수, 소멸시효, 사해행위 등 –

※ 이하 [사안] 및 각 [사례], 그리고 각 문제의 일자는 공휴(무)일이 아닌 것으로 의제함.

사안 1

(1) '甲공사'는 아파트를 신축하여 분양하는 사업주체로서 2009. 12. 5. 乙건설 주식회사(이하 '乙회사')에게 A아파트 신축공사를 도급하였고, 丙설비기업(이하 '丙기업')은 乙회사로부터 A아파트 건설공사 소화전(消火栓) 배관공사(계약금액 1억 5천만 원) 및 기계설비공사(계약금액 22억 원)를 각 하도급받았으며, 丁주식회사(이하 '丁회사')는 그 중 기계설비공사 부분에 대하여 수급인 丙기업의 수급연대보증인으로 위 하도급계약서에 기명·날인하였다. 그런데 '乙회사'와 '丙기업' 사이의 위 하도급계약서에는 선급금 부분에 대하여 책임이 없다는 등의 내용의 기재는 없다.

(2) '乙회사'와 '丙기업' 사이의 하도급계약서에는 기계설비공사에 관해 원사업자(하도급인)인 '乙회사'가 하수급인 '丙기업'에게 계약체결 후 15일 이내에 선급금 4억 원을 지급한다는 내용이 포함되어 있었으며, 선급금을 지급받고자 하는 경우에는 '건설공제조합 등이 발행하는 보증서, 보증보험증권, 신용보증기금의 보증서, 국채 또는 지방채, 금융기관의 지급보증서, 금융기관의 예금증서'를 '乙회사'에 제출하도록 규정하고 있었다. 이에 B보증보험주식회사(이하 'B보증사')는 2009. 12. 18. '丙기업'과 다음과 같은 내용의 보증보험계약을 체결하였다.

계약자	연대보증인	피보험자	보험가입금액	보험기간	주계약
丙설비 기업	P1	乙(건설) 주식회사	17,000,000원	2009. 12. 17. ~ 2011. 5. 8.	소화전 배관공사
	P2				
	P3				
丙설비 기업	P1	乙(건설) 주식회사	400,000,000원	2009. 12. 17. ~ 2011. 5. 8.	기계설비공사
	P2				
	P3				
	P4				

(3) 그 후 '丙기업'의 부도로 위 (1)의 각 공사가 중단되어 '乙회사'는 하도급
계약을 해제하였다. 'B보증사'는 2010. 4. 30. '乙회사'에게 보험금으로 1
천 7백만 원(소화전 배관공사 선급금) 및 3억 8천만 원(기계설비공사 선
급금 중 기성 금액 2천만 원을 공제한 금액)을 각 지급하였다.

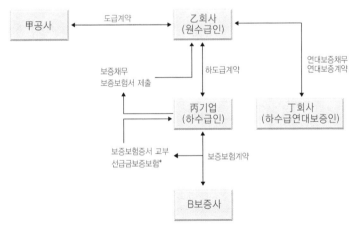

* 보증보험계약은 연대보증성의 특성을 갖는다(보험방식의 '연대적' 보증). 보증보험사의 보험인수에 의한 보증은
보증보험료를 지불하므로 상행위의 일종으로서 상법 제52조 제2항에 따른 연대책임을 지게 된다. 그러므로
민법상 보증채무의 보충성을 인정할 수 없고, 보험계약자가 채무를 이행하지 않는 경우에도 민법상의 최고
검색의 항변권이 인정되지 않는다.

   [사안 1]에서, 2015. 10. 1. 'B보증사'는 '丙기업' 및 위 보증보험계약상 각 연대보증인들에게 乙회사에 지급한 보험금과 보험금 지급일 다음날부터 소장 부분 송달일까지는 약정 연체이자율인 연 12%의, 그 다음날부터 다 갚는 날까지는 소송촉진 등에 관한 특례법이 정한 연 15%의 각 비율로 지연손해금을 지급하라는 소송을 제기하였다.

   그런데 위 보증보험계약상 연대보증인들(P1~P4)의 책임은 자백이 간주되어 인용되었으나 지불능력 부족 상태에 있었다. 따라서 'B보증사'는 수급보증인 '丁회사'를 상대로 '乙회사'에 지급한 보험금 중 선급금반환채무의 부담부분에 해당하는 금액을 지급하라는 소송을 제기하였다. 이에 대해 1. '丁회사'는 ① '丙기업'의 시공보증을 한 것뿐이지 선급금반환채무까지 보증한 것은 아니고, ② 보증보험사에 의한 보증과 민간보증인 '丁회사'의 보증에는 분별의 이익이 있으므로 'B보증사'와 위 선급금에 관해 연대하여 반환할 보증채무가 없다고 주장한다.

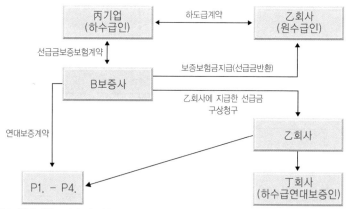

(B보증사의 丙기업에 대한 구상채무의 연대보증인들)

1. '丁회사'의 선급금반환보증책임 존부

도급계약의 연대보증인의 보증책임은 각종 보증서의 구비 여부,
도급계약의 내용, 보증경위 등을 참작하여 개별적으로 구체적인 사안
에 따라 법률행위의 해석에 의하여 판단되어야 하나, 특별한 약정이
없다면 수급인의 책임과 마찬가지로 금전채무보증과 시공보증을 포
함한다고 보아야 한다.[8] 또한 위와 같은 특별한 약정은 반드시 명시
적 의사표시에 의하여야 하는 것은 아니고 묵시적인 의사표시에 의하
여도 가능하다.

선급금 반환채무는 수급인의 채무불이행에 따른 계약해제로 인
하여 발생하는 원상회복의무(민법 제548조)의 일종이고,[9] 보증인은 특별
한 사정이 없는 한 채무자가 채무불이행으로 인하여 부담하여야 할
손해배상채무와 원상회복의무에 관하여도 보증책임을 지므로(민법 제
428조, 제429조),[10] 민간공사 도급계약에 있어 수급인의 보증인은 특별
한 사정이 없다면 선급금 반환채무에 대하여도 보증책임을 진다.

[사안 1]에서, 丁회사가 선급금 부분에 대하여 책임이 없다는 등
의 단서 조항은 없지만, 丁회사는 하수급인('丙기업')에게 선급금을 지
급한다는 내용이 기재된 하도급계약서에 수급인의 보증인으로 기명·

---

8 대법원 2005. 3. 25. 선고 2003다55134 판결.
9 대법원 1996. 3. 22. 선고 94다54702 판결 등.
10 대법원 1999. 10. 8. 선고 99다20773 판결, 대법원 2000. 6. 13. 선고 2000다13016 판결,
  대법원 2005. 3. 25. 선고 2003다55134 판결, 대법원 2012. 5. 24. 선고 2011다109586 판결
  등.

날인하였고, 丙기업이 乙회사에 부담하는 채무는 상행위로 인한 채무이므로 보증인은 연대하여 변제할 책임이 있는 점(상법 제47조, 제57조 제2항)을 판례의 법리에 비추어 보면, 丁회사는 선급금 반환채무까지 포함하여 연대보증한 것이다.

대법원도 [사안 1]과 유사하게, 보증보험회사가 아파트 건설공사 원사업자(원수급인)로부터 일부 공사를 도급받은 회사와 피보험자를 원수급인 회사로 하는 내용의 선급금 보증보험계약을 체결한 후 하수급인 회사 부도로 공사가 중단되자 원수급인 회사에 보험금을 지급한 다음 도급계약서에 하수급인의 보증인으로 기명·날인한 회사를 상대로 구상권을 행사한 사건에서, 보증인으로 기명·날인한 회사가 선급금 부분에 대하여 책임이 없다는 등의 단서 조항 없이 도급계약서에 하수급인의 보증인으로 기명·날인한 점, 그 회사가 원수급인 회사에 부담하는 채무는 상행위 채무여서 보증인이 연대하여 변제할 책임이 있는 점 등에 비추어 위 보증인 회사는 선급금 반환채무까지 포함하여 연대보증한 것으로 인정하였다.[11]

2. 丁회사의 보증책임 범위

가. 공동보증관계와 분별의 이익 존부 등

보증보험이란 피보험자와 어떠한 법률관계를 가진 보험계약자(주계약상의 채무자)의 채무불이행으로 인하여 피보험자(주계약상의 채권자)가 입게 될 손해의 전보를 보험자가 인수하는 것을 내용으로 하는 손해보험으로서, 형식적으로는 채무자의 채무불이행을 보험사고로 하는 보험계약이나 실질적으로는 보증의 성격을 가지고 보증계약과 같은

---

11 대법원 2012. 5. 24. 선고 2011다109586 판결.

효과를 목적으로 하는 것이다. 그러므로, 보증보험계약은 주계약 등의 법률관계를 전제로 하고 보험계약자가 주계약에 따른 채무를 이행하지 아니함으로써 피보험자가 입게 되는 손해를 약관의 정하는 바에 따라 그리고 그 보험계약금액의 범위 내에서 보상하는 것이고, 그 성질에 반하지 않는 한 민법의 보증에 관한 규정이 보증보험계약에도 적용된다.[12]

수급인의 선급금 반환채무 이행을 보증한 보증보험자와 주계약상의 (연대)보증인은 채권자인 도급인에 대한 관계에서 채무자인 수급인의 선급금 반환채무 이행에 관하여 공동보증인의 관계에 있다.[13]

[사안 1]에서 채권자인 乙회사(하도급인)에 대한 관계에서 A아파트 신축공사 기계설비공사 부분에 관해 丙기업(하수급인)의 채무를 연대보증한 丁회사는, 1.에서 검토한 바와 같이, 연대보증인으로서의 책임이 있으므로, 위 선급금반환채무의 이행에 관하여 B보증사와 공동보증인의 관계에 있다.

또한 공동보증인 중 1인이 변제 기타 자기의 출재로 채무를 소멸하게 하여 다른 공동보증인의 채무를 공동면책하는 경우에는, 그들 사이에 구상에 관한 특별한 약정이 없다고 하더라도 다른 공동보증인에게 그들 사이의 부담부분에 관하여 구상할 수 있다(민법 제448조 제1항).[14]

[사안 1]에서 B보증사는 A아파트 신축공사상 기계설비공사 부분에 대해 乙회사가 丙기업에 기지급한 선급금(4억 원) 중 3억 8천만 원

---

12 대법원 1990. 5. 8. 선고 89다카25912 판결, 대법원 2004. 12. 24. 선고 2004다20265 판결, 대법원 2004. 2. 13. 선고 2003다43858 판결, 대법원 2012. 2. 23. 선고 2011다62144 판결 등.
13 대법원 2012. 5. 24. 선고 2011다109586 판결 참조.
14 대법원 1997. 6. 27. 선고 97다14576 판결, 대법원 2008. 6. 19. 선고 2005다37154 전원합의체 판결, 대법원 2012. 5. 24. 선고 2011다109586 판결 등.

을 반환하였는바, 이는 선급금반환의 보증채무를 이행하여 공동보증인 丁회사 채무를 면책시킨 것이다. 따라서 B보증사는 공동보증인 丁회사에 구상권을 행사할 수 있다.

그밖에 민법 제439조는 원칙적으로 각자의 행위로 보증한 공동보증인들 상호 간에는 민법 제408조를 적용함으로써 분할채무로서 분별의 이익이 있으나, 주채무자와 연대하여 보증채무를 부담한 경우에는 분별의 이익이 없으므로(민법 제448조 제2항), [사안 1]에서 丁회사는 乙회사에 대해 분별의 이익을 주장할 수 없다.

나. B보증사의 구상권

위와 같이 공동보증인들 사이에 분별의 이익이 없는 경우, 어느 공동보증인이 자기의 부담부분을 넘는 변제를 한 때에는 민법 제448조 제2항은 연대채무관계의 구상에 관한 제425조 내지 제427조를 준용한다. 그러므로 어느 공동보증채무자가 변제 기타 자기의 출재로 공동면책이 된 때에는 다른 공동보증채무자의 부담부분에 대하여 구상권을 행사할 수 있으며(민법 제425조 제1항), 위 구상권은 면책된 날 이후의 법정이자 및 피할 수 없는 비용 기타 손해배상을 포함한다(민법 제425조 제2항).

[사안 1]에서 丁회사와 공동보증관계에 있는 B보증사가 공동보증인으로서 주채무자인 丙기업의 선급금반환채무 금 3억 8천 원(기계설비공사 선급금 중 기성 금액 2천만 원을 공제한 금액)을 보증채권자인 乙회사에 전부 변제하여 丁회사를 공동면책시켰으므로, 다른 공동보증인인 丁회사의 부담부분에 대하여 구상권을 행사할 수 있다.

다. B보증사의 구상 범위

민법 제439조는 원칙적으로 각자의 행위로 보증한 공동보증인들 상호 간에는 민법 제408조를 적용함으로써 분할채무로서 분별의 이익이 있다. 그러나 공동보증인이 주채무자와 연대하여 보증채무를 부담한 경우에는 분별의 이익이 없으므로(민법 제448조 제2항 참조), [사안 1]에서 丁회사는 B보증사에 대해 분별의 이익을 주장할 수 없다. 공동보증인들 사이에 분별의 이익이 없는 경우, 공동보증인들 사이에 달리 약정하는 등의 특별한 사정이 없으면, 그들 사이의 부담부분은 균등한 것으로 추정할 수 있다(민법 408조, 제424조 유추적용).

[사안 1]에서 丁회사와 B보증사는 이시(異時)에 각자의 행위로 보증을 하였고, 부담부분 및 구상에 관해 달리 합의한 사항이 없으므로 丁회사와 B보증사의 부담부분은 균등하다.

라. 소 결

그러므로 丁회사는 공동보증인으로서 부담하는 선급금반환채무의 부담부분에 해당하는 금액은 1억 9천만 원(=3억 8천만 원×1/2)이며, 이에 대하여 2011. 5. 1.부터 소장 부본 송달일까지 연 12%의, 그 다음날부터 다 갚는 날까지는 연 15%의 각 비율로 계산한 돈을 B보증사에게 지급하여야 한다.

(1) 주식회사 P종합건설(이하 'P회사')은 주택건설분양사업 등을 목적으로 설립된 법인이다. P회사는 2006. 4. 23. 해당 지역 자치단체장으로부터 주택건설사업승인을 얻어 A토지 지상에 4개 동 600세대 규모의 Q아파트 건설사업을 시행하던 중, 주식회사 B은행(이하 'B은행')과의 사이에 A토지에 관하여 2006. 7. 20. 채권최고액 97억 5천만 원 및 23억 4천만 원, 2008. 6. 24. 채권최고액 15억 6천만 원의 각 근저당권설정계약을 체결하고, 다음 표와 같이 임대주택건설자금대출약정을 각 체결하였다. 이에 따라 B은행은 공사완성도에 따라 대출금을 지급하기로 하고 P회사에게 합계 금 94억 5천만 원을 대출해 주었다.

계약체결일	대출과목	대출금액	최종상환기일	대출번호
2006. 7. 23.	임대주택건설자금	6,750,000,000원	2036. 7. 23.	683729-06-109445
2007. 3. 25.	국민주택건설사업자금	2,700,000,000원	2010. 3. 25.	683729-07-000326
2008. 6. 12.	임대주택건설자금		2037. 3. 25.	

(2) P회사는 2009. 2. 14.경 자금사정 악화로 부도를 내고 공정률이 87.6%인 상태에서 공사를 중단하였고, 다른 건설사에 (1)의 주택건설사업권 양도를 추진하게 되었다. 이에 B은행은 P회사를 상대로 D법원에 건축주명의변경금지가처분을 신청하였고, D법원은 2009. 3. 22. 'P회사는 이 사건 사업권의 건축주 명의를 변경하여서는 아니된다'는 내용의 가처분결정을 하였다.

(3) 2009. 10. 29. P회사의 대표이사로 취임한 甲은 2009. 10.경부터 K개발주식회사(이하 K회사)에게 위 A토지, 아파트 및 사업권의 양도를 추진하면서 그 양도대금 중 일부를 선지급받아서 1억 3천만 원을 乙에게 P회사에 대한 대여금채권의 변제 명목으로 지급하였고, 그 후 2009. 11. 5. P회사를 대표하여 K회사와 정식으로 Q아파트 건설사업권, 토지 및 아파트에 관하여 다음과 같은 내용의 매매계약을 체결하였다.

① 총 매매대금은 10억 원으로 하고, 계약금은 1억 원, 1차 중도금은 1억 5천만 원, 2차 중도금은 2억 5천만 원, 잔금은 5억 원으로 하되, 소유권이전등기에 필요한 서류는 계약금 완불 후에 교부하고, 잔금은 준

공검사 후 완공된 아파트를 대물변제받기로 한다.

② P회사는 K회사에게 Q아파트 건설사업권 일체를 양도하며 사업주체 변경절차가 신속히 이루어지도록 협조한다.

③ Q아파트 건설사업과 관련된 B은행 대출금채무 및 대한주택보증 주식 회사에 대한 채무는 K회사가 인수하고, 매매대금에서 위 채무를 공제 하여 B은행 대출금채무의 인수는 매매대금의 지급에 갈음하며, 그 외 의 Q아파트 건설공사로 발생된 하도급업체에 대한 채무는 P회사 및 그 대표이사 甲이 책임진다.

④ 甲이 乙에게 위 대여금채권의 변제로서 지급한 위 금 1억 3천만 원은 매매대금에서 공제한다.

(4) K회사는 2010. 12. 1. 위 매매계약에 따라 위 지역 자치단체장에게 Q아 파트 건설사업주체를 P회사에서 K회사로 변경하는 사업계획변경승인신 청을 하였다가, 위 지역 자치단체장으로부터 대한주택보증 주식회사와 B은행의 사업주체변경에 대한 동의서 및 Q아파트 건설공사와 관련하여 미합의 채권·채무정리 및 처리확약 관련서류가 흠결되었다는 등의 이유 로 보완요청을 받고, 2010. 12. 26. 사업주체변경동의서 등의 보완서류를 위 지역 자치단체장에게 제출하였다. 그러나 K회사는 다시 위 지역 자치 단체장으로부터 위 변경신청서 및 건축주명의변경동의서상의 대표이사 (甲)가 위 신청 당시 법인등기부상의 대표이사(乙)와 다르다는 이유로 보 완요청을 받아, 2011. 2. 21. 법인등기부등본 등을 다시 제출하여서 2011. 2. 27. 위 지역 자치단체장으로부터 Q아파트 건설사업에 관하여 사업주 체를 P회사에서 K회사로 변경하는 사업계획변경승인을 받았다.

(5) B은행은 2014. 4. 19. P회사를 상대로 D법원에 위 (1)의 대출금에 관한 대여금 등 청구의 소를 제기하여 2014. 9. 20. 승소판결을 받았지만 P회 사는 현재 지불불능 상태에 있다.

한편, Q아파트에 관한 공사가 완성되지 않은 상태에서 丙(2014. 10. 8. T종합건설 주식회사의 대표이사로 취임)은 D법원에 가처분신청을 하였 고, 2014. 8. 5.자 가처분결정에 의해 가처분등기의 촉탁으로 2014. 8. 7. K회사 명의의 소유권보존등기가 이루어졌다. 그리고 2014. 9. 10. Q아 파트 중 1동에는 소유권이전등기 말소등기청구권을 피보전권리로 한 丁 등의 가처분등기가 마쳐졌다.

(6) 한편, Q아파트 4개동에 관하여 K회사는 2014. 8. 7. 위 아파트에 관하여

자신 명의로 소유권보존등기가 마쳐지자, 2014. 8. 20. T종합건설 주식회사(이하 'T회사')와의 사이에 대물변제계약을 체결하고, 2014. 8. 23. T회사에게 Q아파트 2, 3동의 소유권이전등기를 경료해 주었다. 그 무렵 K회사는 채무초과 상태였다.

이후 T회사는 2014. 9. 22. 주식회사 C상호저축은행(이하 'C저축은행')과의 사이에 채권최고액 26억 원의 근저당권설정계약을 체결하고, 2014. 9. 23. C저축은행에게 근저당권설정등기를 경료해 주었다.

사안 2 개요도

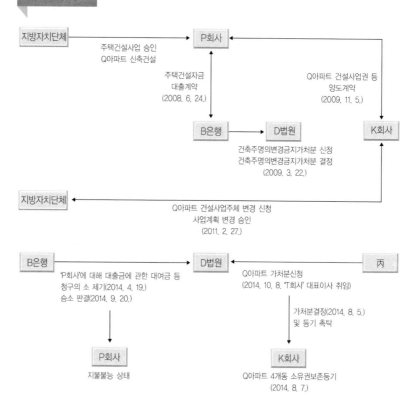

　B은행(원고)의 소송대리인은 K회사, T회사, C저축은행을 공동피고로 하여 2014. 11. 6. 소송을 제기하여 다음과 같이 주장한다.

　① P회사가 B은행에 대해 [사안 2] (1)과 같은 대출금채무를 부담하고 있었는데, K회사는 2009. 11. 10. P회사가 추진하던 Q아파트 건설사업 전부를 인수하였으므로, 결국 K회사는 구체적인 위 대출금채무의 인수절차를 거치지 않았을 뿐이지 P회사의 B은행에 대한 위 대출금채무를 늦어도 Q아파트 건설공사 사업변경계획승인일인 2011. 2. 27.까지는 인수하였다고 할 것이므로, B은행은 K회사에 대하여 위 대출금채권을 가지고 있고, ② K회사가 2014. 8. 23. 채무초과 상태에서 T회사와 사이에 Q아파트에 관하여 [사안 2] (6)과 같이 대물변제계약을 체결하고 소유권이전등기를 경료해 주고, T회사가 C저축은행에게 근저당권설정계약을 체결하고 근저당권설정등기를 경료해 준 것은 K회사의 채권자인 B은행의 공동담보를 감소시키는 행위로서 사해행위에 해당하므로, ③ B은행의 K회사에 대한 위 대출금채권을 피보전채권으로 하여 K회사과 T회사 사이에 체결된 위 대물변제계약을 취소하고, 그 원상회복으로 Q아파트 2, 3동에 관하여 T회사는 소유권이전등기, C저축은행은 근저당권설정등기의 각 말소등기절차를 이행할 의무가 있다고 주장한다.

　위와 같은 B은행(원고)의 주장에 대해 K회사(피고) 등의 소송대리인은 다음과 같이 주장한다.

　① P회사에 대한 관계에서만 B은행에게 위 대출금을 지급할 의무를 부담하는 이행인수를 한 것이고, ② B은행은 K회사에 대하여 [사안 2] (3)의 매매계약일(2009. 11. 5.)부터 위 대출금 채권을 행사할 수 있었는데 그로부터 상사 소멸시효기간인 5년이 경과하도록 아무런 청구를 한 바가 없으므로 그 채권은 시효로 소멸하였으며, ③ 가사 B은행이 K회사에 대하여 채권을 가지고 있다고 하더라도 T회사가 K회사로부터 위 아파트를 양수한 것은 K회사의 T회사에 대한 기존 채무를 대물로 변제받은 것으로서 사해행위에 해당하지 아니하고, ④ 나아가 T회사와 C저축은행 사이의 거래에 관해 사해행위요건이 증명되지 않았으며, C저축은행은 선의라고 주장한다.

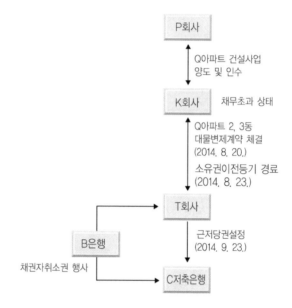

① 대출금 채무의 인수: ← 대출금 지급채무의 이행인수
　　　　　　　　　　　← 피보전채권의 시효소멸
② 대물변제에 의한 Q아파트 소유권이전 'B은행'의 공동담보를 감소시키는
　　사해행위: ← 기존 채무의 변제
③ 'K회사'와 'T회사'의 대물변제계약 취소, Q아파트 2, 3동의 원상회복
　　('T회사'로부터 'K회사'로 소유권이전등기)
④ 'C저축은행' 근저당권설정등기의 말소: ← 사해행위 요건 미충족, 선의

1. 대출금 채무의 인수 여부

– B은행의 K회사에 대한 대출금채권(피보전채권)의 존부

　　사업이나 부동산을 매수하는 사람이 근저당채무 등 그 부동산에 결부된 부담을 인수하고 그 채무액만큼 매매대금을 공제하기로 약정하는 경우에, 매수인의 그러한 채무부담의 약정은, 채권자의 승낙이 없는 한, 매도인 측을 면책시키는 이른바 면책적 채무인수라고 볼 수 없다. 나아가 그러한 약정이 이행인수에 불과한지 아니면 병존적 채무인수, 즉 제3자를 위한 계약인지를 구별하는 기준에 관해서 대법원은, 계약 당사자에게 제3자 또는 채권자가 계약 당사자 일방 또는 채무인수인에 대하여 직접 채권을 취득케 할 의사가 있는지 여부에 달려 있다 할 것이고, 구체적으로는 계약 체결의 동기, 경위 및 목적, 계약에 있어서의 당사자의 지위, 당사자 사이 및 당사자와 제3자 사이의 이해관계, 거래 관행 등을 종합적으로 고려하여 그 의사를 해석하며,[15] 인수의 대상으로 된 채무의 책임을 구성하는 권리관계도 함께 양도된 경우이거나 채무인수인이 그 채무부담에 상응하는 대가를 얻을 때에는 특별한 사정이 없는 한 원칙적으로 이행인수가 아닌 병존적 채무인수로 본다.[16] 그리고 채무의 인수에 있어서 면책적 인수인지, 중첩적 인수인지가 분명하지 아니한 때에는 대법원은 이를 중

---

15 대법원 1997. 10. 24. 선고 97다28698 판결.
16 대법원 2008. 3. 13. 선고 2007다54627 판결 등.

첩적으로 인수한 것으로 본다.[17]

　　[사안 2]의 경우, 피고 K회사는 [사안 2] (3)의 Q아파트 건설사업권, 토지 및 아파트에 관한 매매계약 시에 그 매매대금에서 P회사의 B은행 및 대한주택보증 주식회사에 대한 채무를 공제하여 B은행에 대한 대출금채무의 인수를 위 매매대금의 지급에 갈음함으로써 그 인수한 채무 부담에 상응하는 이득을 취한 점, K회사는 [사안 2] (4)에서 살펴볼 수 있듯이, 2010. 12. 원고 B은행으로부터 '사업주체변경동의서'를 발급받아서 이를 관할 지역단체장에게 제출하기 위하여 B은행에게 '사업주체변경동의서' 발급을 요청한 것은 자신의 사업권 등 양도양수계약이 채권자를 위한 계약으로서의 성격을 가지고 있음을 스스로 표시한 것이라고 볼 수 있는 점 등을 고려할 때, 위 채무인수는 이행인수가 아닌 병존적 채무인수로 봄이 상당하다.

　　위와 같이 K회사가 B은행에 대한 P회사의 대출금 채무를 중첩적으로 인수한 것은 제3자를 위한 계약이 된다(민법 제539조).[18] 이 경우 판례는 수익자가 되는 제3자인 B은행의 수익의사표시는 계약의 성립요건이나 효력발생요건이 아니라 채권자가 인수인에 대하여 채권을 취득하기 위한 요건으로 한다.[19] [사안 2]에서는 수익자가 되는 B은행은 2009년 법원에 건축주명의금지가처분을 신청하였으나, 이는 수익거절의 의사표시라고 할 수 없다. 또한 K회사와 P회사가 채무인수약정을 한 이후 2010년에는 사업주체 변경에 대한 동의서를 작성해 준 사실 등은 수익의 의사표시에 해당한다.

　　따라서 B은행은 위 사해행위취소소송의 피보전채권으로서 K회사에 대하여 위 대출금채권을 가지고 있는 것이다.

---

17 대법원 1988. 5. 24. 선고 87다카3104 판결, 대법원 2002. 9. 24. 선고 2002다36228 판결 등.
18 대법원 1989. 4. 25. 선고 87다카2443 판결, 대법원 2013. 2. 15. 선고 2012다96526 판결 등.
19 대법원 2013. 9. 13. 선고 2011다56033 판결.

2. 소멸시효의 완성 여부

민법 제166조 제1항은 "소멸시효는 권리를 행사할 수 있는 때로부터 진행한다"고 규정하고 있다. 여기에서 '권리를 행사할 수 있는 때'라 함은 정지 조건부 권리에 있어서의 조건 미성취와 같은 법률상의 장애가 없는 경우를 말하는 것이다. [사안 2]와 같이 주택법상 주택사업의 양도가 있는 경우 사업양수인은 위 법상의 사업주체변경승인이 이루어질 것을 조건으로 관련 채무를 인수하는 것이라고 해석할 수 있다. 따라서 B은행의 K회사에 대한 대출금 채권의 소멸시효는 위 사업계획변경승인이 있은 2011. 2. 27.부터 진행된다. 또한 위 1.에서 검토한 바와 같이, 병존적 채무관계에 있는 원채무자 P회사와 채무인수인 K회사의 인수약정은 부탁에 의한 것이므로 주관적 공동관계가 있는 연대채무관계에 있다.[20]

그런데 [사안 2]에서 B은행은 2014. 4. 19. 원채무자 P회사를 상대로 위 대출금에 관한 대여금 등 청구의 소를 제기하여 2014. 9. 20. 승소판결을 받은 사실이 있다. 이와 같은 어느 연대채무자에 대한 이행청구는 다른 연대채무자에게도 효력이 있는바, 위 소의 제기도 시효중단 사유가 된다. 그러므로 'K회사'가 소멸시효완성을 주장하는 것은 이유 없다.

3. K회사의 사해행위(☞ 채권자취소권 참조)

채권자가 채권자취소권을 행사하려면 사해행위로 인하여 이익을 받은 자(수익자)나 전득한 자(전득자)를 상대로 그 법률행위의 취소를 청구하는 소송을 제기하여야 하는 것으로서, 채무자를 상대로 그 소송을

---

20 대법원 2009. 8. 20. 선고 2009다32409 판결, 대법원 2010. 10. 28. 선고 2010다53754 판결, 대법원 2014. 8. 20. 선고 2012다97420, 97437 판결 등.

제기할 수는 없다.[21] 그러므로 [사안 2]에서 채권자취소소송의 당사자는 원고 B은행과 공동피고 T회사(수익자), C저축은행(전득자)이다.

채권자취소권 행사는 피보전채권의 발생, 채무자의 사해행위, 채무자의 사해의사, 수익자 또는 전득자의 악의(추정)을 요건으로 한다 (민법 제406조).

[사안 2]에서는 채무자의 사해행위 요건이 다투어지고 있다. 채무자의 변제자력 부족의 초래, 즉 채무자의 총재산의 감소가 초래되어 채권의 공동담보에 부족 또는 악화를 초래하여 채권자를 해하는 사해행위와 그에 대한 채무자의 인식은 채권자취소권을 행사하는 채권자가 주장·입증하여야 한다.[22] 그리고 판례에 의하면, 채무자가 채무초과 상태에서 그의 재산을 어느 특정 채권자에게 대물변제로 제공하여 양도하였다면 특별한 사정이 없는 한, 이는 곧 다른 채권자의 이익을 해하는 것으로서 다른 채권자들에 대한 관계에서 사해행위가 된다.[23] 또한 채무자의 재산이 채무의 전부를 변제하기에 부족한 경우에 채무자가 그의 재산을 어느 특정 채권자에게 담보조로 제공하는 것도 특별한 사정이 없는 한 이는 곧 다른 채권자의 이익을 해하는 것으로서 다른 채권자들에 대한 관계에서 사해행위가 된다.[24]

위와 같은 판례에 따르면, 피고 K회사가 채무초과 상태에서 피고

---

21 대법원 1991. 8. 13. 선고 91다13717 판결 등.

22 통설, 대법원 2004. 5. 28. 선고 2003다60822 판결.

23 대법원 1989. 9. 12. 선고 88다카23186 판결, 대법원 1990. 11. 23. 선고 90다카27198 판결, 대법원 1996. 10. 29. 선고 96다23207 판결, 대법원 1997. 6. 27. 선고 96다36647 판결, 대법원 1998. 5. 12. 선고 97다57320 판결, 대법원 1999. 11. 12. 선고 99다29916 판결, 대법원 2000. 9. 29. 선고 2000다3262 판결, 대법원 2005. 11. 10. 선고 2004다7873 판결, 대법원 2006. 6. 15. 선고 2006다12046 판결, 대법원 2007. 7. 12. 선고 2007다18218 판결, 대법원 2009. 9. 10. 선고 2008다85161 판결, 대법원 2010. 9. 30. 선고 2007다2718 판결 등.

24 대법원 2006. 6. 15. 선고 2006다12046 판결, 대법원 2007. 7. 12. 선고 2007다18218 판결, 대법원 2012. 1. 12. 선고 2010다64792 판결 등. 채무초과 상태의 채무자 유일한 적극재산인 채권을 일부 채권자에게 채무 변제를 위하여 양도(대법원 2011. 3. 10. 선고 2010다52416 판결)하거나, 채권담보로 제공한 사안(대법원 2007. 2. 23. 선고 2006다47301 판결) 등이 있다.

T회사에게 Q아파트를 대물변제로 제공한 행위는 사해행위에 해당한다.

4. 수익자 T회사와 전득자 C저축은행의 사해행위 및 선의 여부

[사안 2]에서 원고 B은행은 전득자인 피고 C저축은행에 대해 수익자인 피고 T회사로부터 Q아파트 2, 3동을 설정받은 근저당권등기의 말소를 채권자취소권의 행사로서 소구하고 있다.

이와 같이 채권자가 사해행위의 취소로서 수익자를 상대로 채무자와의 법률행위의 취소를 구함과 아울러 전득자를 상대로도 전득행위의 취소를 구함에 있어서는, 전득자의 악의는 전득행위 당시 그 행위가 채권자를 해한다는 사실, 즉 사해행위의 객관적 요건을 구비하였다는 것에 대한 인식을 의미하므로, 전득자의 악의를 판단함에 있어서는 단지 전득자가 전득행위 당시 채무자와 수익자 사이의 법률행위의 사해성을 인식하였는지 여부만이 문제가 될 뿐이지, 수익자와 전득자 사이의 전득행위가 다시 채권자를 해하는 행위로서 사해행위의 요건을 갖추어야 하는 것은 아니다.[25] 따라서 [사안 2]에서 공동피고 K회사 등의 소송대리인이 T회사와 C저축은행 사이의 거래에 관해 사해행위요건이 증명되지 않았다는 주장은 이유 없다.

나아가 피고 C저축은행은 위 근저당권설정계약 당시 채권자를 해함을 알지 못하였다고 주장하지만, 채무자의 행위가 사해행위에 해당하는 이상 전득자의 악의는 추정된다(민법 제406조 제1항 단서).[26] 따라서 수익자로서는 자신의 책임을 면하려면 자신의 선의를 입증하여야 하며[27] 판례에 의하면, 수익자의 선의 여부는 채무자와 수익자의 관

---

25 대법원 2006. 7. 4. 선고 2004다61280 판결 참조.
26 대법원 1998. 2. 13. 선고 97다6711 판결, 대법원 2001. 4. 24. 선고 2000다41875 판결, 대법원 2006. 4. 14. 선고 2006다5710 판결 등 참조.
27 대법원 1991. 2. 12. 선고 90다16276 판결, 대법원 1998. 2. 13. 선고 97다6711 판결, 대법원

계, 채무자와 수익자 사이의 처분행위의 내용과 그에 이르게 된 경위 또는 동기, 그 처분행위의 거래조건이 정상적이고 이를 의심할만한 특별한 사정이 없으며 정상적인 거래관계임을 뒷받침할만한 객관적인 자료가 있는지 여부, 그 처분행위 이후의 정황 등 여러 사정을 종합적으로 고려하여 논리칙·경험칙에 비추어 합리적으로 판단하여야 한다.[28]

[사안 2]에서 C저축은행의 악의는 추정되는바, [사안 2]에서 T회사의 대표이사로 취임하게 되는 乙의 가처분신청에 따른 2014. 8. 5.자 가처분결정에 의해 2004. 8. 7. 가처분등기의 촉탁으로 K회사 명의의 소유권보존등기가 마쳐진 점, T회사는 위 보존등기가 마쳐진 후 불과 보름여만인 2014. 8. 23. 대물변제를 원인으로 소유권이전등기를 마쳤고, C저축은행의 대출도 그로부터 한 달여 만에 이루어진 점, C저축은행이 위 근저당권을 설정받기 전인 2014. 9. 10. Q아파트 중 1동에는 소유권이전등기 말소등기청구권을 피보전권리로 한 丁 등의 가처분등기가 마쳐져 있었던 점 등에 비추어, 위 추정을 번복하여 C저축은행의 선의를 인정하기는 어렵다.

5. 소 결

K회사와 T회사 사이에 체결된 대물변제계약은 사해행위에 해당하므로 이를 취소하고, 이에 대한 원상회복으로 T회사은 K회사에게 위 소유권이전등기의 말소등기절차를, C저축은행은 T회사에게 위 근저당권설정등기의 말소등기절차를 각 이행할 의무가 있다.

2008. 11. 13. 선고 2006다1442 판결 등 참조.

28 대법원 2008. 7. 10. 선고 2007다74621 판결, 대법원 2010. 7. 22. 선고 2009다60466 판결, 대법원 2013. 7. 25. 선고 2012다29090 판결 참조.

채권자대위권

채권자대위권

– 조합계약, 합유, 조합원의 지위, 특정채권의 보전, 보전의 필요성(채무자의 무자력) 등 –

※ 이하 [사안] 및 각 [사례], 그리고 각 문제의 일자는 공휴(무)일이 아닌 것으로 의제함.

사안

　甲, 乙, 丙은 ○○시 ○○동 소재 대지의 소유자들로서 2010. 3. 30. 종합유통단지를 조성하여 공동사업을 하기 위해 위 소재 각 소유 대지를 출자하고, 공동사업에 소요되는 비용은 甲, 乙, 丙이 각 1/3을 부담하며, 수익은 균등하게 분배하는 등을 내용으로 하는 계약을 체결하고 사업체의 명칭을 B조합으로 하기로 약정하였다.

　甲, 乙, 丙은 2010. 11. 중 위 대지들을 출자하여 B조합은 주식회사 A건설과 2011. 1. 30. 위 종합유통단지 산업용재관 지원동 및 상가동 건물 신축공사(이하 '공사')에 관해 대금 100억 원으로 정하여 도급계약을 체결하고, 2011. 5. 15. ○○시장으로부터 甲, 乙, 丙 3인의 명의로 건축허가를 받았다.

　그 후 2012. 3. 15. 乙은 B조합의 공동사업을 계속할 수 없는 부득이한 사유가 있어 甲에게 B조합의 지분을 양도하였고, 이에 관해 2012. 6. 30. 丙은 추인(追認)하였다. 그런데 2012. 12. 24. 丙은 사망하였고, 이후 2013. 5. 3. 甲은 건축 중인 상가동 건물의 지분(1/3)을 丁에게 50억 원에 양도하면서 건축주명의도 변경하기로 합의하였다. 甲, 乙, 丙은 상속과 관련하여 조합원 지위와 그밖의 재산관계에 대해 달리 약정한 바가 없다.

　2013. 11. 20. 丁은 甲에게 잔금을 지급하고 계약상 합의한 건축주명의의 변경을 요구하였다. 이에 대해 甲은 乙, 그리고 丙의 상속인 戊가 건축 중인 위 상가건물에 대한 소유권을 주장하여 현재 소유권확인을 구하는 소송이 진행 중이므로 건축주명의를 변경해 줄 수 없다고 하였다.

　위 상가건물은 현재 하자보수공사를 진행하고 있고 2015. 10.경 준공검사를 받을 예정이다. 그런데 丁의 건축주명의변경요청에 대해서 甲은 현재 소유권확인소송이 진행되고 있다는 이유로 거절하고, 乙은 甲에게 B조합의 지분을 양도하여 관계가 없다고 하고, 丙의 상속인 戊는 아는바 없다고 하면서 위 명의변경에 관한 동의를 거절하고 있다.

사안 개요도

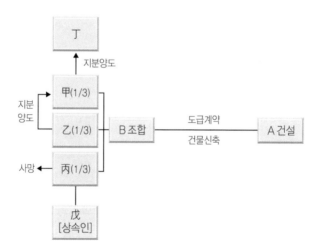

문제 1) 丁으로부터 법률자문을 의뢰받은 변호사로서, [사안]에서 ① 乙의 지분양도, ② 丙의 사망과 관련하여 B조합의 재산귀속관계를 약술하시오.

1. 조합의 단체성

[사안]에서는 甲, 乙, 丙이 각 소유 대지 등을 출자하여 유통단지를 조성하여 B조합이라는 사업체를 운영하기로 약정하였다. 이는 민법상 2인 이상이 상호출자하여 공동사업을 경영할 것을 약정한 것으로서 조합계약에 해당한다(민법 제703조).[1]

조합은 상호출자로 공동사업을 할 목적으로 결합된 단체성이 인정된다(조합원의 가입·탈퇴, 다수결에 원칙에 의한 업무집행, 해산과 청산 등). 그렇지만 법인인 사단(社團)과 달리, 조합단체성의 실체는 계약관계에 기초한 인적 결합체로서 그 구성원인 조합원의 지위와 분리된 독자적인 법인격은 없다.[2]

---

[1] 민법상의 조합계약은 2인 이상이 상호출자하여 공동으로 사업을 경영할 것을 약정하는 계약으로서, 특정한 사업을 공동경영하는 약정에 한하여 이를 조합계약이라고 할 수 있고, 공동의 목적 달성을 도모한다는 것만으로는 조합의 성립요건을 갖추지 못하였다고 할 것이다. 대법원 2010. 10. 28. 선고 2010다51369 판결 등 참조.

[2] 조합의 명칭을 가지고 있는 단체라 하더라도 그 실질에 있어서는 2인 이상이 상호 간에 금전 기타 재산 또는 노무를 출자하여 공동사업을 경영할 것을 약정하는 계약관계에 의하여 성립하는 민법상의 조합에 해당하는 것이 아니라, 고유의 목적을 가지고 사단적 성격을 가지는 규약을 만들어 이에 근거하여 의사결정기관 및 집행기관인 대표자를 두는 등의 조직을 갖추고 있는 비법인사단이거나, 단체성이 없는 다수인의 단순한 모임에 지나지 않는 경우가 있으므로, 조합계약 또는 규약의 유무 및 내용, 단체의 의사결정방식 및 구속력 유무, 조직형태, 업무집행방법 등을 심리하여 그 실질에 따라 단체의 법적 지위를 판단하여야 한다. 대법원 2009. 5. 28. 선고 2009다6523 판결. 민법상의 조합과 법인격은 없으나 사단성이 인정되는 비법인사단을 구별함에 있어서는 일반적으로 그 단체성의 강약을 기준으로 판단하여야 하는바, 조합은 2인 이상이 상호 간에 금전 기타 재산 또는 노무를 출자하여 공동사업을 경영할 것을 약정하는 계약관계에 의하여 성립하므로(민법 제703조), 어느 정도 단체성에서 오는 제약을 받게 되는 것이지만 구성원의 개인성이 강하게 드러나는 인적 결합체인 데 비하여 비법인사단은 구성원의 개인성과는 별개로 권리·의무의 주체가 될 수 있는 독자적 존재로서의 단체적 조직을 가지는 특성이 있다.

이하에서는 위와 같은 조합의 특성과 민법상 규율에 비추어 B조합의 재산귀속관계를 검토한다.

2. 조합의 합수성

조합원들은 출자와 기타 조합재산을 합유한다(민법 제704조). 그리고 현행 민법전의 물권편에서는 조합원의 조합의 물권 및 준물권의 소유를 합유로서 규정하는바(민법 제271조, 제278조), 이에 의하면 조합원의 권리는 합유하는 조합재산 전부에 미치고(민법 제271조 제1항). 조합재산의 보존행위는 조합원 각자가 할 수 있으나 처분 또는 변경행위는 조합원 전원의 동의가 있어야 하며(민법 제272조), 조합원 전원의 동의 없이 조합재산에 대한 지분을 처분하거나 분할을 청구하지 못한다(민법 제273조). 이러한 합유적 공동소유는 조합의 해산 또는 조합재산의 양도로 인하여 종료하며, 그 분할은 공유물 분할에 관한 규정에 의한다(민법 제274조).

3. 乙의 지분양도

조합원은 다른 조합원 전원의 동의가 있으면 그 지분을 처분할 수 있으나(민법 제273조 제1항) 조합의 목적과 단체성, 그리고 조합재산의 합수성에 비추어 조합원으로서의 자격과 분리하여 그 지분권만을 처분할 수 없다. 그러므로 조합원이 그의 지분을 양도하면 조합원의 지위를 상실하게 된다.

조합이 해산된 경우에도 청산이 종료할 때까지 조합은 존속하는바, 청산절차를 거쳐 조합재산을 조합원에게 분배하지 아니하는 한

대법원 1992. 7. 10. 선고 92다2431 판결, 대법원 1999. 4. 23. 선고 99다4504 판결 참조.

조합재산은 계속하여 조합원의 합유이고 다른 조합원들의 동의를 얻지 아니한 채 조합재산인 채권을 타인에게 양도한 행위는 무효이다.[3]

[사안]에서 乙이 자신의 B조합의 지분을 甲에게 양도한 행위는 B조합을 임의탈퇴한 것이므로 B조합의 조합원 지위를 상실하게 된다. 그리고 조합의 합유적 재산귀속관계에 비추어 다른 조합원의 동의를 받아야 하는데, 甲은 乙의 조합지분권을 양수받은 당사자이고, 丙도 이에 관해 추인하였는바, 조합원 전원의 동의를 받았다고 할 수 있다.

대법원 판례에서도, 조합원 지위의 변동은 조합지분의 양도양수에 관한 약정으로써 효력이 생긴다고 한다.[4]

4. 丙의 사망

조합원의 1인이 사망한 때에는 민법 제717조 제1호에 의하여 그 조합관계로부터 당연히 탈퇴되며(비임의탈퇴), 조합계약에서 사망한 조합원의 지위를 그 상속인이 승계하기로 약정한바 없다면 사망한 조합원의 지위는 상속인에게 승계되지 아니한다.[5] 또한 2인으로 된 조합관계에 있어 그 중 1인이 탈퇴하면 조합관계는 해산됨이 없이 종료되어 청산이 뒤따르지 아니하며 조합원의 합유에 속한 조합재산은 남은 조합원의 단독소유가 되고, 탈퇴자와 남은 조합원 사이에 탈퇴로 인한 계산을 하여야 함에 불과하다.[6]

[사안]에서는 조합계약상 달리 약정이 없으므로 丙은 조합원의 지위를 상실하며 그의 상속인이 조합원 지위를 승계하지 못한다. 그러므

---

3 대법원 1992. 10. 9. 선고 92다28075 판결 참조.
4 대법원 2009. 3. 12. 선고 2006다28454 판결.
5 대법원 1987. 6. 23. 선고 86다카2951 판결 등 참조.
6 대법원 1999. 3. 12. 선고 98다54458 판결 등 참조.

로 丙이 사망 당시에 B조합은 존속하고 있었으나, 丙의 사망으로 민법 제717조 제1호에 따라 위 조합에서 당연히 탈퇴됨으로써 甲만이 조합원으로 남게 된다.

5. 소 결

[사안]에서 B조합의 조합원 乙이 지분을 같은 조합원 甲에게 양도(임의탈퇴)함으로써 甲과 丙이 조합재산을 합유하게 되었고, 이후 丙이 사망(비임의탈퇴)하여 甲만이 조합원으로 남게 되어 위 조합재산은 甲의 소유로 귀속된다.

> **문제 2)** 丁으로부터 법률자문을 의뢰받은 변호사로서, [사안]에서 건축주 명의변경에 관해 민법상 법제도의 적용을 중심으로 검토의견을 제시하시오.

1. 丁의 건축주명의변경청구권

[사안]에서 건축 중인 상가동 건물의 건축주명의는 현재 甲, 乙, 丙 3인으로 되어 있는바, 위에서 살펴본 바와 같이 B조합 재산의 단독소유자가 된 甲으로 건축주명의를 변경한 후, 甲과 丁의 공동명의로 변경하여야 한다. 그런데 丁은 甲으로부터 B조합의 지분을 양수하여 조합원이 된 것이 아니라 건축 중인 위 상가동 건물의 소유지분 일부(1/3)를 매수한 채권자의 지위만을 갖추고 있을 뿐이다. 따라서 丁이 매수인으로서 매도인 甲에게 위 상가동 건물의 건축주명의변경

을 요구할 수 있는 권리는 채권적 청구권에 불과하다. 그러므로 丁의 甲에 대한 채권적 지위만으로써는 ○○시청에 甲, 乙, 丙 명의로 되어 있는 건축주명의의 변경을 할 수 없다.

그렇지만 다른 한편으로는 丁은 甲에게 위 상가동 건축주명의변경을 요구할 수 있고, 甲은 乙과 丙의 B조합의 탈퇴에 의해 공동사업으로 시행하던 위 건물의 건축주명의변경에 관한 동의를 乙과 丙의 상속인 戊에게 요구할 수 있다. 그러므로 丁은 건축 중인 위 상가동 건물의 1/3 지분을 양수한 채권자로서 자기의 채권을 보전하기 위해 채무자인 甲를 대위하여 甲의 乙과 戊에 대한 권리를 대위할 수 있다(민법 제404조, 채권자대위권).[7]

2. 채권자대위권의 행사

민법 제404조의 채권자대위권은 채무자의 책임재산을 보전하기 위한 제도이지만 특정채권의 보전을 위해서도 예외적으로 적용된다(채권자대위권의 전용, 통설, 판례).

채권자대위권은 ① 피보전채권의 존재, ② 보전의 필요성, ③ 피보전채권의 이행기 도래, ④ 피대위권리의 존재, ⑤ 채무자의 권리 불행사, ⑥ 피대위채권이 일신전속권이 아닐 것을 요건으로 한다. 특정채권의 보전을 위해 채권자대위권이 행사되는 때에는 ② 보전의 필요성 요건에서 채무자의 무자력은 제외된다.[8]

---

7 [사안] 해결의 착안으로서, 국토의 계획 및 이용에 관한 법률상의 허가구역에 있는 토지의 거래계약이 토지거래허가를 전제로 체결된 경우, 매수인이 토지거래허가 신청절차의 협력의무 이행청구권을 보전하기 위하여 매도인의 권리를 대위하여 행사할 수 있는 것을 참조할 수 있다. 대법원 1996. 10. 25. 선고 96다23825 판결 등.

8 대법원 판례에 의하면, 채무자의 자유로운 재산관리행위에 대한 부당한 간섭이 된다는 등의 특별한 사정이 없는 한 채권자는 특정채권의 보전을 위한 채권자대위권이 행사될 수 있어야 한다고 하면서, 피보전채권이 특정채권이라 하여 반드시 순차매도 또는 임대차에 있어 소유권이전등기청구권이나 인도청구권 등의 보전을 위한 경우에만 한하여 채권자대위권이 인정되는 것은 아

가. 피보전채권의 존재 및 보전의 필요성

[사안]에서 丁이 甲에게 건축 중인 상가동 건물의 건축주명의변경과 관련하여 채권자대위권을 행사하는 것은 특정채권을 보전하기 위한 것이다. 따라서 위 1.에서 검토한 바 위 건물의 소유지분은 매매계약상 丁의 甲에 대한 건축주명의변경청구권은 인정되므로, 이하에서는 ② 피보전채권 보전의 필요성 요건을 중심으로 검토한다.

대법원 판례에 의하면, 특정채권의 보전을 위한 채권자대위권 행사에서 피보전채권 보전의 필요성은 채권자가 보전하려는 권리와 대위하여 행사하려는 채무자의 권리가 밀접하게 관련되어 있고, 채권자가 채무자의 권리를 대위하여 행사하지 않으면 자기 채권의 완전한 만족을 얻을 수 없게 될 위험이 있어 채무자의 권리를 대위하여 행사하는 것이 자기 채권의 현실적 이행을 유효·적절하게 확보하기 위하여 필요한 것이라고 하며, 채권자대위권의 행사가 채무자의 자유로운 재산관리행위에 대한 부당한 간섭이 된다는 등의 특별한 사정이 있는 경우에는 보전의 필요성을 인정할 수 없다고 한다.[9]

건축허가는 시장·군수 등의 행정관청이 건축행정상 목적을 수행하기 위하여 수허가자에게 일반적으로 행정관청의 허가 없이는 건축행위를 하여서는 안 된다는 상대적 금지를 관계 법규에 적합한 일정한 경우에 해제함으로써 일정한 건축행위를 하도록 회복시켜 주는 행정처분일 뿐 허가받은 자에게 새로운 권리나 능력을 부여하는 것이 아니다. 그리고 건축허가서는 허가된 건물에 관한 실체적 권리의 득실변경의 공시방법이 아니고 그 추정력도 없으므로 건축허가서에 건

니며, 물권적 청구권에 대하여도 채권자대위권에 관한 민법 제404조의 규정과 위와 같은 법리가 적용될 수 있다고 한다. 대법원 2007. 5. 10. 선고 2006다82700 판결 참조.

9 대법원 2007. 5. 10. 선고 2006다82700 판결, 대법원 2013. 5. 23. 선고 2010다50014 판결 등 참조.

축주로 기재된 자가 그 소유권을 취득하는 것은 아니다.[10] 또한 건축 중인 건물의 소유자와 건축허가의 건축주가 반드시 일치되어야 하는 것도 아니다. 그러나, 건축 중인 건물의 양수인은 건축공사 진행에 필요한 행정관청에의 신고 등을 하고 공사를 계속하기 위해 건축주명의를 변경할 필요가 있고, 준공검사 후 건축물관리대장에 소유자로 등록하여 양수인명의로 소유권보존등기를 신청하기 위해서도 건축주명의를 변경할 필요가 있으므로, 건축 중인 건물을 양도한 자가 건축주명의변경에 동의하지 아니한 경우 양수인으로서는 그 의사표시에 갈음하는 판결을 받을 필요가 있다.[11]

그러므로 [사안]에서 丁은 甲으로부터 건축 중인 상가건물의 지분을 양수받은 자로서 그의 명의로 건축주명의를 변경할 실익(소의 이익)이 있다.

나. 피대위채권

[사안]에서 피대위채권은 甲의 乙과 戊에 대한 건축주명의변경청구권이다. 甲은 乙에게 지분의 양도에 의한 조합의 임의탈퇴를, 그리고 戊에게는 丙의 사망으로 인한 B조합의 조합원 지위의 상실을 원인으로 건축주명의변경에 관한 동의를 요구할 수 있다.

다. 채무자의 권리 불행사

현재 乙, 그리고 丙의 상속인 戊가 건축 중인 상가건물에 관한 소유권을 주장하여 현재 소유권확인을 구하는 소송이 계속(係屬)되고 있으나, 이는 丁이 대위하여 행사하려는 건축주명의변경청구권과는 다른 권리이다.

---

10 대법원 1997. 3. 28. 선고 96다10638 판결 참조.
11 대법원 1989. 5. 9. 선고 88다카6754 판결 참조.

라. 피보전채권의 이행기 도래, 피대위채권의 비일신적 전속성
　　등의 요건

그 외에 피보전채권의 이행기 도래, 피대위채권의 비일신적 전속
성 등의 요건도 갖추어져 있다.

3. 소 결

[사안]에서 丁은 건축 중인 위 상가동 건물의 양수인으로서 乙과
戊에 대한 甲의 건축주명의변경의 동의를 요구할 수 있는 권리를 대
위하여 행사하고, 또한 현재 건축주명의변경에 동의하지 않고 있는
甲에 대해서도 그 의사표시에 갈음하는 판결(민법 제389조 제2항)을 받을
수 있다.[12]

최종적으로는 위와 같은 판결로써 丁은 건축 중인 위 상가동 건
물의 1/3 지분을 양수한 자로서 甲과 공동의 건축주로 명의변경을 할
수 있다.

---

12 대법원 2009. 3. 12. 선고 2006다28454 판결 참조.

채권자취소권

채권자취소권(1)
– 금전소비대차, 피보전채권, 사해행위, 사해의사, 제척기간, 원물반환 등 –

구 분		실체법적 문제	소송법적 문제
성 질		• 실체법상 권리 • 형성권 [취소] • 원상회복청구권 [반환]	• 재판상 행사 • 형성의 소 [취소] • 이행의 소 [반환]
요 건	피보전 채권	• 사해행위 이전 발생이 원칙 • 예외: 발생의 기초 + 성립의 고도의 개연성 + 현실화를 갖출 경우도 가능	• 피보전채권이 없으면 청구기각

	사해
	행위
		• 채무자의 법률행위만 해당
		• 재산권을 목적으로 하는 행위
		• 유일한 재산의 문제
			• 취소채권자가 입증
			• 사해성 및 사해행위 목적물에 대한 평가는 사
			  해행위시를 기준으로 하나, 무자력요건은 사
			  실심 변론종결 당시까지 갖추어야 함

	사해 인식	• 채무자의 악의는 단순한 인식으로 충분함 • 수익자 또는 전득자의 악의	• 채무자 악의는 채권자가 입증 • 수익자 또는 전득자의 악의는 추정 • 수익자 또는 전득자가 선의 입증
행 사	당사자	• 원고: 채권자 또는 대위채권자 • 피고: 수익자/전득자	• 각하 사유
	대 상	• 채무자와 수익자 사이의 법률행위	• 전득자의 법률행위에 대한 취소청구는 각하 (소의 이익 부재)
	기 간	• 취소원인을 안 날로부터 1년 • 법률행위 있은 날로부터 5년	• 안 날: 구체적 사해행위의 존재를 알고 채무자 의 사해의사 있었음을 알 것을 요함
	범 위	• 원칙: 취소채권자의 채권액 • 예외: 불가분채권	

회
복
	방 법	• 원칙: 원물반환
		• 예외: 원물반환이 불가능하거나 현저히 곤란
		  한 경우 가액반환
			• 가액배상의 근거: (근)저당권이 설정된 경우 특
			  정채권자의 우선변제권이 확보되어 있는 부분
			  은 제외되어야 함
			• 가액배상시 기준시점: 사실심 변론종결시

	상대방	• 원칙: 채무자 • 예외: 동산의 인도, 부동산의 말소등기는 채권 자에 대하여도 가능	

효 과		• 상대적 효력설이 통설과 판례	• 취소판결의 기판력의 주관적 범위는 당사자인
			  취소채권자와 수익자 또는 전득자 사이에만
			  미침
			• 원상회복도 당사자인 취소채권자와 수익자 또
			  는 전득자 사이에서만 상대적으로 발생

※ 이하 [사안] 및 각 [사례], 그리고 각 문제의 일자는 공휴(무)일이 아닌 것으로 의제함.

사안

甲은 대학교 후배인 乙이 자신 소유의 대지에 펜션사업을 하려고 한다면서 사업자금이 부족하다면서 돈을 빌려주기를 요청하였다. 이에 甲은 2009. 10. 1. 乙에게 10억 원을, 변제기 2010. 11. 30. 이자 월 0.5%, 지연손해금 월 1%를 약정하여 빌려주었다. 乙은 자신 소유의 공장건물과 공장부지를 담보로 제공하였고, 甲은 채권최고액 15억 원의 1번 근저당권을 설정받았다. 2010. 11. 30. 乙은 甲에게 그때까지의 이자를 모두 변제하면서(연체이자는 없었다), 변제기를 연장해달라고 하였으나, 甲은 이를 거절하였다. 乙은 이후 원금과 지연손해금을 지급하지 못하였고, 甲은 2011. 4.경 위 공장용지에 관하여 임의경매를 신청하였다.

위 공장건물과 부지의 시가는 위 금전소비대차 약정 이후에도 계속 상승하고 있었고 11억 원 이하로는 떨어진 적이 없어서, 甲은 큰 걱정을 하지 않고 경매에서 채권 전액이 회수 가능하다고 예상하였는데, 경기불황으로 2011. 8. 31.경 그 시가가 10억 원으로 감정되었고 경매절차가 유찰되는 등으로 2013. 1. 31. 8억 6천만 원을 배당받았다. 甲은 배당받지 못한 나머지 금액도 회수하고자 乙의 재산을 찾아 보았고, 2014. 2. 1.경 乙에게 서울시 소재 아파트를 소유하고 있었으나 이미 처분행위를 한 사실을 알아냈다. 乙은 현재 이 아파트에 살고 있는데, 보증금 없이 월 100만 원의 월세를 내고서 거주하고 있다. 2011. 8. 31. 乙의 여동생 丙에게 매도하였고, △△지방법원 2011. 8. 31. 접수 제1234호 丙 명의로 소유권이전등기가 경료되었다. 乙은 丙에게 위 아파트를 2억 원에 매도하였는데, 당시 위 아파트 시세는 5억 원 정도였다. 乙은 위 매매대금에서 양도소득세 등 제세공과금을 납부한 잔액 전부를 그 즉시 자신의 아들 丁의 외국 유학비용으로 주어 모두 소비하였다고 한다. 乙은 2011. 8. 31. 당시 펜션사업으로 인하여 자재 및 인테리어 공사와 관련된 여러 건의 계약관계를 맺고 있었는바, ① 대리석 자재 판매상인 戊로부터 대리석 바닥재를 구입하고 인도받으면서 그 대금인 5억 원을 지급하지 못하였고, ② 조명기기 판매상인 己로부터 전등 등을 구매하고 인도받으면서 그 대금인 3억 원을 지급하지 못하였으며, ③ 인테리어업자인 庚에게 당일 지급해야 할 인테리어 선불금 3억 원을 지급하지 못한 상태였다.

甲은 2014. 6. 5. 소를 제기하여 미회수 대여금을 돌려받으려고 한다.

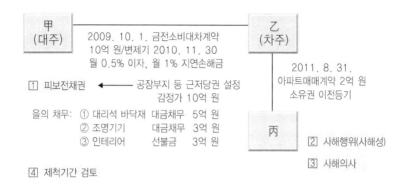

甲
(대주)

2009. 10. 1. 금전소비대차계약
10억 원/변제기 2010. 11. 30
월 0.5% 이자, 월 1% 지연손해금

乙
(차주)

2011. 8. 31.
아파트매매계약 2억 원
소유권 이전등기

丙

① 피보전채권 ◄──── 공장부지 등 근저당권 설정
                        감정가 10억 원

② 사해행위(사해성)

을의 채무: ① 대리석 바닥재 대금채무 5억 원
            ② 조명기기   대금채무 3억 원
            ③ 인테리어   선불금   3억 원

③ 사해의사

④ 제척기간 검토

문제 1) 甲으로부터 수임받은 변호사로서 누구에 대하여 어떠한 내용의 소송을 제기할 것인지 검토하고, 그 청구취지를 기재하시오(청구취지에서 가집행청구와 소송비용청구 등의 부수적 기재는 생략하시오).

　[사안]에서 甲은 乙과의 금전소비대차의 변제기(2010. 11. 30.) 이후 원금 10억 원과 지연손해금 채권에 관해 위 소비대차의 담보로 제공된 근저당권을 실행하여 8억 6천만 원만 배당받았다. 잔여 채권액을 변제받기 위해서 甲은 乙을 상대로 대여금청구를 하고, 이 대여금채권을 피보전채권으로 하여 2011. 8. 31. 乙 소유 아파트의 양도에 대해 양수인 丙을 상대로 채권자취소권을 행사하는 방안을 검토할 수 있다.

1. 乙에 대한 대여금청구

가. 소비대차의 채권액

[사안]에서 甲이 담보부동산의 근저당권을 실행하는 임의경매를 통해 배당받은 8억 6천만 원은 대여원금 채무를 완제하지 못하는 금액이다. 따라서 변제충당의 법리에 따라 이 8억 6천만 원을 甲의 대여원금 10억 원에 대한 변제기 다음날인 2010. 12. 1.부터 배당일인 2013. 1. 31.까지 2년 2개월 간의 지연손해금 2억 6천만 원(10억 원×월 1%×26월), 그리고 원금에 순차로 변제충당하면, 2013. 1. 31. 현재 대여원금 4억 원(10억 원−6억 원)이 남게 된다(민법 제477조, 제479조).

그러므로 乙은 甲에게 위 대여금 잔금인 4억 원 및 이에 대한 최종 지연손해금 지급일 다음날인 2013. 2. 1.부터 이 사건 소장부본 송달일까지는 약정이율 월 1%의 비율에 의한 지연손해금을(민법 제397조 제1항), 그 다음날부터 다 갚는 날까지는 소송촉진 등에 관한 특례법(소송촉진법)의 법정이율 규정에 따른 연 15%의 비율에 의한 지연손해금을 각 지급할 의무가 있다.

나. 청구취지

피고 乙은 원고에게 4억 원 및 이에 대하여 2013. 2. 1.부터 이 사건 소장부본 송달일까지는 월 1%의, 그 다음날부터 다 갚는 날까지는 연 15%의 각 비율에 의한 금원을 지급하라.

2. 丙에 대한 사해행위 취소와 원상회복 청구

채권자취소권은 채무자가 채권자를 해함을 알면서 자기의 일반 재산을 감소시키는 행위를 한 경우, 소송을 통해 그 행위를 취소하고 채무자의 재산을 원상회복시킴으로써 모든 채권자를 위하여 채무자의 책임재산을 보전하는 권리이다.

가. 취소소송의 상대방

사해행위는 채무자의 총 재산의 감소가 초래되어 채권의 공동담보에 부족이 생기게 하는 것으로, 채무자가 수익자와 사이에서 한 법률행위어야 한다(민법 제406조 제1항).

사해행위 취소소송은 수익자나 전득자를 상대로 하여야 하는 것이므로[1] 채무자를 상대로 한 소 역시 당사자 적격이 없어 부적법하다.

따라서 甲은 乙이 아닌 丙에 대하여 채권자취소권을 행사하여 사해행위 취소를 청구할 수 있다.

나. 채권자취소의 요건

채권자취소권을 행사하기 위하여는 피보전채권의 존재, 채무자의 사해행위, 채무자의 사해의사라는 요건이 갖추어져야 한다. 그리고 채권자취소권은 소송을 통하여 실행되는 권리이므로 민법 제406조 제2항의 제척기간이 도과되지 않아야 한다.

▶ 피보전채권

사해행위취소소송에서의 피보전채권은 금전채권이나 종류채권임을 요하고, 소유권이전등기청구권과 같은 특정물채권을 피보전채권으

---

[1] 대법원 1991. 8. 13. 선고 91다13717 판결.

로 삼을 수 없다.[2] 시기적으로도 사해행위 이후에 권리를 취득한 채권자의 경우 사해행위로 인하여 손해를 입었다고 할 수 없기 때문에 취소채권자의 채권은 원칙적으로 사해행위가 있기 전에 발생하여야 한다.[3] 피보전채권액의 산정시기는 사해행위시를 기준으로 하므로 사해행위 이후 새롭게 발생한 채권액은 포함되지 아니하나, 사해행위 이후 변론종결 시까지 발생한 이자나 지연손해금은 원금채권에서 파생된 채권이므로 채권액에 포함된다.[4]

[사안]에서 甲은 사해행위 시를 기준으로 2011. 8. 31. 당시 乙에게 원금 10억 원과 이에 대한 2010. 12. 1.부터 2011. 8. 31.까지의 지연손해금 9천만 원(10억 원×월 1%×9월)을 합한 10억 9천만 원의 채권을 갖고 있었다. 甲은 乙에 대한 위 채권을 담보하기 위하여 위 공장건물과 부지에 채권최고액 15억 원의 1번 근저당권을 설정받았으나, 위 부동산의 2011. 8. 31. 당시의 감정가액은 10억 원에 불과하였다. 그러므로 이를 위 원리금 10억 9천만 원에 지연손해금, 원본의 순서로 충당하면 결국 원금 9천만 원이 남게 되어, 甲은 9천만 원의 부분에 대해서는 2011. 8. 31. 현재 일반채권자의 지위에서 피보전채권을 갖고 있다.

▶ 채무자의 사해행위(사해성)

채무자의 재산처분행위가 사해행위가 되는지 여부는 처분행위 당시[5]를 기준으로 판단하고, 취소채권자는 채무자의 총 재산이나 채

---

2 부동산의 제1매수인인 채권자는 자신의 소유권이전등기청구권 보전을 위하여, 채무자와 제3자 사이에 이루어진 제2의 소유권이전등기의 말소를 구하는 채권자취소권을 행사할 수 없다. 대법원 1996. 9. 20. 선고 95다1965 판결.

3 다만, 예외적으로 사해행위 당시에 이미 채권 성립의 기초가 되는 법률관계가 발생되어 있고, 가까운 장래에 그 법률관계에 터잡아 채권이 성립되리라는 점에 대한 고도의 개연성이 있으며, 실제로 가까운 장래에 그 개연성이 현실화되어 채권이 성립된 경우에는 그 채권도 채권자 취소권의 피보전채권이 될 수 있다. 대법원 2004. 11. 12. 선고 2004다40955 판결 등.

4 대법원 2002. 4. 12. 선고 2000다63912 판결.

5 사해행위에 해당하는 법률행위가 언제 있었는가는 실제로 사해행위가 이루어진 날을 기준으로 판단하며, 부동산의 경우 특별한 사정이 없는 한 처분문서에 기초한 것으로 보이는 등기부상

권의 담보로 제공된 담보물의 가액에 관하여는 당시의 시가를 주장·입증하여 채무자의 재산처분행위로 인하여 채무자의 총 재산이 감소되어 채권의 공동담보에 부족이 발생함을 밝혀야 한다. 대법원 판례에 의하면, 매각의 대상이 채무자의 유일한 재산인 부동산인 사실을 입증할 경우 특별한 사정이 없는 한 매각가격의 적정성 여부에 상관없이 사해행위에 해당한다.[6]

[사안]에서 乙은 2011. 8. 31. 그의 여동생인 丙에게 위 아파트를 매도하고 위 아파트의 소유권이전등기까지 경료하여 주었다. 위 매도 당시, 乙은 시가 10억 원 상당의 위 공장건물과 부지 외에 그 당시 시가 5억 원이던 위 아파트를 소유하고 있었으므로 乙의 적극재산은 합계 15억 원이었다. 한편 2011. 8. 31. 당시 乙은 甲의 피보전채권액 10억 9천만 원 외에 戊에게 5억 원의 대리석 바닥재에 관한 물품대금채무, 己에게 전등 등 자재에 관한 물품대금채무 3억 원, 庚에게 3억 원의 인테리어 공사대금 선불금지급채무로 총 채무액은 21억 9천만 원이어서 이미 소극재산이 적극재산을 초과하는 상태에 있었으며, 아파트 매도 당시의 시가에 훨씬 못미치는 2억 원에 여동생에게 매각한 행위의 사해성을 인정할 수 있다.

▶ 채무자의 사해의사

채무자가 사해행위에 의하여 채권자를 해하게 됨을 알고 있는 것이 사해의사이다(민법 제406조 제1항 본문). 사해의 의사는 특정의 채권자를 해하려고 하는 적극적인 의사가 아니라, 변제능력이 부족하게 된다는 소극적 인식으로 충분하다. 사해행위 당시에 일반적으로 채권자를 해한다는 것, 즉 공동담보에 부족이 생긴다는 것에 관하여 있으면 되고, 특정의 채권자를 해하게 된다는 것을 인식할 필요는

등기원인일자가 기준일이 된다. 대법원 2002. 11. 8. 선고 2002다41589 판결.

6 대법원 2001. 4. 24. 선고 2000다41875 판결 등 참조.

없다.[7]

[사안]에서 乙은 2011. 8. 31. 자기 소유의 위 아파트를 2억 원에 매도하여 소비하기 쉬운 금전으로 바꾸고, 남은 부동산은 10억 원(공장건물과 부지의 감정가)에 불과하게 되었다. 따라서 채무액이 재산액을 초과하게 되므로, 乙의 위 아파트의 매매행위는 甲에 대한 관계에서 사해행위에 해당한다. 이에 더하여 乙과의 신분관계상 그 여동생인 丙도 이러한 사실을 알고 있었음이 추정되어 사해의사가 있다고 할 수 있다.

▶ 제척기간

민법 제406조 제2항에 의하여 채권자취소권은 채권자가 취소원인을 안 날로부터 1년, 법률행위가 있은 날로부터 5년 내에 소(訴)의 제기로써 행사하여야 한다.[8] 여기에서 채권자취소권 행사에 있어서 제척기간의 기산점인 채권자가 '취소원인을 안 날'이라 함은 채권자가 채권자취소권의 요건을 안 날, 즉 채무자가 채권자를 해함을 알면서 사해행위를 하였다는 사실을 알게 된 날을 의미한다. 대법원 판례에 의하면, 단순히 채무자가 재산의 처분행위를 하였다는 사실을 아는 것만으로는 부족하고, 그 법률행위가 채권자를 해하는 행위라는 것에 의하여 채권의 공동담보에 부족이 생기거나 이미 부족상태에 있는 공동담보가 한층 더 부족하게 되어 채권을 완전하게 만족시킬 수 없게 되었고 나아가 채무자에게 사해의 의사가 있었다는 사실까지 알 것을 요하며, 사해행위의 객관적 사실을 알았다고 하여 취소의 원인을 알았다고 추정할 수는 없다고 한다.[9] 그리고 채무자가 자기의 유일한

---

7 대법원 1960. 8. 18. 선고 4293민상86 판결.

8 채권자가 사해행위취소소송 중에 피보전채권을 추가, 변경하는 것은 공격방어방법에 관한 주장을 변경하는 것일 뿐, 소송물 또는 청구 자체를 변경하는 소의 변경은 아니므로, 제척기간 완성 여부는 어디까지나 제소 당시를 기준으로 판단하여야 한다. 대법원 2001. 9. 4. 선고 2001다14108 판결.

9 대법원 2006. 7. 4. 선고 2004다61280 판결, 대법원 2009. 10. 29. 선고 2009다47852 판결, 대법원 2013. 4. 26. 선고 2013다5855 판결.

재산인 부동산을 매각하여 소비하기 쉬운 금전으로 바꾸는 행위는 특별한 사정이 없는 한 채권자에 대하여 사해행위가 되어 채무자의 사해의사가 추정되므로,[10] 채무자가 유일한 재산인 부동산을 처분하였다는 사실을 채권자가 알았다면 특별한 사정이 없는 한 채무자의 사해의사도 채권자가 알았다고 봄이 상당하다는 판결례도 있다.[11]

[사안]에서 乙과 丙 사이에서 위 아파트 매매의 사해행위가 있었던 시점은 2011. 8. 31.이고, 甲이 이를 알게 된 시점은 2014. 2. 1.이며, 소를 제기한 시점은 2014. 6. 5.이다. 그러므로 甲은 위 제척기간 내에 채권자취소의 소를 제기하였다.

다. 반환의 방법

채권자취소권의 요건을 갖춘 채권자는 고유의 권리로서 소송상 청구로써 채무자의 재산처분행위를 취소하고 그 원상회복을 구할 수 있다(민법 제406조 제1항).

원상회복 방법은 수익자명의의 등기의 말소를 구하거나 수익자를 상대로 채무자 앞으로 직접 소유권이전등기절차를 이행할 것을 구할 수도 있다. 앞으로 소유권을 표상하는 등기가 되어 있었거나 법률에 의하여 소유권을 취득한 자가 진정한 등기명의를 회복하기 위한 방법으로는 그 등기의 말소를 구하는 외에 현재의 등기명의인을 상대로 직접 소유권이전등기절차의 이행을 구하는 것도 허용되어야 하는 바, 이러한 법리는 사해행위 취소소송에 있어서 취소 목적 부동산의 등기명의를 수익자로부터 채무자 앞으로 복귀시키고자 하는 경우에도 그대로 적용될 수 있다.[12]

---

10 대법원 1998. 4. 14. 선고 97다54420 판결 참조.
11 대법원 1997. 5. 9. 선고 96다2606, 2613 판결, 대법원 1999. 4. 9. 선고 99다2515 판결, 대법원 2000. 9. 29. 선고 2000다3262 판결 등 참조.
12 대법원 2000. 2. 25. 선고 99다53704 판결.

[사안]에서 甲은 丙에 대하여 위 아파트에 관하여 경료된 소유권이전등기의 말소등기절차의 이행을 구하거나 乙 앞으로 소유권이전등기절차의 이행을 구할 수 있다.

라. 청구취지

1. 원고가 피고 丙 사이에, 피고 乙[13]과 피고 丙 사이에 위 아파트에 관하여 2011. 8. 31. 체결된 매매계약을 취소한다.

2. 피고 丙은 피고 乙에게 위 아파트에 관하여 △△지방법원 2011. 8. 31. 접수 제1234호로 마친 소유권이전등기의 말소등기절차를 이행하라.

문제 2) 甲이 丙을 상대로 하는 채권자취소송이 계속(係屬) 중, 乙에게 신용대출을 한 B은행이 丙을 상대로 하는 채권자취소송을 제기한 사실이 확인되었다. 이 경우 甲의 위 소송을 담당하고 있는 법원은 어떻게 처리하여야 하는가?

채권자취소권의 요건을 갖춘 각 채권자는 고유의 권리로서 채무자의 재산처분행위를 취소하고 그 원상회복을 구할 수 있는 것이므로 여러 명의 채권자가 동시에 또는 시기를 달리하여 사해행위취소 및 원상회복청구의 소를 제기한 경우 대법원 판례는, "이들 소가 중복제소에 해당하지 아니할 뿐만 아니라, 어느 한 채권자가 동일한 사해행위에 관하여 사해행위취소 및 원상회복청구를 하여 승소판결을 받아

---

13 채무자 乙은 사해행위 취소소송의 상대방이 될 수 없으므로, 만약 [문제 1]에서 전체의 소송이 아닌 사해행위 취소소송만 질문하였다면 '소외 2'로 표기하였어야 한다. 또한 사해행위 취소소송에는 가집행 선고가 붙지 않는다.

그 판결이 확정되었다는 것만으로는 그 후에 제기된 다른 채권자의 동일한 청구가 권리보호의 이익이 없게 되는 것은 아니고, 그에 기하여 재산이나 가액의 회복을 마친 경우에 비로소 다른 채권자의 사해행위취소 및 원상회복청구는 그와 중첩되는 범위 내에서 권리보호의 이익이 없게 된다"고 한다.[14] 이에 따르면 여러 명의 채권자가 사해행위취소 및 원상회복청구의 소를 제기하여 여러 개의 소송이 계속 중인 경우에는 각 소송에서 채권자의 청구에 따라 사해행위의 취소 및 원상회복을 명하는 판결을 선고하여야 한다.

그러므로 [사안]에서 甲의 채권자취소송을 관장하는 법원은 사해행위의 취소 및 원상회복을 명하는 판결을 선고하면 된다.[15] [16]

---

14 대법원 2003. 7. 11. 선고 2003다19558 판결, 대법원 2005. 5. 27. 선고 2004다67806 판결 등 참조.

15 만약 수익자(전득자 포함)가 가액배상을 하여야 할 경우에도 수익자가 반환하여야 할 가액을 채권자의 채권액에 비례하여 채권자별로 안분한 범위 내에서 반환을 명할 것이 아니라, 수익자가 반환하여야 할 가액 범위 내에서 각 채권자의 피보전채권액 전액의 반환을 명하여야 한다. 이와 같이 여러 개의 소송에서 수익자가 배상하여야 할 가액 전액의 반환을 명하는 판결이 선고되어 확정될 경우 수익자는 이중으로 가액을 반환하게 될 위험에 처할 수 있을 것이나, 수익자가 어느 채권자에게 자신이 배상할 가액의 일부 또는 전부를 반환한 때에는 그 범위 내에서 다른 채권자에 대하여 청구이의 등의 방법으로 이중지급을 거부할 수 있다. 대법원 2005. 11. 25. 선고 2005다51457 판결 등 참조.

16 한편 채권자대위소송을 비교하면 다음과 같다. 채권자대위소송의 법적 성격에 관하여 채권자 자신의 고유한 권리를 행사하는 것으로 보는 견해도 있으나, 판례는 제3자의 법정소송담당으로 본다. 어느 채권자의 대위소송이 계속되고 있는 도중에 다른 채권자가 별소로 대위소송을 제기한 경우, 판례에 의하면 양 소송의 소송물이 채무자의 제3채무자에 대한 권리로 동일하여 후소는 중복제소 금지원칙에 위배하여 제기된 부적법한 소송이고(대법원 1994. 11. 25. 선고 94다12517, 12524 판결, 대법원 1998. 2. 27. 선고 97다45532 판결 등 참조), 채무자에게 대위소송의 확정판결의 효력이 미치는 것은 채무자가 대위소송이 제기된 사실을 알았을 경우에 한 하며, 다른 채권자에게 기판력이 확정되는 시기 또한 채무자가 대위소송이 제기된 사실을 안 이후부터로 본다. 대법원 1994. 8. 12. 선고 93다52808 판결.

채권자취소권(2)
– 신용보증약정, 구상채권, 사해행위 취소소송의 상대방, 제척기간, 피보전채권, 사해의사, 가액반환 등 –

※ 이하 [사안] 및 각 [사례], 그리고 각 문제의 일자는 공휴(무)일이 아닌 것으로 의제함.

사안

중소기업을 지원하는 A신용보증사는 2010. 3. 17. B회사와 다음과 같은 내용의 신용보증약정을 체결하였다.

보증번호	보증원금(원)	보증기한	대출일	대출액(원)
160-2013-00194	250,000,000	2014. 3. 17. (이후 2015. 3. 17.로 변경)	2013. 3. 17.	285,000,000

B회사는 같은 날 위 신용보증약정에 따라 발급된 신용보증서를 담보로 C은행으로부터 2억 8천 5백만 원의 일반자금대출을 받았다. 당시 B회사의 대표이사이던 甲과 그의 처인 乙, 그리고 甲의 동생인 이사 丙은 위 신용보증약정에 따른 B회사의 A신용보증사에 대한 모든 채무를 연대보증하였다.

B회사는 위 신용보증약정 당시 A신용보증사가 보증채무를 이행한 경우 그 보증채무 이행금액과, 이에 대한 A신용보증사의 이행일부터 다 갚는 날까지 A신용보증사가 정한 이율에 의한 지연손해금, 구상금채권의 보전 및 집행을 위하여 지출한 법적 절차 비용 등을 지급하기로 약정하였다. B회사

가 2014. 7. 17. 이자연체로 인하여 위 대출금채무에 대한 기한의 이익을 상실하여 C은행으로부터 보증채무 이행을 청구받자, A신용보증사는 2014. 11. 20. C은행에 대출원리금 2억 6천만 원을 변제하였다.

한편, B회사는 2014. 4. 1.부터 부가가치세인 국세를 체납하고 있었고, 2014. 7. 16.에는 S금융사에 리스료를 연체하고 있었으며, B회사가 C은행에 대한 대출금이자를 연체하여 기한의 이익을 상실한 2014. 7. 17. 직후인 같은 해 8. 10.에는 액면금 2억 원의 약속어음을 결제하지 못하여 부도를 발생시킨 끝에 2014. 10. 5. 폐업처리되었다.

다른 한편, 乙은 위와 같은 상태에서 자신의 유일한 재산인 D아파트에 관하여 2014. 4. 24. 丁과 매매대금을 당시 시가인 6억 5천만 원으로 한 매매계약을 체결하고, 2014. 4. 30. 이 사건 매매계약을 원인으로 하여 丁과 그의 처 戊에게 위 아파트의 소유권이전등기를 마쳐 주었다. 이 매매계약 이전에 D아파트에는 채무자 乙, 근저당권자 주식회사 K은행, 채권최고액 2억 4천만 원의 2013. 2. 29.자 근저당권, 채무자 B회사, 근저당권자 P은행, 채권최고액 4억 원의 2013. 8. 5.자 근저당권이 각 설정되어 있었는데 이들 각 근저당권은 이 사건 매매계약 이후인 2014. 4. 29. 해지를 원인으로 모두 말소되었다. 위의 말소된 근저당권들의 피담보채무액은 5억 5천만 원(= 2억 원 + 3억 5천만 원)이었다.

위 D아파트에 관하여는 丁과 그의 처 戊의 명의로 소유권이전등기가 마쳐진 2014. 4. 30. D아파트에 관하여 채권최고액 5억 5천만 원, 채무자 丁과 戊, 근저당권자 Q은행으로 된 근저당권설정등기가 경료되었고, 같은 해 5. 11. D아파트에 관하여 채권최고액 1억 5천만 원, 채무자 丁과 戊, 근저당권자 R로 된 근저당권설정등기가 경료되었는데, R의 근저당권설정등기는 2014. 8. 11. 해지를 원인으로 같은 날 말소되어 현재 D아파트에는 위 Q은행의 근저당권설정등기만 남아 있고, 시가의 변동은 없다.

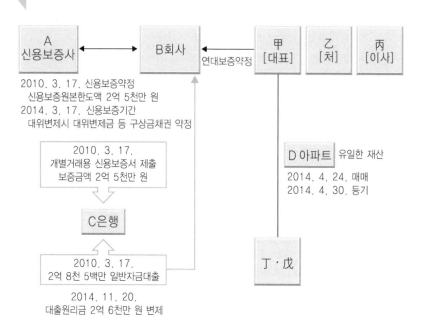

문제 1) 2015. 6. 30. A신용보증사는 甲, 乙, 丙에게 C은행에 대위변제
한 대출원리금 2억 6천만 원과 대위변제일인 2014. 11. 20.부터
다 갚을 때까지의 지연손해금을 상환받으려고 한다. 그런데 현
재 甲, 乙, 丙은 변제자력이 없으며, A신용보증사는 乙의 D아파
트 양도사실을 2014. 9. 말 경 인지하였다. 이에 관해 소송을 수
임한 변호사로서 법적 구제책과 그 요건에 관한 구체적인 판단
을 약술하고, 소제기를 위한 청구취지를 기술하시오.

A신용보증사가 신용보증서에 따라 B회사의 채무에 관해 C은행

의 대출원리금 2억 6천만 원을 변제하였다. A신용보증사는 C은행에 대한 보증채무자로서 자기의 출재로 주채무를 소멸시켰으므로 B회사에 대해 구상권을 행사할 수 있다(민법 제441조 제1항). 그런데 B회사의 A신용보증사에 대한 모든 채무를 연대보증한 甲, 乙, 丙은 현재 변제자력이 없는 상태에 있다. 따라서 A신용보증사로서는 연대보증인들의 책임재산을 확보하여야만 할 것이다.

[사안]에서 A신용보증사는 구상채권자로서 구상채무의 연대보증인 乙의 D아파트 양도거래를 취소시켜 乙의 책임재산으로 환원시키는 채권자취소권을 행사하는 방안을 검토할 수 있다.

1. 채권자취소권의 행사

가. 취소소송 제기

현행 민법은 채무자의 책임재산을 보전하기 위한 제도를 마련하고 있다. 동법은 이에 관해 제406조 제1항 본문에서 "채무자가 채권자를 해함을 알고 재산권을 목적으로 한 법률행위를 한 때에는 채권자는 그 취소 및 원상회복을 법원에 청구할 수 있다"고 규정하고 있는바, 취소 및 원상회복은 채권자가 원고로서 자기의 이름으로 재판상 행사하여야 하며, 채무자와 거래한 수익자 또는 전득자를 피고로 하여야 한다(상대적 효력설). 채무자를 피고로 한 사해행위 취소소송은 부적법 각하된다.[17]

[사안]에서는 구상채권자인 A신용보증사는 수익자인 丁과 戊를 공동피고로 하여 사해행위 취소 및 원상회복의 소송을 제기하여야 한다.

또한 채권자취소권의 행사는 "채권자가 취소원인을 안 날로부터

---

17 대법원 1967. 12. 26. 선고 67다1839 판결 등.

1년, 법률행위가 있은 날로부터 5년 내에 제기하여야 한다"(민법 제406조 제2항). 제척기간의 도과에 관한 입증은 채권자취소소송의 상대방이 부담한다.[18]

[사안]에서는 A신용보증사가 사해행위로 취소하려는 乙의 D아파트 매도행위는 2014. 4. 중에 이루어졌고, A신용보증사는 위 아파트의 양도 사실을 2014. 9. 말 경에 인지하였으므로, 채권자취소의 소 제기는 제척기간이 도과되지 않아 적법하다.

나. 실체적 요건

채권자취소권 행사는 ① 피보전채권의 존재, ② 채권자를 해하는 행위(객관적 사해성), ③ 채무자의 사해 인식(주관적 사해성), ④ 수익자 또는 전득자가 악의일 것(민법 제406조 제1항 단서)을 요건으로 한다.

①~③의 요건은 채권자취소권을 행사하는 채권자가 주장·입증하여야 하며, ④의 요건은 위 조항의 단서에서 '그러나 그 행위로 인하여 이익을 받은 자나 전득한 자가 그 행위 또는 전득 당시에 채권자를 해함을 알지 못한 경우에는 그러하지 아니하다'고 규정하는바, 소송상 피고인 수익자 또는 전득자가 채무자의 사해행위 시 또는 전득 시 사해의 사실 인식이 없었다는 선의를 증명하여야 한다.[19]

[사안]에서 A신용보증사의 B회사에 대한 구상금 채권은 C은행에 대출원리금 2억 6천만 원을 변제한 2014. 11. 20. 발생하였다. 따라서 乙이 丁과 D아파트 양도계약을 체결한 2014. 4. 24.(늦어도 소유권 이전등기가 이루어진 2011. 4. 30.)보다 늦게 성립되어, 위 요건 ①이 충족되지 않는다.

채권자의 피보전채권은 원칙적으로 채무자의 사해행위 이전에

---

18 대법원 2006. 7. 4. 선고 2004다61280 판결, 대법원 2009. 10. 29. 선고 2009다47852 판결, 대법원 2013. 4. 26. 선고 2013다5855 판결.
19 대법원 1969. 1. 28. 선고 68다2022 판결.

성립되어 있어야 한다. 그러나 대법원 판례에 의하면, 채권자취소권에 의하여 보호될 수 있는 채권은 원칙적으로 사해행위라고 볼 수 있는 행위가 행하여지기 전에 발생된 것임을 요하나, 그 사해행위 당시에 이미 채권성립의 기초가 되는 법률관계가 발생되어 있고, 가까운 장래에 그 법률관계에 기하여 채권이 성립되리라는 점에 대한 고도의 개연성이 있으며, 실제로 가까운 장래에 그 개연성이 현실화되어 채권이 성립된 경우에는 그 채권도 채권자취소권의 피보전채권이 될 수 있다고 한다.[20]

그리고 채권자를 해한다는 것은 채무자의 총재산에 감소를 초래하는 것, 즉 채무자의 재산처분행위에 의하여 그 재산이 감소되어 채권의 공동담보에 부족이 생기거나 이미 부족상태에 있는 공동담보가 한층 더 부족하게 됨으로써 채권자의 채권을 완전하게 만족시킬 수 없게 되는 것을 의미한다. 사해성의 요건은 행위 당시는 물론 채권자가 취소권을 행사할 당시(사해행위 취소소송의 사실심 변론종결 시)에도 갖추고 있어야 하므로, 처분행위 당시에는 채권자를 해하는 것이었더라도 그 후 채무자가 자력을 회복하거나 채무가 감소하여 취소권 행사 시에 채권자를 해하지 않게 되었다면, 채권자취소권에 의하여 책임재산을 보전할 필요성이 없으므로 채권자취소권은 소멸한다.[21]

사해의사란 채무자가 법률행위를 함에 있어 그 채권자를 해함을 안다는 것이다. 여기에서 '안다'고 함은 의도나 의욕을 의미하는 것이 아니라 단순한 인식으로 충분하다. 결국 사해의사란 공동담보 부족에 의하여 채권자가 채권변제를 받기 어렵게 될 위험이 생긴다는 사실을 인식하는 것이며, 이러한 인식은 일반 채권자에 대한 관계에서

---

20 대법원 1997. 10. 28. 선고 97다34334 판결, 대법원 2005. 8. 19. 선고 2004다53173 판결, 대법원 2012. 2. 23. 선고 2011다76426 판결 등 참조.
21 대법원 2007. 11. 29. 선고 2007다54849 판결.

있으면 족하고, 특정의 채권자를 해한다는 인식이 있어야 하는 것은 아니다.[22]

다. [사안]의 경우

위에서 살펴본 대법원 판례에 따르면, [사안]에서 B회사가 2014. 4. 1.~10. 5. 사이에 국세 체납, 리스료 연체, 대출금이자의 연체로 인한 기한이익의 상실, 약속어음의 부도로 인한 폐업처리된 사실에 비추어 소외 연대보증인 乙이 원고 A신용보증사에 대한 장래의 구상금채무를 연대보증하는 것 등을 내용으로 하는 신용보증약정은 2013. 3. 17. 체결되어 채권자취소권에 의하여 보호될 수 있는 채권 성립의 기초가 되는 법률관계가 이미 발생되어 있었다.

그리고 위 D아파트 매매계약 당시에는 B회사는 국세를 체납하고 있을 뿐만 아니라 위 매매계약이 체결되고 소유권이전등기가 마쳐진 때부터 약 80일 가량 후인 2014. 7. 17. B회사가 기한이익을 상실하는 신용보증사고가 발생하였고, 부도로 인해 폐업처리되었다는 점 등을 고려하면 가까운 장래에 원고의 대위변제로 인한 구상금채권이 현실화될 고도의 개연성이 있었다. 나아가 A신용보증사의 구상금채권은 2014. 11. 20. 실제로 발생하여 그 개연성이 현실화되었으므로, A신용보증사의 소외 乙에 대한 구상금채권은 채권자취소권의 피보전채권이 될 수 있다.

그리고 대법원 판례에 의하면, 이미 채무초과의 상태에 있는 채무자가 그의 '유일한 재산'인 부동산을 매도하여 현금화하는 것은, 특별한 사정이 없는 한 무자력을 심화시키는 행위로 사해행위에 해당되며, 또한 이 경우 채무자의 사해의사는 추정된다.[23]

---

22 대법원 2009. 3. 26. 선고 2007다63102 판결.

23 이미 채무초과 상태에 빠져 있는 채무자가 그의 유일한 재산인 부동산을 채권자들 중 1인에게 채권담보로 제공하는 행위는 다른 특별한 사정이 없는 한 다른 채권자들에 대한 관계에서 채권

[사안]에서 A신용보증사에 대한 B회사의 모든 채무에 대해 연대보증한 B회사 대표이사 甲의 처 乙이 유일한 재산인 D아파트에 관해 丁과 戊와 매매계약을 체결하고 그 소유권이전등기를 이행함으로써 일반채권자들의 공동담보의 부족이 초래되어 채권자인 A신용보증사를 해하게 된다는 사정을 알고 있었다고 추정할 수 있다. 나아가 채무자인 乙의 사해의사가 인정되는 한 전득자, 수익자의 사해의사도 추정되는바,[24] 수익자인 丁과 戊도 매매계약이 사해행위가 된다는 사정을 알았던 것으로 추정된다.

따라서 [사안]에서 수익자인 丁과 戊의 반대입증이 없는 한,[25] 채권자취소권의 모든 요건들이 충족된다.

2. 효 과

가. 사해행위 취소와 원상회복

사해행위의 취소와 원상회복은 모든 채권자의 이익을 위하여 그 효력이 있다(민법 제407조). 다만, 취소의 효력은 채권자와 수익자, 채권자와 전득자 사이에서만 발생한다(통설·판례, 상대적 효력설).

사해행위의 취소에 따른 원상회복은 목적물 자체를 반환하는 것

자취소권의 대상이 되는 사해행위가 되는 것이고, 채무자의 제3자에 대한 담보제공행위가 객관적으로 사해행위에 해당하는 경우 수익자의 악의는 추정된다. 대법원 2006. 4. 14. 선고 2006다5710 판결 등 참조.

24 사해행위 취소소송에서 수익자의 악의는 추정되므로 수익자로서는 자신의 책임을 면하려면 자신의 선의를 입증할 책임이 있다 할 것인데, 이 경우 수익자의 선의 여부는 채무자와 수익자의 관계, 채무자와 수익자 사이의 처분행위의 내용과 그에 이르게 된 경위 또는 동기, 그 처분행위의 거래조건이 정상적이고 이를 의심할만한 특별한 사정이 없으며 정상적인 거래관계임을 뒷받침할만한 객관적인 자료가 있는지 여부, 그 처분행위 이후의 정황 등 여러 사정을 종합적으로 고려하여 논리칙·경험칙에 비추어 합리적으로 판단하여야 할 것이다. 대법원 2013. 7. 25. 선고 2012다29090 판결.

25 실무에서는 소장단계에서 수익자의 악의에 관하여도 입증을 하는 것이 통례이다.

이 원칙이지만, 원상회복이 불가능하거나 현저히 곤란한 경우에는 예외적으로 가액반환이 허용된다.[26] 대법원 판례에 의하면, 여기에서 원물반환이 불가능하거나 현저히 곤란한 경우라 함은 원물반환이 단순히 절대적, 물리적으로 불능인 경우가 아니라 사회생활상의 경험법칙 또는 거래상의 관념에 비추어 그 이행의 실현을 기대할 수 없는 경우로서, 사해행위 후 그 목적물에 관하여 제3자가 저당권이나 지상권 등의 권리를 취득한 경우에는, 수익자가 목적물을 저당권 등의 제한이 없는 상태로 회복하여 이전하여 줄 수 있다는 등의 특별한 사정이 없는 한, 채권자는 수익자를 상대로 원물반환 대신 그 가액 상당액으로 반환을 구할 수도 있다고 한다.[27] 그리고 원상회복의 가액 산정은 수익자가 전득자로부터 실제로 수수한 대가와는 상관없이 사실심 변론종결 시를 기준으로 객관적으로 평가한다.[28]

가액반환은 ① 채권자의 피보전채권액, ② 목적물의 공동담보가액, ③ 수익자 또는 전득자가 취득한 이익 중 가장 적은 금액을 한도로 이루어진다.

---

[26] 대법원 2001. 12. 27. 선고 2001다33734 판결, 대법원 2002. 4. 12. 선고 2000다63912 판결, 대법원 2003. 7. 11. 선고 2003다19435 판결, 대법원 2007. 5. 31. 선고 2006다18242 판결, 대법원 2007. 7. 12. 선고 2005다65197 판결. 한편 원고가 사해행위 전부의 취소와 원물반환을 구하고 있더라도 그 청구취지 중에는 사해행위의 일부취소와 가액배상을 구하는 취지도 포함되어 있으므로, 법원으로서는 청구변경이 없더라도 바로 가액배상을 명할 수 있다는 것이 판례의 태도이다. 대법원 2002. 11. 8. 선고 2002다51489 판결.

[27] 대법원 2001. 2. 9. 선고 2000다57139 판결. 수익자의 가액반환의무는 목적물의 반환이 불가능하거나 현저히 곤란하게 됨으로써 성립하는바, 사해행위의 목적물이 수익자로부터 전득자로 이전되어 그 등기까지 경료되었다면 후일 채권자가 전득자를 상대로 소송을 통하여 구제받을 수 있는지 여부에 관계없이, 수익자가 전득자로부터 목적물의 소유권을 회복하여 이를 다시 채권자에게 이전하여 줄 수 있는 특별한 사정이 없는 한 그로서 채권자에 대한 목적물의 원상회복의무는 법률상 이행불능의 상태에 있으며, 그 외에 그와 같이 불가능하게 된 데에 채권자취소송의 상대방인 수익자 등의 고의나 과실을 요하지 않는다고 한다. 대법원 1998. 5. 15. 선고 97다58316 판결 등 참조.

[28] 대법원 2006. 9. 28. 선고 2004다35465 판결, 대법원 2010. 4. 29. 선고 2009다104564 판결 등 참조.

나. [사안]의 경우

[사안]에서 D아파트의 매매계약 후 말소된 K은행과 P은행의 근저당권 피담보채무액 5억 5천만 원에 대해서는 위 근저당권자의 우선권이 인정된다.[29] 따라서 모든 채권자의 공동담보로서의 책임재산의 대상이 아니므로 취소의 대상에서 제외되어 사해행위 당시 시가 6억 5천만 원에서 이를 제외한 1억 원의 범위에서 취소되어야 한다. 그러므로 D아파트 전부를 乙의 책임재산으로 원상회복시키는 원물반환은 적합하지 않아 가액반환 형식으로 1억 원 내에서 구상권 범위만큼 반환받을 수 있다. 따라서 공동 수익자인 丁과 戊에게 분할채무의 원칙(민법 제408조)에 따라 각 5천만 원 상당의 가액반환을 청구할 수 있다. 이에 대해 수익자인 丁과 戊는 채무자 乙에 대한 담보책임 등의 반대채권으로서 하는 상계의 의사표시는 허용되지 않는다.[30] 그 밖에 위 근저당권의 부담을 감수하고 원물반환을 받는 것도 가능하다.[31]

---

29 사해행위인 매매계약 전에 근저당권이 말소된 경우에는 이를 고려하지 않으나, 매매계약 후에 근저당권이 말소된 경우에는 소유권이전등기 전이라도 이를 고려하여야 한다. 그 이유는 매매계약의 체결로 원상회복의 대상이 되는 책임재산의 범위가 한정되기 때문이다.

30 대법원 판례에 의하면, "채권자취소권은 채권의 공동담보인 채무자의 책임재산을 보전하기 위하여 채무자와 수익자 사이의 사해행위를 취소하고 채무자의 일반재산으로부터 일탈된 재산을 모든 채권자를 위하여 수익자 또는 전득자로부터 환원시키는 제도로서, 수익자인 채권자로 하여금 안분액의 반환을 거절하도록 하는 것은 자신의 채권에 대하여 변제를 받은 수익자를 보호하고 다른 채권자의 이익을 무시하는 결과가 되어 위 제도의 취지에 반하게 되므로, 수익자가 채무자의 채권자인 경우 수익자가 가액배상을 할 때에 수익자 자신도 사해행위취소의 효력을 받는 채권자 중의 1인이라는 이유로 취소채권자에 대하여 총 채권액 중 자기의 채권에 대한 안분액의 분배를 청구하거나, 수익자가 취소채권자의 원상회복에 대하여 총 채권액 중 자기의 채권에 해당하는 안분액의 배당요구권으로써 원상회복청구와의 상계를 주장하여 그 안분액의 지급을 거절할 수는 없다"고 한다. 대법원 2001. 2. 27. 선고 2000다44348 판결.

31 대법원 판례에 의하면, 채권자가 수익자를 상대로 원물반환 대신 그 가액 상당의 반환을 구할 수도 있으나 채권자가 스스로 위험이나 불이익을 감수하면서 원물반환을 구하는 것까지 허용되지 아니하는 것으로 볼 것은 아니고, 그 경우 채권자는 원상회복 방법으로 가액배상 대신 수익자 명의의 등기의 말소를 구하거나 수익자를 상대로 채무자 앞으로 직접 소유권이전등기절차를 이행할 것을 구할 수 있다고 한다. 대법원 2001. 2. 9. 선고 2000다57139 판결 참조.

3. 해 결

청구취지는,

1. 원고와 피고들 사이에, 소외 乙과 피고들(丁과 戊) 사이에 별지 목록 기재 부동산에 관하여 2011. 4. 24. 체결된 매매계약을 1억 원의 한도 내에서 취소한다.

2. 피고들(丁과 戊)은 원고(A신용보증사)에게 각 5천만 원 및 이에 대한 이 판결 확정일 다음날부터 다 갚는 날까지 연 5%의 비율에 의한 금원을 지급하라.

3. 이 사건 소송비용은 피고들이 부담한다.[32]

위에서 살펴본 바와 같은 이유를 제시한 소장을 작성할 수 있을 것이다.

---

32 채권자취소권에서는 가집행 선고에 관한 사항을 기재하지 않는 점을 유의하여야 한다.

채권양도

채권양도
– 도급계약, 공사대금채권, 채권양도, 대항요건 등 –

※ 이하 [사안] 및 각 [사례], 그리고 각 문제의 일자는 공휴(무)일이 아닌 것으로 의제함.

사안

　　2013. 8. 22. H병원을 운영하는 甲은 개인적으로 신뢰가 돈독한 지기인 인테리어업자 乙과 H병원 건물 내·외부의 리모델링 및 인테리어 공사(이하 '보수공사')를 1억 원 내에서 시행하기로 합의하고, 구체적인 공사내역과 공사대금 집행 등에 관해서는 원무과장 丙과 협의하여 결정하고, 계약서 작성 등의 행정업무를 처리하기로 하였다.

　　2013. 11. 4. 乙은 자신이 그 동안 지급을 지체하고 있던 공사자재대금의 채권자 A, B에게 H병원 건물에 관한 위 공사를 수급함으로써 취득하게 될 공사대금채권을 양도해 주겠다고 제안하였고, 이에 A, B는 동의하였다.

　　2013. 11. 7. 乙은 총 공사대금 1억 원, 대금지급은 A, B에게 각 5천만 원씩 직접 지급하는 것을 내용으로 하는 도급공사계약서를 작성하여 丙에게 제시하였고, 丙은 위 계약내용을 확인하고서 아무런 이의 없이 위 계약서에 甲 명의로 서명하고 H병원의 직인을 날인하였다. 이어서 같은 날 乙은 甲에게 A, B에게 위 공사금 1억 원의 채권을 5천만 원의 공사대금채권으로 분할하여 A와 B에게 각 양도한다는 내용증명 우편을 개별적으로 발송하였다. H병원 원무과는 2013. 11. 9. A와 관련된 위 내용증명 우편을, 2013. 11. 10. B와 관련된 위 내용증명 우편을 각 수령하였다.

　　2014. 1. 31. H병원 보수공사가 종료되었는데, 당시에는 외관상 결함이 없

는 것으로 확인되었다. 그런데 자금 사정이 좋지 않았던 甲은 乙에게 공사대
금의 지급을 2014. 5. 31.까지 미루어 달라고 요청하였다. 이에 乙은 합의하
였고, 이러한 사정을 乙로부터 전해 들은 A, B도 양수받은 위 공사대금채권
의 변제기를 2014. 5. 31.로 연기하는데 동의하였다.

　　그런데 2014. 5. 초순경 H병원 3층 화장실 바닥의 균열 및 방수공사가 제
대로 되지 않아 2층으로 누수가 발생하는 사실을 알게 되었고, 위 방수공사
의 재시공에는 2천만 원이 소요되는 것으로 확인되었다.

사안 개요도

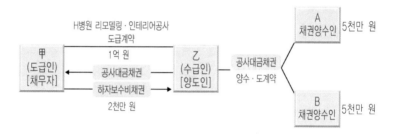

2014. 5. 31. A와 B는 甲에게 각 5천만 원의 지급을 청구하였다. 이에 대해 甲은 H병원 3층 화장실 바닥 균열 및 누수로 인한 2천만 원 상당의 추가공사비용을 공제한 8천만 원만을 지급하겠다고 한다.
　　　甲의 위와 같은 주장에 관한 판단을 논거를 제시하여 약술하시오. [지연배상은 고려하지 않음]

[사안]에서 甲과 乙이 체결한 H병원 보수공사계약은 '일'의 완성을 약정한 것으로서 민법상 도급계약에 해당한다(민법 제664조). 그런데 乙은 A와 B에게 공사대금채권을 양도하였다.

그러므로, 甲은 하자보수비용 상당액을 공사대금에서 공제할 수 있는지, 아니면 A, B는 甲에게 乙로부터 양수한 공사대금 채권액 전부의 지급을 요구할 수 있는지와 관련하여 이하에서는 지명채권의 양도와 도급계약의 하자담보책임 법리를 중심으로 검토한다.

1. 장래 공사대금채권의 분할 양도

도급계약의 경우, 도급인은 수급인에게 일을 완성한 후 지체 없이 보수를 지급하여야 한다(민법 제665조). [사안]에서는 甲과 乙 사이에 공사도급계약상 달리 약정한 바가 없으므로, 乙의 甲에 대한 보수채권은 H병원의 보수공사가 완료되는 시점에 발생한다. 그런데 乙은 보수공사가 완료되기 전에 A, B에게 공사대금채권을 양도하였으므로 장래에 발생하는 채권도 양도할 수 있는가에 의문이 제기된다.

이에 관해 대법원 판례는, 장래의 채권도 양도 당시 기본적 채권관계가 어느 정도 확정되어 있어 그 권리의 특정이 가능하고 가까운 장래에 발생할 것임이 상당 정도 기대되는 경우에는 이를 양도할 수 있다고 한다.[1] 이와 같은 판례의 법리에 비추어 보면, [사안]에서 2013. 8. 22. 甲과 乙이 H병원의 보수공사를 시행하기로 합의하고 구체적인 공사내용과 공사대금의 집행 등에 관해서는 丙에게 위임한 사실, 그리고 甲, 乙, 丙 사이의 인적 관계 등에 비추어 보았을 때, 乙이 취득하게 될 공사대금채권의 기초가 되는 공사도급채권관계는 사실상 성립되었다. 그리고 금전채권은 급부대상인 금전의 가분성이 인정되므로 원칙적으로 분할하여 양도할 수 있다.

그러므로 乙이 丙과 위 보수공사의 내용을 구체화하여 최종적으로 공사도급계약을 체결하기 전인 2013. 11. 4. 예상되는 위 공사대금 1억 원 상당의 금전채권을 5천만 원의 금전채권으로 분할하여 A, B에게 각 양·수도하기로 합의한 행위는 유효하다.

2. 공사대금채권의 양도와 대항요건

현행 민법은 물권의 양도에 관해 이른바 형식주의(민법 제187조, 제188조)를 취하고 있는 것과 달리, 준물권행위인 지명채권양도에 관해서는 대항요건주의를 취하고 있다. 이에 관해 민법 제450조는 양도인이 채무자에게 통지하거나 채무자가 승낙하지 아니하면 채무자에게 대항할 수 없도록 규정하고 있다.

[사안]에서 2013. 11. 4. 공사도급계약의 수급인 乙과 A, B가 공사대금을 양·수도하기로 합의함으로써 공사대금(1억 원)채권은 1/2 금액(5천만 원)의 채권으로 분할되어 A, B에게 각 양도되었고, 이에 상응하여 乙은 A, B에게 각 5천만 원을 지급하는 내용으로 도급공사계약서를 작성하여 丙에게 제시하였고, 丙은 이러한 공사대금지급 방식을

---

1 대법원 1996. 7. 30. 선고 95다7932 판결, 대법원 1997. 7. 25. 선고 95다21624 판결, 대법원 2010. 4. 8. 선고 2009다96069 판결 등 참조.

확인하고서 위 계약서에 서명·날인하였다.

그러므로 이하에서는 丙이 공사대금을 1/2로 분할하여 A, B에게 직접 각 지급하는 것을 확인하고 乙이 제시한 계약서에 서명·날인한 행위가 甲의 적법한 대리인으로서 한 것인지, 그리고 이러한 丙의 행위를 乙로부터 위 공사대금채권을 A, B에게 양도한 것을 통지 받거나 승낙한 것으로서 민법 제450조의 대항요건을 갖춘 것으로 인정할 수 있는가를 검토한다.

[사안]에서 甲과 乙은 원무과장 丙과 협의하여 구체적인 공사내역을 정하고, 계약서 작성 등의 행정업무를 처리하는 것으로 합의한 것은 甲이 丙에게 대리권을 수여하는 의사표시를 한 것이며, 乙도 위에 해당하는 丙의 업무처리 행위가 甲을 위한 대리행위임을 알았거나 알 수 있었다(민법 제115조 단서). 따라서 丙이 H병원의 보수공사도급계약서에 서명·날인한 행위는 유효한 대리행위이다.

그리고 2013. 11. 7. 丙은 乙이 보수공사대금을 1/2로 분할하여 A, B에게 각 지급하는 계약서 내용을 확인하였고, 같은 날 A, B에게 공사대금채권을 1/2로 분할하여 양도한다는 내용증명의 우편을 개별적으로 발송하여 H병원 원무과에 도달하였다. 이는 민법 제450조가 규정한 채권양도인의 채무자에 대한 채권양도 통지의 대항요건에 해당한다.

나아가 丙의 위와 같은 대리행위가 민법 제451조 제1항이 규정하고 있는 지명채권양도의 대항요건에 해당하는가를 검토한다.

[사안]에서 丙이 보수공사도급계약서에 서명·날인한 행위는, 甲과 乙이 합의한 바와 같이, 구체적인 공사내역과 공사대금 집행에 관한 사항으로서 대리권 범위 내에 속한다.

그리고 대법원 판례는 관념의 통지에 해당되는 민법 제451조 제1항 본문의 채권양도에 대한 이의를 보류하지 아니한 승낙이 대리인에 의하여도 행해질 수 있다고 한다.[2] 이에 따르면 丙이 공사대금을 1/2 금액으로 분할하여 甲이 A, B에게 각 지급하는 계약서 내용을 확인하고서 아무런 이의 없이 서명·날인한 것은 민법 제451조 제1항의 '채무자가 이의를 유보하지 아니하고 지명채권의 양도를 승낙'이라고 할 수 있다.

[사안]에서 수급인 乙은 도급인 甲에게 공사대금채권을 A, B에게 양도한다는 통지를 하였고, 또한 甲의 대리인 丙의 이의를 유보하지 않은 승낙도 인정되므로 A, B는 민법 제450조 및 제451조의 통지 내지 승낙의 대항요건을 갖추었다. 따라서 A, B는 甲에 대해 2013. 11. 7. 양수한 각 5천만 원의 공사대금의 지급을 청구할 수 있다. 다만, 자금사정 악화로 이행기를 연기해 달라는 甲의 요청에 대하여 乙 및 A, B 모두 동의하였으므로 이행기는 2014. 5. 31.이다.

3. 하자보수비용의 공제

甲은 공사대금 1억 원에서 3층 화장실 바닥의 균열 및 방수공사의 하자로 인한 보수비용 2천만 원을 공제할 것을 주장하고 있다.

민법 제667조 제1항에 의하면 완성된 목적물에 하자가 있는 때에는 도급인은 수급인에 대하여 상당한 기간을 정하여 그 하자의 보수를 청구하거나, 동조 제2항에 따라 하자의 보수에 갈음한 손해배상을 청구할 수 있다.

따라서 [사안]에서 도급인 甲이 누수하자의 보수비용 상당의 손해배상액을 위 공사대금에서 공제하겠다는 주장은 수급인 乙과의

---

2 채무자의 승낙이라는 사실에 공신력을 주어 양수인을 보호하고 거래의 안전을 꾀하기 위한 규정이다. 여기서 '승낙'이라 함은 채무자가 채권양도 사실에 관한 인식을 표명하는 것으로서 이른바 관념의 통지에 해당하고, 대리인에 의하여도 위와 같은 승낙을 할 수 있다. 대법원 1997. 5. 30. 선고 96다22648 판결, 대법원 2013. 6. 28. 선고 2011다83110 판결 등 참조.

관계에서는 일응 타당할 수 있다. 그렇지만 乙은 이미 위 공사대금 채권을 1/2로 분할하여 각 A, B에게 각 양도하였고, 위 2.에서 검토한 바와 같이, 甲의 대리인 丙은 위 채권양도에 관해 이의를 유보하지 않고 승낙하였다.

민법 제451조 제1항에 의하면, 채무자가 이의를 유보하지 아니하고 채권자의 채권양도를 승낙한 때에는 양도인에게 대항할 수 있는 사유로서 양수인에게 대항하지 못한다. 그러므로 도급인 甲의 수급인 乙에 대한 하자담보권(민법 제667조의 손해배상청구권) 행사에 해당하는 누수보수의 공사 비용 상당액을 공제하였다는 항변으로써 공사대금채권을 양수한 A와 B에게 대항할 수 없다.

그 밖에 대법원 판례에 의하면, 채무자가 이의를 보류하지 않고 승낙을 한 경우에도 양수인이 채무자의 양도인에 대한 항변사항에 관하여 악의이거나 중과실인 경우에는 채무자가 양수인에게 대항할 수 있다고 한다.[3]

[사안]에서는 누수하자 항변사항에 대하여 A와 B가 악의이거나 중과실이라고 인정할만한 특별한 사정은 찾아보기 어렵다.

---

3 채권양도에 있어서 채무자가 양도인에게 이의를 보류하지 아니하고 승낙을 하였다는 사정이 없거나 또는 이의를 보류하지 아니하고 승낙을 하였더라도 양수인이 악의 또는 중과실의 경우에 해당하는 한, 채무자의 승낙 당시까지 양도인에 대하여 생긴 사유로서 양수인에게 대항할 수 있다고 할 것인데, 승낙 당시 이미 상계를 할 수 있는 원인이 있었던 경우에는 아직 상계적상에 있지 아니하였다 하더라도 그 후에 상계적상이 생기면 채무자는 양수인에 대하여 상계로 대항할 수 있다. 대법원 1999. 8. 20. 선고 99다18039 판결. 보험자가 이의를 보류하지 아니하고 보험금청구권 양도 또는 질권설정을 승낙한 [사안]에서, 채권의 양도에 이의를 보류하지 않은 승낙에 대하여 항변사유를 제한하고 있는 민법 제451조 제1항의 규정 취지 및 채권의 양도나 질권의 설정에 대하여 이의를 보류하지 않고 승낙하였더라도 양수인 또는 질권자가 악의 또는 중과실인 경우 양수인 또는 질권자에게 대항할 수 있다. 대법원 2002. 3. 29. 선고 2000다13887 판결. 양도 또는 대위되는 채권이 원래 압류가 금지되는 것이었던 경우, 그 채권의 채무자가 그 채권을 수동채권으로 한 상계로서 채권양수인 또는 대위채권자에게 대항할 수 없다. 대법원 2009. 12. 10. 선고 2007다30171 판결 참조.

현행 민법은 채권자평등의 원칙이 적용된다. 그렇지만 채권양도에서는 대항요건주의를 취하고 있어 채권자로부터 동일 채권을 다수인이 중첩적으로 양수하는 경우, [사안]에서는 甲이 주장하는 바와 같이 공사대금(1억 원)에서 하자보수비용 상당액(2천만 원)의 공제항변이 인정된다고 가정하면, A나 B는 양수채권액 전부를 변제 받지 못하는 경우를 상정할 수 있다.

민법 제450조 제1항에서는 채무자에 대한 통지나 채무자의 승낙을 채무자에 대한 대항요건으로 하고, 동조 제2항에서는 제1항의 채무자에 대한 통지나 채무자의 승낙이 확정일자에 의한 증서에 의하지 아니하면 채무자 이외의 제3자에게 대항하지 못한다고 규정하고 있다. 따라서 채권자로부터 다수인이 중첩적으로 채권을 양수 받거나 가정적으로 상정한 상황인 경우에 양수인들 사이의 대항적 선후관계는, 채권이 이중으로 양도된 경우에 관한 대법원 판례에 따라서,[4] "양수인 상호간의 우열은 확정일자 있는 양도통지가 채무자에게 도달한 일시 또는 확정일자 있는 승낙의 일시의 선후에 의하여 결정하여야 하고, 확정일자 있는 증서에 의하지 아니한 통지나 승낙이 있는 채권양도의 양수인은 확정일자 있는 증서에 의한 통지나 승낙이 있는 채권양도의 양수인에게 대항할 수 없다"고 할 수 있을 것이다.

위와 같은 관점에 의하면, [사안]에서는 2013. 11. 4. 乙과 A, B는 기존 공사자재대금채권에 갈음하는 H병원 공사대금채권의 양·수도계약을 체결하였고, 2013. 11. 7. 乙은 甲에게 공사대금을 1/2로 분할한 채권을 A, B에게 각 양도한다는 내용의 내용증명 우편을 개별적으로 발송하였으나 A에 대한 통지는 2013. 11. 9., B에 대한 통지는 2013. 11. 10. H병원에 도달하였다. 따라서 A, B 사이에서는 확정일자 있는 양도통지인 내용증명의 우편이 甲에게 먼저 도달한 A가 우선하여 5천만 원 전액을 변제 받을 수 있다.

---

4 대법원 1972. 1. 31. 선고 71다2697 판결, 대법원 1994. 4. 26. 선고 93다24223 전원합의체 판결, 대법원 2013. 6. 28. 선고 2011다83110 판결 등 참조.

채권의 소멸

채권의 소멸
– 변제충당, 불법행위 손해배상채권의 상계, 연대보증, 보증채무의 면제, 소멸시효 등 –

※ 이하 [사안] 및 각 [사례], 그리고 각 문제의 일자는 공휴(무)일이 아닌 것으로 의제함.

사안

甲은 수입가구도매상을 운영하고 있다. 2010. 12. 중순 경 甲은 인테리어 사업을 하는 친구 丙으로부터 수입가구판매점을 개업한 乙을 소개받았다. 2011. 1. 15. 乙과 丙은 甲의 사무실을 방문하여 乙은 甲에게 해외 명품 A제품 가구 5세트(이하 'A가구')를 주문하였고, 2011. 4. 말 경으로 예상되는 인도일에 그 3억 원을 지급하며, 지체 시에는 매월 말일 월 1.5%의 지연이자를 지급하기로 하는 약정하고 그 계약서에 동행한 丙이 연대보증인으로 서명하였다. 이후 丙과 특별한 약정 없이 乙의 처(妻) 丁도 위 계약서에 연대보증인으로 서명하게 되었고, 2011. 1. 25. 위 연대보증채무에 대하여 丁의 소유 C토지에 채권자 甲, 채권최고액 3억 원으로 하는 근저당권설정등기를 하였다.

2011. 5. 1. 甲은 수입통관절차를 마친 A가구를 乙에게 인도하였고, 乙은 위 가구를 B빌라의 건설사에 1세트당 1억 2천만 원에 납품하였고, 丙은 B빌라의 실내 인테리어를 하도급 받아 시공을 완료하였다. 그러나 乙은 甲에게 위 A제품 가구의 대금을 지급을 하지 않고 있던 중, 2012. 4. 중순 경 甲은 丙을 만나 乙이 같은 해 12. 31.까지 3억 원과 지연이자를 지급하지 않으면 丁에게 보증책임을 물을 수밖에 없다고 하였고, 그 즈음 丙은 乙에게 甲의

이러한 이야기를 전하였다. 이후에도 乙은 이런저런 사유로 위 대금 지급을 미루었고 2012. 12. 중순 甲은 乙을 직접 만나서 위 대금지불을 독촉하였으나 乙은 요즈음 수입가구 판매가 부진하여 그러하니 사정을 보아 달라고 하였는바, 甲은 친구 丙의 입장도 곤란할 것을 감안하여 마땅한 조치를 취하지 못하고 있었다. 2013. 5. 경에 이르러 甲은 乙에게 여러 차례 연락을 취하였으나 전화 통화도 할 수 없는 상태가 되어 직접 乙의 가구점을 찾아가 독촉하기에 이르렀고, 2013. 10. 30. 乙은 1억 5천만 원을 지급하면서 나머지 금액도 2013. 12. 말까지 지급하겠다고 하였다. 이에 甲은 乙에게 지연이자도 지급하여야 할 것이라고 하자, 乙은 우선 매매대금 원금을 변제하는 것이라고 하였다. 이에 대해 甲은 법률 규정에 따라 하자고 하면서 지연이자도 반드시 변제하여야 한다고 당부하였다.

그 후 2014. 4. 말 경 甲은 친선골프대회를 하던 중 乙이 10억 원을 호가하는 F승용차를 타고 다닌다는 사실을 알게 되었고, 2014. 5. 3. 乙에게 '2014. 5. 31.까지 A가구의 대금과 지연이자를 지급하여야 하고, 지체할 시에는 乙뿐만 아니라 丁을 상대로 하는 소송을 제기하겠다'는 내용증명 우편을 발송하였고, 2014. 5. 7. 乙의 가구점에 있던 丁이 이를 수령하였다. 甲은 2014. 5. 15. 乙로부터 'A제품 5세트의 대금지급일 2011. 5. 1.로부터 3년이 경과하여 시효로 소멸되었고, 더욱이 지연이자의 약정은 그 이율 지나치게 과도하여 무효이므로 대금과 지연이자의 지급할 의무가 없다'는 취지의 내용증명의 우편을 받았다.

[사안 구성 참조 판결례] 대법원 2002. 5. 14. 선고 2000다62476 판결, 대법원 2002. 1. 11. 선고 2001다60767 판결, 서울고등법원 2001. 8. 21. 선고 2000나 36899 판결, 서울고등법원 2000. 10. 17. 선고 99나64560 판결, 인천지방법원 1999. 10. 29. 선고 99가합4968 판결 등

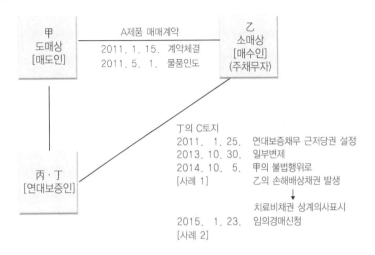

문제 1) 甲으로부터 법률자문을 의뢰받은 변호사로서 [사안]에 관한 판단을 논거를 제시하여 약술하시오.

[사안]에서 甲이 A가구를 수입하여 乙에게 공급하기로 한 2011. 1. 15.자 거래약정은 매매계약이며(민법 제563조), 丙과 丁이 위 계약서에 연대보증인으로 서명한 것은 乙의 甲에 대한 매매대금채무와 그 자연배상채무를 주채무로 하는 연대보증계약을 甲과 체결한 것이다. 그리고 乙이 위 매매대금의 지급을 지체한 것은 채무불이행책임(민법 제390조)이 성립하고, 또한 약정한 지연이자(지연손해금)의 지급을 지체하는 것도 금전채무불이행에 해당한다(민법 제397조).

이하에서는 乙이 주장하는 지연이자율의 무효 여부, 소멸시효의 완성 여부, 乙이 甲에게 지급한 매매대금 일부의 변제의 효력, 그리고 甲이 乙에게 청구할 수 있는 금액 등을 검토한다.

1. 소멸시효의 완성과 시효이익의 포기

[사안]에서 甲과 乙은 가구매매업을 영위하는 상인이고, A가구를 수입 판매하고 이를 공급받아 판매하는 것은 상행위이므로 위 공급계약은 상인 간의 매매에 해당한다(상법 제46조, 제47조, 제67조). 그러므로 甲의 乙에 대한 위 대금채권은 민법 제163조 제6호의 '상인이 판매한 상품의 대가'로서 3년의 단기소멸시효가 적용된다. 따라서 대금지급기일은 A가구 인도일인 2011. 5. 1.이고 甲은 乙에게 잔대금 1억5천만 원과 지연이자 상당액을 청구하는 내용증명의 우편이 甲에게 도달한 날은 2014. 11. 2.에는 시효기간 3년이 도과한 시점이다.

그렇지만 甲은 乙에게 위 대금지불을 독촉하였고, 2013. 10. 30. 乙은 매매대금 중 일부를 지급하면서 나머지 금액도 2013. 12. 31.까지는 지급하겠다고 하였다.

위와 같은 경우 대법원 판례에 의하면, 채무자가 채무의 일부를 변제하는 경우에는 채무 전부에 관하여 시효중단의 효력이 발생한다고 한다.[1] 그리고 甲이 乙에게 청구하는 지연이자는 매매대금의 이행

---

[1] 대법원 2014. 5. 16. 선고 2012다20604 판결 등 참조. 대법원 판례는, 채무의 일부변제는 채무의 일부로서 변제한 이상 그 채무 전부에 관하여 시효중단의 효력을 발생하는 것으로 보아야 할 뿐만 아니라, 동일 당사자 사이에 계속적인 금전거래로 인하여 수개의 금전채무가 있는 경우에 채무자가 채무액을 전부를 변제하기에 부족한 금액을 채무의 일부로 변제한 때에는 특별한 사정이 없는 한 기존의 수개의 채무 전부에 대하여 승인을 하고 변제한 것으로 판단한다. 대법원 1980. 5. 13. 선고 78다1790 판결 참조. 그리고 채무자가 소멸시효 완성 후에 채권자에 대하여 채무를 승인함으로써 그 시효의 이익을 포기한 경우에는 그때부터 새로이 소멸시효가 진행하며, 채무자가 소멸시효 완성 후에 채권자에 대하여 채무 일부를 변제하는 것은 그 시효의 이익을 포기한 것으로 해석하고, 그때부터 새로이 소멸시효가 진행한다고 한다. 대법원 2009. 7. 9. 선고 2009다14340 판결, 대법원 2013. 5. 23. 선고 2013다12464 판결 등 참조. 또한 원금채무에 관하여는 소멸시효가 완성되지 아니하였으나 이자채무에 관하여는 소멸시효가

지체로 인한 손해배상금이므로 위 대금채권과 동일한 소멸시효가 적용된다.[2]

2. 지연이자율 약정의 무효 여부

甲과 乙이 A가구 매매계약의 체결 시에 약정한 지연이자의 이율은 금전대차상 이자에 관한 이율을 약정한 것이 아니므로 「이자제한법」이 적용될 여지가 없다. 그리고 [사안]에서와 같이 상거래에서 지연배상에 적용될 이율은 거래 당사자 일방이 그의 우월한 지위를 이용하여 부당한 이득을 얻고 차주에게는 과도한 반대급부 또는 그 밖의 부당한 부담을 지우는 것이어서 선량한 풍속 기타 사회질서에 위반한 사항을 내용으로 하는 법률행위로서 무효(민법 제103조)가 되려면, 계약당사자 사이의 경제력의 차이로 인하여 그 이율이 당시의 경제적·사회적 여건에 비추어 사회통념상 허용되는 한도를 초과하여 현저하게 고율로 정하여졌다는 사정이 인정되어야 할 것이다.[3]

그러나 [사안]에서는 甲과 乙 사이에 위와 같은 사정은 없으므로 지연이자율이 무효라는 乙의 주장은 이유 없다.

완성된 상태에서 채무자가 채무를 일부 변제한 때에는 그 액수에 관하여 다툼이 없는 한 그 원금채무에 관하여 묵시적으로 승인하는 한편 그 이자채무에 관하여 시효완성의 사실을 알고 그 이익을 포기한 것으로 추정된다고 한다. 대법원 2013. 5. 23. 선고 2013다12464 판결 참조.

2 금전채무의 이행지체로 인하여 발생하는 지연손해금은 그 성질이 손해배상금이지 이자가 아니며, 민법 제163조 제1호의 1년 이내의 기간으로 정한 채권도 아니므로 3년간의 단기소멸시효의 대상이 되지 아니한다. 대법원 1989. 2. 28. 선고 88다카214 판결 참조.

3 대법원 2007. 2. 15. 선고 2004다50426 전원합의체 판결, 대법원 2009. 6. 11. 선고 2009다12399 판결 등 참조.

3. 일부변제의 효과

[사안]에서 乙은 甲에게 A가구의 대금 지급뿐만 아니라 그 지체로 인한 손해금(지연이자)도 배상하여야 한다.[4] 그런데 2013. 10. 30. 乙은 1억5천만 원을 지급하였는바, 이는 매매대금의 1/2에 불과한 금액이다. 따라서 乙은 甲에 대한 채무액(매매대금과 지연이자) 전액을 제공하지 않았으므로 채무는 소멸하지 않으나 지급한 금액이 매매대금의 원금채무과 지연배상(이자)채무 중에 어느 것이 먼저 소멸되는가라는 문제(변제충당)가 검토되어야 한다.

가. 변제충당

변제충당의 순서는 당사자의 합의에 의하고(합의충당), 합의가 없을 경우에는 당사자의 지정에 의하며(지정충당), 지정이 없는 경우에는 법정순서에 의한다(법정충당).

[사안]에서 채무자 乙이 甲에게 지급한 금액은 채무 전부를 변제하지 못하지만 변제충당에 관한 사전합의가 없었다. 그리고 乙이 지급하는 금액을 우선 매매대금 원금에 충당하여 달라고 요구하였으나 甲이 거절함으로써 합의충당이 되지 않았다.

위와 같은 경우에 乙의 요구를 지정충당으로 볼 수 있는가에 관해 대법원 판례는, 특별한 사정이 없는 한 비용, 이자, 원본의 순서에 어긋나는 변제충당의 지정은 효력이 없다고 한다. 그리고 乙의 지정에 대하여 甲이 지체 없이 이의를 제기하지 아니하여 묵시적 합의에 의한 임의충당도 인정되지 않는다.[5]

---

4 대법원은, 금전채무불이행의 경우에 발생하는 원본채권과 지연손해금채권은 별개의 소송물이므로, 불이익변경에 해당하는지 여부는 원금과 지연손해금 부분을 각각 따로 비교하여 판단하여야 하는 것이고, 별개의 소송물을 합산한 전체 금액을 기준으로 판단하여서는 아니된다고 한다. 대법원 2005. 4. 29. 선고 2004다40160 판결 등 참조.

5 대법원 판례는, 비용, 이자, 원본에 대한 변제충당에 있어서는 민법 제479조에 그 충당 순서가

나아가 수개의 채권 전부를 소멸시키기에 부족한 경우 법정변제충당은, 이자 혹은 지연손해금과 원본 간에는 이자 혹은 지연손해금과 원본의 순으로 이루어지고, 원본 상호 간에는 그 이행기의 도래 여부와 도래 시기, 그리고 이율의 고저와 같은 채무자의 변제이익의 다과에 따라 순차적으로 이루어져야 하고, 이행기나 변제이익의 다과에 있어 아무런 차등이 없을 경우에는 각 원본 채무액에 비례하여 안분하는 것이 타당할 것이다.[6]

　　그러므로 [사안]에서 乙은 甲에게 2013. 10. 30.까지 지연손해금으로 1억3천5백만 원(=3억 원×0.015×30개월)에 우선 충당되고, 그 잔액 1천5백만 원은 원금 3억 원에 충당되어 위 일자에 잔존하는 乙의 매매대금 원금은 2억8천5백만 원이다.

　　법정되어 있고 지정 변제충당에 관한 같은 법 제476조는 준용되지 않으므로 원칙적으로 비용, 이자, 원본의 순서로 충당하여야 할 것이고, 채무자는 물론 채권자라고 할지라도 위 법정 순서와 다르게 일방적으로 충당의 순서를 지정할 수는 없다고 한다. 대법원 1990. 11. 9. 선고 90다카7262 판결, 1998. 4. 24. 선고 97다48562 판결, 대법원 2002. 1. 11. 선고 2001다60767 판결, 대법원 2002. 5. 10. 선고 2002다12871 판결 참조. 그러나 당사자 사이에 특별한 합의가 있는 경우이거나 당사자의 일방적인 지정에 대하여 상대방이 지체 없이 이의를 제기하지 아니함으로써 묵시적인 합의가 된 것으로 해석되는 경우에는 그 법정충당의 순서와는 달리 충당의 순서를 인정할 수 있다고 한다. 대법원 1981. 5. 26. 선고 80다3009 판결, 대법원 1990. 11. 9. 선고 90다카7262 판결, 대법원 2002. 5. 10. 선고 2002다12871, 12888 판결, 대법원 2009. 6. 11. 선고 2009다12399 판결 등 참조.

6　이러한 판단기준은 담보권 실행을 위한 경매에서 배당된 배당금이 담보권자가 가지는 수개의 피담보채권 전부를 소멸시키기에 부족한 사안에 관한 대법원 1996. 5. 10. 선고 95다55504 판결, 1997. 7. 25. 선고 96다52649 판결, 1998. 7. 10. 선고 98다6763 판결, 대법원 2000. 12. 8. 선고 2000다51339 판결 등 참조.

　　[사안]에서 변호사로부터 법률자문을 받은 후 2014. 2. 중순 경 甲은 丙에게 乙과 丁을 상대로 소송을 제기하겠다고 연락하였다.

　　그 후 2014. 4. 15. 甲은 丙의 부친상에 문상을 가서 丙을 만나게 되었는데, 丙은 부친의 장기간 병환으로 적지 않은 경제적 어려움이 있다는 사실을 알게 되었다. 이에 甲은 자신이 丁에게 연대보증책임을 추궁하는 경우 공동연대보증인으로 되어 있는 丙에게 구상청구를 할 것을 고려하여 A가구 매매대금에 관한 丙의 보증채무를 면제해 주겠다고 하였다. 이에 丙은 고맙다고 하면서 乙의 대금채무의 지연이자율은 일반 은행의 이자율보다 높지만 乙은 변제자력이 충분하고, 만일의 경우에는 丁 소유인 C토지에 설정한 근저당권이라도 실행할 수 있어 결과적으로 손해가 없을 것이라고 하면서 원만하게 해결해 보자고 하였다.

　　2014. 10. 5. 甲은 丙과 함께 乙을 만나게 되었는데, 乙은 소멸시효가 완성되어 더 이상 매매대금과 지연이자를 지급할 법적 의무가 없고, 甲도 1억 원 정도의 비용으로 A가구를 수입하였으므로 손해는 없다는 주장을 하는 등 무례한 언행과 태도로 일관하였다. 이에 甲은 격분하여 乙과 몸싸움을 벌이게 되었고 수차례 乙의 안면을 가격하는 등 사태가 심각하게 진전되었고, 마침내 경찰이 출동하여 무마되기에 이르렀다.

　　乙은 인근 Y병원에서 1개월 동안 입원하게 되었고, 甲은 수술비 등 치료비(3천만 원), 일실수익(2천만 원), 위자료 등으로 7천만 원을 배상하기로 합의하게 되었다.

문제 2) 乙은 위 손해배상채권을 甲에 대한 매매대금과 지연이자와 상계하겠으며, 甲이 丙에게 보증채무를 면제해 주었으므로 丁도 보증채무를 이행할 의무가 없다고 한다. 이에 대해 甲은 매매대금 및 지연이자 전부를 지급하라고 주장한다.

　　甲과 乙의 주장에 관한 판단을 논거를 제시하여 약술하시오.
[형사책임에 관한 판단은 유보함]

[사례 1]에서 甲이 乙에게 신체적 손상을 입힌 행위는 '고의에 인한 위법행위로 타인에게 손해를 가'한 것으로서 민법상 불법행위가 성립하므로, 甲은 乙에게 그 손해를 배상하여야 한다(민법 제750조).

이하에서는 민법 제492조 이하가 규정하는 바에 따라 乙이 甲과 합의한 甲에 대한 손해배상채권(자동채권)으로써 자신에 대한 甲의 매매계약상 채권(수동채권)과 상계할 수 있는가(상계적상의 존부), 그리고 연대보증인 중 1인에 대한 채권자의 보증채무 면제의 효력에 관해 민법 제419조의 적용 여부를 중심으로 검토한다.

1. 불법행위 손해배상채권과 상계

민법 제492조에서는 이행기가 도래한 동종의 급부를 목적으로 하는 채권을 상계의 요건으로 규정하고 있다.

[사안] 및 [사례 1]에서는 乙의 손해배상채권과 甲의 乙에 대한 A가구 매매대금 및 지연이자의 채권은 모두가 금전채권이므로 '쌍방이 같은 종류를 목적으로 하는 채권을 부담'하고 있고, 불법행위의 손해배상채권은 그 책임이 성립한 때에 이행기에 도래하므로,[7] 甲과 乙 쌍방의 채권은 모두가 이행기에 도래하였다. 따라서 甲과 乙은 상호간 각 채무자로서 대등액에 관하여 상계할 수 있다.

그런데 민법 제496조에서는 '채무가 고의의 불법행위로 인한 것인 때에는 그 채무자는 상계로 채권자에게 대항하지 못한다'고 규정

---

7 불법행위로 인한 손해배상채무의 지연손해금은 원칙적으로 별도의 이행 최고가 없더라도 그 채무성립과 동시에 발생한다. 대법원 1975. 5. 27. 선고 74다1393 판결, 대법원 1993. 3. 9. 선고 92다48413 판결, 대법원 2010. 7. 22. 선고 2010다18829 판결 등 참조. 다만 불법행위 시와 변론종결 시 사이에 장기간의 세월이 경과하여 위자료 액수 또한 현저한 증액이 불가피한 경우에는 예외적으로 불법행위로 인한 위자료 배상채무의 지연손해금은 그 위자료 산정의 기준시인 사실심 변론종결 당일부터 발생한다. 대법원 2011. 1. 13. 선고 2009다103950 판결, 대법원 2011. 7. 21. 선고 2011재다199 전원합의체 판결 등 참조.

하고 있다. 이와 관련하여 불법행위채권을 수동채권으로 하는 상계의 금지하는 위 조항의 취지에 비추어, 고의의 불법행위에 기인하는 채무자에게는 위 조항이 적용되지 않는 것으로 해석되어야 하는바, 대법원 판례는 고의의 불법행위로 인한 손해배상채권자인 피해자는 그의 채권을 자동채권으로 하는 상계를 허용한다.[8]

그러므로 [사안]에서 乙은 甲의 고의에 의한 불법행위 피해자로서 그의 손해배상채권을 자동채권으로 하여 A가구 매매상 甲의 채권을 수동채권으로 하여 상계할 수 있다. 그리고 乙은 상계의 의사표시를 하였는바, 7천만 원 상당의 대등액에 관하여 소멸된다(민법 제493조).

2. 공동연대보증인 1인에 대한 채무면제의 효력

수인의 보증인이 각자 채무자와 연대하여 채무를 부담하는 경우, 보증인 상호 간에 연대의 특약(보증연대)이 없는 경우에도 채권자에 대하여는 분별의 이익이 없으므로 각자 채무전액 또는 각자가 약정한 보증한도액 전액을 변제할 책임이 있다.[9]

---

8 고의의 불법행위에 의한 손해배상채권에 대하여 상계를 허용한다면 고의로 불법행위를 한 자까지도 상계권 행사로 현실적으로 손해배상을 지급할 필요가 없게 되어 보복적 불법행위를 유발하게 될 우려가 있고, 또 고의의 불법행위로 인한 피해자가 가해자의 상계권 행사로 인하여 현실의 변제를 받을 수 없는 결과가 됨은 사회적 정의관념에 맞지 아니하므로 고의에 의한 불법행위의 발생을 방지함과 아울러 고의의 불법행위로 인한 피해자에게 현실의 변제를 받게 하려는 데 있다. 대법원 1994. 8. 12. 선고 93다52808 판결, 대법원 2002. 1. 25. 선고 2001다52506 판결 등 참조. 그렇지만 대법원은, 위와 같은 상계금지는 중과실의 불법행위에 인한 손해배상채권에까지 유추 또는 확장 적용되지 않는다고 한다. 대법원 1994. 8. 12. 선고 93다52808 판결 참조. 나아가 대법원은, 부당이득의 원인이 고의의 불법행위에 기인함으로써 불법행위로 인한 손해배상채권과 부당이득반환채권이 모두 성립하여 양채권이 경합하는 경우 피해자가 부당이득반환채권만을 청구하고 불법행위로 인한 손해배상채권을 청구하지 아니한 때에도, 그 청구의 실질적 이유, 즉 부당이득의 원인이 고의의 불법행위였다는 점은 불법행위로 인한 손해배상채권을 청구하는 경우와 다를 바 없으므로, 고의의 불법행위에 의한 손해배상채권은 현실적으로 만족을 받아야 한다는 상계금지의 취지는 이러한 경우에도 타당하므로, 민법 제496조를 유추 적용한다. 대법원 2002. 1. 25. 선고 2001다52506 판결 참조.

9 박병대, 민법주해[X, 1996], 제439조, 303면 참조. 보증인 상호 간에는 그 부담부분의 비율에

연대보증채무의 법적 본질은 보증채무이고, 연대보증인으로서 채권자와 연대하여 주채무를 이행할 의무를 부담할지라도 연대채무에 관한 면제의 절대적 효력을 규정한 민법 제419조의 규정은 주채무자와 보증인 사이에는 적용되지 않으며, 채권자가 연대보증인의 채무를 일부 또는 전부를 면제하여도 그 효력은 주채무자에 대하여 미치지 아니한다.

그리고 수인의 연대보증인이 있는 경우 대법원 판례는, 연대보증인들 사이에 연대관계의 특약(보증연대)이 없으면 채권자가 연대보증인의 1인에 대하여 채무의 전부 또는 일부를 면제하더라도 다른 연대보증인에 대하여는 그 효력이 미치지 아니하며, 또한 민법 제419조의 규정은 임의규정으로서 채권자가 의사표시 등으로 위 규정의 적용을 배제하여 어느 한 연대채무자에 대하여서만 채무면제를 할 수 있다고 한다.[10]

[사안]에서는 丙과 丁 사이에는 위 A가구 매매대금 등에 대한 보증을 연대하는 등을 약정한 바가 없고, 甲이 丙에게만 한정하여 면제한다는 특별한 의사표시가 없이 보증채무를 면제하였다고 하더라도 그 면제의 효과가 丁에게 미치지 아니한다.

관하여 그들 간에 특약이 있으면 그에 의하는 것이 당연하나 그 특약이 없는 한 각자 평등한 비율로 부담을 지게 된다. 수인의 보증인들 중 1인이 채무의 전액이나 자기의 부담부분 이상을 변제했을 때에는 다른 보증인에 대하여 구상을 할 수 있으나 이미 자기의 부담부분을 변제한 다른 보증인에 대해서는 구상을 할 수 없으므로 아직 부담부분의 변제를 하지 않은 다른 보증인에게만 구상권을 행사하여야 한다. 대법원 1988. 10. 25. 선고 86다카1729 판결, 대법원 1990. 3. 27. 선고 89다카19337 판결, 대법원 1993. 5. 27. 선고 93다4656 판결, 대법원 2009. 6. 25. 선고 2007다70155 판결 참조.

10 대법원 1992. 9. 25. 선고 91다37553 판결. 연대보증인 1인에 대한 채권포기는 주채무자나 다른 연대보증인에게는 효력이 미치지 아니한다. 대법원 1992. 9. 25. 선고 91다37553 판결 참조.

[사례 1]에서 乙이 甲에 대한 손해배상채권으로 상계한다는 주장에 대응
하여 甲은 丁의 근저당권을 실행하고자 2015. 1. 23. 법원에 임의경매를 신
청하였다. 2015. 1. 30. 경매개시결정정본은 乙과 丁에게 각 송달되었고, 丁
은 당일 그의 동생 戊와 이러한 사정을 협의하여 C토지를 2014. 12. 19. 戊
에게 3억 원에 매도한 계약서를 작성하고 2015. 2. 2. 戊의 명의로 소유권이
전등기를 신청하여, 소유권이전등기가 경료되었다. 한편 위 경매개시결정에
따른 압류등기는 2015. 2. 5. 등기부에 기입되었다.

丁의 변호사는 C토지는 법원의 압류등기가 있기 전에 戊에게 그 소유권
이 이전되었고, 乙과의 A가구 매매상 대금채권은 시효로 소멸되었으므로 甲
에게 위 근저당권은 없다는 사유로 경매개시결정에 대해 이의신청을 하였다.

**문제 3) 丁의 변호사의 위와 같은 이의신청에 관한 판단을 논거를 제시
하여 약술하시오.**

[사안]에서 丁은 乙의 甲에 대한 채무의 연대보증인 겸 물상보증
인이고, [사례 2]에서 甲은 근저당권자로서 C토지에 대해 위 담보권
실행의 경매를 신청하여 법원으로부터 경매개시결정을 받았다. 경매
절차를 개시하는 결정에는 동시에 그 부동산의 압류가 명해지며, 압
류는 채무자에게 그 결정이 송달된 때 또는 민사집행법 제94조의 규
정에 따른 등기가 된 때에 효력이 생긴다(민사집행법 제268조, 제83조 제1항,
제3항).

1. 압류의 효력과 C토지의 소유권이전

[사례 2]에서는 2015. 1. 30. 경매개시결정 정본이 丁에게 각 송달된 후 계약일자를 소급하여 C토지를 戊에게 매도하는 계약서를 작성하여 2015. 2. 2. 戊의 명의로 소유권이전등기가 경료되었고, 이후 2015. 2. 5. 경매개시결정에 따른 압류등기가 기입되었다.

민사집행법 제268조에 의해 임의경매에 준용되는 동법 제92조에서는 매각부동산에 관해 제3자가 권리를 취득할 때에 경매신청 또는 압류가 있다는 것을 알았을 경우에는 압류에 대항하지 못하며(동조 제1항), 압류등기가 이루어진 후 제3자가 매각부동산의 소유권을 취득한 경우에는 그 취득 시에 제3자가 경매신청 또는 압류가 있다는 것을 알지 못하였더라도 경매절차에 영향을 미치지 아니한다(동조 제2항).

[사례 2]의 이의신청 사유에 국한하여 본다면, 丁과 戊 사이에 C토지의 매매계약이 통정한 허위의 의사표시에 의한 것으로 무효인가(민법 제108조)에 관한 검토는 유보할 수 있는바, 丁과 戊가 임의경매로 매각되는 C토지의 소유권이전에 관해 합의는 丁에게 위 토지에 대한 경매개시결정 정본이 송달되어 甲의 임의경매신청이 있다는 것을 인지하고 위 토지의 매각을 회피하고자 이루어진 것이므로 압류등기 전에 위 토지의 소유권이전등기가 이루어진 사유로 위 압류에 대항할 수 없다.

2. 압류와 소멸시효의 중단

경매개시결정에 따른 압류는 경매신청 시로 소급하여 집행채권에 관해 시효중단의 효력이 생긴다(민법 제174조).

그런데 시효의 중단은 시효중단 행위에 관여한 당사자 및 그 승계인 사이에 효력이 있다(민법 제169조). 대법원 판례에 의하면, 채권자가 연대보증인 겸 물상보증인 소유의 담보부동산에 대하여 임의경매 신청을 하여 경매개시결정에 따른 압류의 효력이 생겼다면 그 압류의 사실을 연대보증인 겸 물상보증인에게 통지하지 아니하더라도 시효의 중단을 주장할 수 있고, 연대보증인 겸 물상보증인로서는 보증채무의 부종성에 따라 주채무가 시효로 소멸되었음을 주장할 수는 있으나, 주채무자에 대한 시효중단의 사유가 없는 이상 연대보증인 겸 물상보증인에 대한 시효중단의 사유가 있다고 하여 주채무까지 시효가 중단되지 아니하므로 경매개시결정에 따른 압류로 인한 시효중단의 효력을 주채무자에게 미치게 하려면 그에게 압류의 사실이 통지되어야 한다.[11]

[사례 2]에서는 C토지의 임의경매 신청에 따른 압류에 관해 甲이 연대보증인 겸 물상보증인인 丁에게 통지하지 않아도 소멸시효의 중단을 주장할 수 있다. 또한 경매개시결정의 이해관계인인 주채무자 乙에게도 송달되었으므로 민법 제176조에 의해 시효이익을 받는 乙에게도 소멸시효 중단의 효과가 미친다.

3. 결 론

[사안]에서 丁은 연대보증인 겸 물상보증인의 지위에 있고, [사례 2]에서는 甲이 丁의 C토지에 대하여 임의경매신청을 하여 경매개시결정에 따른 압류의 효력이 생긴 이상, 甲은 丁에 대해 소멸시효의 중단을 주장할 수 있다. 그렇지만 [문제 1]에서 검토한 바, 주채무자

---

11 대법원 1990. 6. 26. 선고 89다카32606 판결, 대법원 1994. 1. 11. 선고 93다21477 판결, 대법원 1997. 8. 29. 선고 97다12990 판결 참조. 그러나 압류에 의한 시효중단의 효력은 다른 연대채무자에게 미치지 아니하므로, [사안]의 경우 甲은 경매개시결정에 의한 시효중단의 효력을 丙에게는 주장할 수 없다. 대법원 2001. 8. 21. 선고 2001다22840 판결 참조.

乙의 甲에 대한 채무는 3년의 단기소멸시효에 해당하고, 乙의 시효이익 포기는 보증인에게 효력이 없으므로(민법 제438조 제2항), 2011. 5. 1. 甲의 丁에 대한 보증채권은 2014. 5. 1. 시효로 소멸되었다. 따라서 C 토지에 설정된 근저당권은 피담보채권이 없으므로 丁의 이의신청은 인용된다.

법정채권

부당이득

– 부당이득(민법 제741조), 부당이득의 반환범위(민법 제748조), 공동불법행위, 부진정연대, 도급계약, 전용물소권 등 –

※ 이하 [사안] 및 각 [사례], 그리고 각 문제의 일자는 공휴(무)일이 아닌 것으로 의제함.

사안 1

(1) 甲은 A시 지방세무공무원으로 재직하면서 2009. 5. 10.경부터 2013. 12. 24.경까지 사이에, 실제로는 아무런 과오납이 없는 사망자나 관외 거주자 등에 대하여 과오납 환부사유가 있는 것처럼 서류를 작성하여 乙, 丙들의 계좌로 그 과오납금을 송금받는 방법으로 200여 회에 걸쳐 7억 원을 횡령하였다.

(2) 甲은 위와 같이 횡령한 과오납금액 3억 원을 아버지 乙의 계좌로 송금하였고, 乙은 이 돈을 일상의 생활비 등으로 사용하였다.

(3) 甲의 동생인 丙은 2억 여 원의 빚을 지고 있었는데 이미 채권자들에 의하여 압류되어 있는 丙의 계좌가 아닌 乙의 계좌로 총액 2억 원을 송금하였고 이 돈은 전액 丙의 빚을 갚는 데에 사용되었다. 그리고 甲은 위 횡령기간 내에 별도의 개설한 丙의 계좌로 2억 원을 송금하였고, 丙은 자신이 운영하는 레스토랑식 주점의 운영과 수리비 등에 1억 5천만 원, 차량을 구입에 5천만 원을 사용하였다.

(4) 乙과 丙의 대한 송금의뢰인은 甲이 아니라 'A시청' 등으로 되어 있었고, 송금액은 2~3백만 원이었다.

(5) 甲은 위 횡령행위에 대해 2014. 2. 22. △△지방법원에서 징역 4년을 선

고받았고, 이에 △△고등법원에 항소하였으나 2014. 4. 15. 항소가 기각
되었으며, 2014. 5. 23. 형이 확정되었다.

(6) 甲은 위 횡령금액 중 2억 원 및 그 이자 상당액을 A시에 반환한 후 더
이상 지불능력이 없게 되었고, 甲은 乙에게 부탁하여 甲 명의로 2014. 2.
14. △△지방법원에 무죄판결 확정조건부 공탁금회수제한신고서를 첨부
하여 1억 원을 공탁하였다.[1]

사안 1 개요도

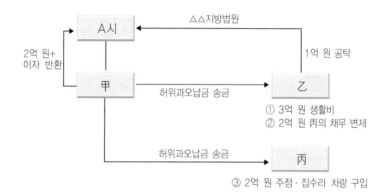

---

1 형사사건소송에서 피해를 변상함으로써 정상참작에 의해 피고인이 형을 감경받기 위해 피해자
를 피공탁자로 하여 변제공탁을 하는 경우, 공탁자가 무죄, 무혐의 처분을 받는 경우가 아니면
공탁금을 회수하지 않겠다는 신고서(공탁금회수청구권의 조건부 포기의 의사표시)를 첨부한다.
형사사건에서 무죄판결이 확정되거나, 무혐의 처리되면 그 증명서를 첨부하여 공탁금을 회수할
수 있으나, 유죄판결이 확정된 경우(집행유예 포함)에는 민법 제489조의 규정에 의한 공탁금회
수청구권을 행사할 수는 없다.

문제 1) A시는 甲이 乙과 丙에게 송금한 금액과 그 이자 상당액을 반환 받으려고 한다. 해당 법제도상 요건과 효과에 관해 약술하시오.

A시는 민사소송을 통해 乙과 丙을 상대로 甲으로부터 받은 금액을 반환받으려고 하는바, 우선적으로 부당이득에 의한 반환청구를 검토하여야 할 것이다. 그밖에 부수적으로 불법행위에 의한 손해배상청구도 함께 살펴본다.

1. 부당이득의 반환

가. 성립요건

민법 제741조에 의하여 부당이득이 성립하기 위해서는, ① 타인의 재산 또는 노무에 의하여 이익을 얻었을 것(수익), ② 이익을 얻음으로 인하여 타인에게 손실이 있을 것, ③ 수익과 손실 사이에 인과관계가 있을 것, ④ 법률상의 원인이 없을 것이라는 요건이 충족되어야만 한다.

① 타인의 재산 또는 노무에 의하여 이익을 얻었을 것(수익)

대법원 판례에 의하면, 금전 손금에 의한 부당이득은 이익취득의 가능성이 아닌, 이익을 사실상 지배할 수 있는 상태에까지 이르러 실질적인 이득자가 되었다고 볼 만한 사정이 인정되어야 한다.[2]

[사안 1]에서는 甲의 부(父) 乙에게 송금된 5억 원 중 3억 원은 乙의 생활비로, 나머지 2억 원은 甲의 동생 丙의 빚을 갚는 데 각 사용되었고, 丙에게 송금된 2억 원은 주점 및 집 수리비와 차량 구입비 명목으로 지출되었다. 따라서 乙과 丙이 위 금전에 대한 실질적인 이

---

2 대법원 2011. 9. 8. 선고 2010다37325 판결 등.

익의 귀속자가 되었는바,[3] 乙의 계좌로 송금된 5억 원 중 생활비로 사용한 3억 원은 乙이, 丙의 빚은 갚는데 사용한 2억 원은 丙이, 그리고 丙의 계좌로 송금된 2억 원은 丙이 실질적 귀속자이다.

② 그러한 이익을 얻음으로 인하여 타인에게 손실이 있을 것

乙과 丙의 계좌로 甲이 A시로부터 횡령한 금전이 송금됨에 따라, A시에 동 금액(총 5억 원) 상당의 손해가 발생하였다.

③ 수익과 손실 사이에 인과관계가 있을 것

A시에 귀속되어야 할 금전이 乙과 丙의 계좌로 송금되었으므로 乙과 丙의 수익과 A시의 손실 사이에 (사실적) 인과관계는 인정된다. 그런데 [사안 1]에서는 甲이 횡령하여 수익(受益)한 금전을 乙과 丙에게 송금하였는바, 甲의 횡령과 증여에 의해 인과관계가 단절되었다고 볼 수 있는지가 문제된다.

이를 긍정하는 견해에 따르면 A시는 甲에게만 부당이득 반환청구를 할 수 있고 乙과 丙에 대해서는 반환청구를 할 수 없다. 그러나 통설 및 판례는 이른바 사회관념상 인과관계를 인정한다.[4] 이에 따르면, [사안 1]에서 甲과 乙, 丙은 친족관계에 있으므로 甲의 횡령, 증여행위에도 불구하고 乙, 丙의 수익과 A시의 손실 사이의 인과관계가 인정된다.

---

3 이와 달리 남편이 횡령한 돈을 처의 예금계좌로 송금하였는데 처가 그 날 남편에게 처분 용도를 물어 남편의 지시에 따라 송금된 돈의 대부분을 곧바로 남편에게 송금하고 나머지 돈도 그 무렵 남편에게 교부한 사안에서, 송금 및 반환 경위에 비추어보아 처가 돈을 자신의 구좌로 송금받았다고 하여 실질적으로 이익의 귀속자가 되었다고 보기는 어렵다는 이유로 처의 부당이득 성립을 부정된 판례는 대법원 2003. 6. 13. 선고 2003다8862 판결 참조.

4 "부당이득제도는 이득자의 재산상 이득이 법률상 원인을 결여하는 경우에 공평·정의의 이념에 근거하여 이득자에게 그 반환의무를 부담시키는 것인바, 채무자가 피해자로부터 횡령한 금전을 그대로 채권자에 대한 채무변제에 사용하는 경우 피해자의 손실과 채권자의 이득 사이에 인과관계가 있음이 명백"하다고 한다. 대법원 2003. 6. 13. 선고 2003다8862 판결 참조.

④ 법률상 원인이 없을 것

乙과 丙은 甲은 증여받은 것이라는 법률상 원인에 의해 위 각 금전을 수령한 것이라고 항변할 수 있다.

대법원 판례는 채무자가 횡령한 금전을 제3자에게 증여한 경우 수증자가 그 금전이 횡령한 것이라는 사실에 대하여 악의 또는 중대한 과실이 없는 한 수증자의 금전취득은 피해자에 대한 관계에서 법률상 원인이 있다고 한다.[5] 이에 의할 때 乙과 丙은 각각 甲의 아버지와 동생이고, A시의 세무공무원으로 재직 중인 甲이 급여의 정도를 상당히 초과한 금액을 송금한 점, 송금의뢰인이 甲이 아니라 A시였던 점에 비추어 乙과 丙에게는 악의 내지 최소한 중과실이 인정된다. 따라서 乙과 丙이 취득한 금전은 피해자 A시에 대한 관계에 있어서 법률상 원인을 결여한 것으로 부당이득 반환채무가 성립한다.[6]

나. 효과 및 반환범위

[사안 1]에서는 부당이득의 모든 요건이 충족되어 A시의 乙과 丙에 대한 부당이득 반환청구권이 발생한다(민법 제741조). 부당이득의 반환범위는 민법 제748조에 따라 선의의 수익자는 그 받은 이익이 현존한 한도에서 책임이 있고(동조 제1항), 악의의 수익자는 그 받은 이익

---

5 대법원 2012. 1. 12. 선고 2011다74246 판결. 채무자가 피해자로부터 편취한 금전을 자신의 채권자에 대한 채무변제에 사용하는 경우, 채권자가 그 변제를 수령함에 있어 그 금전이 편취된 것이라는 사실에 대하여 악의 또는 중대한 과실이 없는 한 채권자의 금전취득은 피해자에 대한 관계에서 법률상 원인이 있는 것이며(대법원 2003. 6. 13. 선고 2003다8862 판결 등 참조), 이와 같은 법리는 채무자가 편취한 금원을 자신의 채권자에 대한 채무변제에 직접 사용하지 아니하고 자신의 채권자의 다른 채권자에 대한 채무를 대신 변제하는 데 사용한 경우에도 마찬가지라고 보아야 할 것이라고 한다. 대법원 2004. 1. 15. 선고 2003다49726 판결, 대법원 2008. 3. 13. 선고 2006다53733, 53740 판결 참조.

6 이와 달리, 甲이 횡령한 금원으로 동생 丙의 채무를 丙의 채권자에게 직접 변제한 경우, 이는 민법 제469조 제1항 제3자의 변제로서 정당한 법률상 원인이 있어 위 채권자에 대한 A시의 부당이득 반환청구는 부정되어야 한다.

에 이자를 붙여 반환하고 손해가 있으면 이를 배상하여야 한다(동조 제2항). 이와 관련하여 대법원 판례는, 부당이득의 수익자가 취득한 것이 금전인 때에는 그 금전은 현존하는 것으로 추정되고, 그 취득한 것이 성질상 계속적으로 반복하여 거래되는 물품으로서 곧바로 판매되어 환가될 수 있는 금전과 유사한 대체물인 경우에도 마찬가지라고 한다.[7] 따라서 乙, 丙의 반증으로 甲으로부터 A시 명의로 송금된 금전의 현존 추정이 깨어지지 않는 한, 乙은 3억 원, 丙은 2억 원을 각 A시에 반환하여야 한다.[8]

부당이득반환의무자가 악의의 수익자라는 점에 대하여는 이를 주장하는 측에서 입증을 부담한다. 여기서 '악의'는 자신의 이익 보유가 법률상 원인 없는 것임을 인식하는 것을 말한다.[9] 만일 乙과 丙의 악의가 인정되면, 동조 제2항에 따라 원금 및 그에 대한 민사법정이율(민법 제397조)에 의한 이자까지 반환하여야 한다. 수익자의 선악 여부 판단은 원칙적으로 수익 당시를 기준으로 하나, 수익 당시에는 선의였다가 이후에 법률상 원인이 없음을 알게 되면 그 때부터는 악의의 수익자로서 이익반환의 책임을 진다(민법 제749조 제1항).

乙과 丙의 A시에 대한 위 부당이득반환채무는 기한이 없는 채무

---

7 대법원 2009. 5. 28. 선고 2007다20440, 20457 판결.
8 여기에서 乙은 甲명의로 공탁한 1억 원 만큼의 자신의 부당이득 반환채권이 감소되어야 한다는 항변을 생각해 볼 수 있다. 그러나 [사안 1]에서 위 공탁금은 甲의 불법행위 피해자에 대한 변상금(일종의 손해배상금)이며 乙과 丙이 A시에 각 3억 원, 4억 원의 부당이득 반환채무를 지는 것과 동일한 원인으로, 甲이 횡령의 불법행위로 7억 원(甲은 고의로 위법행위를 저질렀으므로 설사 A시에 과실이 존재했다 할지라도 과실상계는 허용되지 않는다) 및 이에 대한 지연이자 등 손해배상채무를 부담해야 하는 법률관계가 있다. 이후에 甲이 2억 원 및 이자 상당액을 A시에 변제하였으나, 甲에게는 여전히 5억 원 이상의 손해배상 채무가 있다. 甲의 손해배상 채무와 乙, 丙의 부당이득 반환채무는 동일한 경제적 목적을 가지고 있어 부진정연대채무의 관계가 있다. 판례는 부진정연대채무 관계에 있는 다액 채무자가 한 일부변제에 대해 외측설을 취하고 있어(대법원 2010. 2. 25. 선고 2009다87621 판결), 결과적으로 乙의 공탁금 1억 원은 우선 甲의 단독 부담부분을 소멸시키는 데 충당되므로 乙의 공탁항변은 인정되지 않는다.
9 대법원 2010. 1. 28. 선고 2009다24187 판결.

이다.[10] 따라서 민법 제387조 제2항에 의해 A시가 그 이행을 청구한 때에 기한이 도래하고, 금전채무로서 그 반환의 지체에 대해 과실 없음을 항변하지 못하며, 반환할 때까지 민사법정이율에 의한 지연이자를 지급하여야 한다.

결론적으로 A시가 乙과 丙에 대해 부당이득반환의 소를 제기하는 경우, 원금(乙은 3억 원, 丙은 4억 원) 및 이에 대하여 이 사건 소 제기일부터(민법 제749조 제2항)[11] 소장 부본송달일까지는 민법이 정한 연 5%의,[12] 그 다음날부터 다 갚는 날까지는 소송촉진 등에 관한 특례법에서 정한 연 15%의 각 비율에 의한 지연손해금의 지급을 청구할 수 있다.

2. 공동불법행위에 의한 손해배상청구

甲의 친족인 乙과 丙은 甲의 A시에 대한 불법행위를 공모 내지 방조하였을 가능성도 배제할 수 없다. 따라서 민법 제750조 및 제760조 제1항의 요건들을 모두 충족하여 공동불법행위가 성립된다면, 그로 인해 A시가 입은 손해액 7억 원 및 이자 중 甲이 반환한 2억 원 및 이자 상당액을 제외한 금원에 대하여 乙과 丙은 甲과 연대하여 손해배상책임을 부담한다(부진정연대채무 관계). 그러나 불법행위의 경우 과

---

10 대법원 2008. 2. 1. 선고 2007다8914 판결.

11 [사안 1]에서는 乙과 丙이 위 송금액에 관하여 법률상 원인이 없음을 알았다는 점을 입증하지 못한 경우를 상정한 것이다. 수익자의 악의가 입증되지 못한 경우 민법 제749조 제2항에 의해 선의의 수익자가 패소한 때에는 그 소를 제기한 때부터 악의의 수익자로 보기 때문에, 청구취지에 소 제기일부터 법정이자를 가산한 내용을 기재한다. 대법원 2008. 6. 26. 선고 2008다19966 판결 참조.

12 [사안 1]에서 甲으로부터 A시의 명의로 송금된 금전이 법률상 원인 없는 이득인지 여부에 대하여 乙과 丙에게 악의가 인정될지, 중과실이 인정될지의 여부는 불명확하다. 만일 중과실이 인정될 가능성이 더 높다고 판단된다면, A시의 입장에서는 일부패소에 따른 소송비용의 부담을 방지하기 위해서라도 청구취지에 이자 부분을 기재하지 않는 것도 고려될 수 있다.

실상계가 인정될 여지가 있고, 민법 제766조 제1항에 의해 소멸시효기간이 안 날로부터 3년에 불과하여 A시 입장에서는 부당이득 반환청구를 주위적으로, 공동불법행위에 따른 손해배상청구를 예비적으로 청구하는 것이 유리하다.

사안 2 개요도

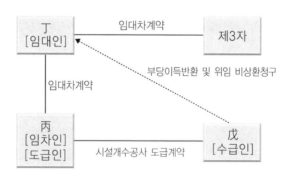

문제 2) 戊는 자신이 시설 개수한 위 상가의 점포를 丁이 제3자에게 임대하여 임료 상당의 수익을 얻고 있다. 이에 戊는 丁을 상대로 ① 부당이득의 반환, ② 시설개수 공사 중 위 상가점포의 점유자로서 비용상환청구권을 이유로 제시하여 시설개수공사비 잔액 3천만 원을 지급하라는 소송을 제기하였다.

丁의 소송대리인으로서 戊의 청구에 관해 논거를 제시한 판단을 요약하여 서술하시오.

1. 논점의 분석

[사안 2]에서 위 레스토랑 점포의 시설개수공사에 관한 丙과 戊의 약정은 도급계약이다(민법 제664조). 위 상가의 소유자인 임대인 丁은 도급계약의 당사자가 아니므로 丁에게 도급계약에 의한 보수(報酬)를 청구할 수 없고, 원칙적으로 수급인 戊가 시설 개수공사를 완료하고 위 상가점포를 인도하는 동시에 상환으로 도급인 丙에 대해 보수(報酬)를 청구할 수 있을 뿐이다(민법 제665조).

그런데 수급인 戊는 도급인 丙 대신 상가점포의 소유자인 임대인 丁을 상대로 시설개수공사비의 보수 상당액을 청구하고 있다. [사안]에서와 같이, 계약상의 급부가 계약의 상대방뿐만 아니라 제3자의 이익으로 된 경우, ① 계약 당사자가 아니라 제3자인 상가건물의 소유자 丁에게 전이된 이익을 부당이득으로 반환청구하는 것에 해당한다(이른바 '전용물소권'). 그리고 ② 부당이득법과 경합이 될 수 있는 점유자·회복자에 관한 규정(민법 제201조 내지 제203조)에 의해 戊는 위 상가점포를 도급계약의 수급인으로서 공사 중 점유하면서 그의 비용을 들여 위 상가점포의 가치를 증가시킨 것에 관해 그 점유를 회복한 소유자 丁에 대해 유익비 상환청구를 하는 것이다(민법 제203조 제2항).

2. [사안 2]의 검토

가. 전용물소권

급부자가 거래 상대방인 아니라 소유자인 제3자에게 직접 부당이득의 반환을 청구하는 것이 허용된다면, 자기 책임 하에 체결된 계약에 따른 위험부담을 제3자에게 전가시키는 것이 되어 계약법의 기본원리에 반하는 결과를 초래할 뿐만 아니라, 수익자인 제3자가 계약 상대방에 대하여 가지는 항변권 등을 침해하게 되어 부당하므로, 대법원 판례는 전용물소권에 의한 부당이득반환청구를 부정하고 있다.[13]

위와 같은 판례에 따르면 급부자 戊가 거래 상대방 丙이 아니라 제3자인 소유자 丁에게 직접 부당이득의 반환을 청구하고 있으므로 위 청구는 받아들여질 수 없다.

나. 민법 제203조 제2항에 의한 비용상환(유익비의 상환청구)

[사안 2]에서는 시설 개수공사로 인하여 레스토랑 점포의 객관적인 가치가 증대된바, 수급인 戊가 민법 제203조 제2항에 따라 소유자 丁에게 유익비 상환청구권을 행사할 수 있는지를 생각해볼 수 있다. 이에 대하여 대법원 판례는 유효한 도급계약에 기하여 수급인이 도급인으로부터 제3자 소유 물건의 점유를 이전받아 이를 수리함으로써 그 물건의 가치가 증가한 경우, 도급인이 그 물건을 간접점유하면서 궁극적으로 자신의 계산으로 비용지출과정을 관리한 것이므로, 도급인만이 소유자에 대한 관계에 있어서 민법 제203조에 의한 비용상환청구권을 행사할 수 있는 비용지출자라고 할 것이고, 수급인은 그러한 비용지출자에 해당하지 않는다고 한다.[14]

---

13 대법원 2002. 8. 23. 선고 99다66564 판결 참조.
14 대법원 2002. 8. 23. 선고 99다66564 판결.

그리고 민법 제203조는 원칙적으로 점유자와 회복자(소유자 등) 사이에 (계약)법적 거래관계가 매개되지 않은 점유를 그 요건상 전제하는 것인바(이러한 점에서 부당이득에 관한 한 특칙이라고도 할 수 있다), 丙과 丁 사이에는 임대차계약관계, 그리고 丙과 戊 사이에는 도급계약관계에 의한 규율이 적용되어야 한다.

대법원 판례도, "민법 제203조 제2항에 의한 점유자의 회복자에 대한 유익비상환청구권은 점유자가 계약관계 등 적법하게 점유할 권리를 가지지 않아 소유자의 소유물반환청구에 응하여야 할 의무가 있는 경우에 성립되는 것으로서, 이 경우 점유자는 그 비용을 지출할 당시의 소유자가 누구이었는지 관계없이 점유회복 당시의 소유자, 즉 회복자에 대하여 비용상환청구권을 행사할 수 있는 것이나, 점유자가 유익비를 지출할 당시 계약관계 등 적법한 점유의 권원을 가진 경우에 그 지출비용의 상환에 관하여는 그 계약관계를 규율하는 법조항이나 법리 등이 적용되는 것이어서, 점유자는 그 계약관계 등의 상대방에 대하여 해당 법조항이나 법리에 따른 비용상환청구권을 행사할 수 있을 뿐 계약관계 등의 상대방이 아닌 점유회복 당시의 소유자에 대하여 민법 제203조 제2항에 따른 지출비용의 상환을 구할 수는 없다"고 한다.[15]

3. 소 결

그러므로 [사안 2]에서, 위와 같은 대법원 판례에 따르면, 戊가 도급계약상 거래관계의 당사자가 아닌 丁을 상대로 시설개수공사비 미수령 잔액(3천만 원)을 부당이득으로서 반환, 또는 유익비로서 상환을 청구하는 것은 인용될 수 없다.

---

15 대법원 2003. 7. 25. 선고 2001다64752 판결; 대법원 2009. 3. 26. 선고 2008다34828 판결 참조. 이와 달리 사용대차의 차주가 위 유익비를 상환청구하는 경우에는 민법 제203조가 적용된다(민법 제611조 제2항, 제594조 제2항). 대법원 2014. 3. 27. 선고 2011다101209 판결 참조.

법인의 불법행위책임
- 예금계약, 비영리 사단법인, 대표권 남용, 법인의 불법행위책임(민법 제35조), 대표권 제한 등 -

※ 이하 [사안] 및 각 [사례], 그리고 각 문제의 일자는 공휴(무)일이 아닌 것으로 의제함.

사안

　A학회는 학술활동을 지원하기 위하여 설립된 비영리 사단법인이다. A학회는 2013. 11. 1. B은행 C지점에 10억 원을 거치기간 12개월(만기 2014. 10. 31.), 연이율 6%로 정하여 정기 예탁하였다(이하 예탁금).

　甲은 2012. 3. 1.경부터 2014. 2. 28.경까지 A학회의 비상근 회장으로 근무하면서 예금 등 A학회의 재산을 관리하던 중, A학회의 예금을 담보로 자기 명의의 대출을 받아 자신이 개인적으로 운영하던 H회사 등의 경영상 사업자금으로 유용하고자, 2013. 11. 20.경 A학회 명의로 돈을 대출 받으려고 예금담보대출에 필요한 서류 등을 위조하여 B은행으로부터 A학회의 기존 10억 원의 정기예탁금에 질권(質權)을 설정하고, 이를 담보로 B은행으로부터 2013. 12. 1. A학회 명의로 6억 원을 만기 2014. 10. 31., 대출이율 연 7.2%의 조건으로 대출 받아 이를 개인적인 사업 용도로 사용하였다.

　甲은 위와 같이 B은행으로부터 대출을 받아 편취한 행위에 대하여 특정경제범죄가중처벌등에관한법률위반(사기), 사기, 사문서위조죄 등으로 실형을 선고받았다.

　B은행의 영업상 위와 같이 정기예금을 담보로 대출이 이루어지는 경우는 예외적이며, 또한 A학회는 항상 여유자금을 보유하고 있어 자기자금을 예금

하고 거액의 담보대출을 받는 사례는 이례적이었다. 그리고 정기예금 금리는 연 6%이고 대출금리는 연 7.2%이며, 예금금리에 대하여는 이자소득세도 부담하여야 하는 등의 손해를 수반한다. 위 대출 이외에도 A학회는 그 전후에 걸쳐서 수차에 걸쳐 B은행에 정기예금을 하였고, 甲은 이들을 담보로 각 대출을 받았는데 각 대출일시는 평균적으로 예금일시로부터 불과 한 달도 되지 않는 시점이며, 1년 만기의 정기예금을 담보로 예금액의 90% 정도를 대출 받아 연 1.2% 정도의 추가 이자를 부담하였다.

B은행은 위 예금담보대출시 위 예금들에 질권을 설정하기 위해 금융기관으로서 해당 예금증서의 점유를 이전 받아야 하는데, 甲은 위 대출 당시 2013. 10. 20. 예금증서(10억 원)의 분실신고 및 재발급신청을 하였고, B은행은 위 예금증서를 재발급하고서 그 직후 2013. 12. 1. 이를 담보로 대출을 해 주었다. 그 밖에 B은행은 위 대출금에 대한 이자지급이나 혹은 상환 등에 관하여 A학회의 회계직원 등에게 연락한 사실은 전혀 없었고, 甲이나 甲의 개인사업체인 H회사 여직원과 연락을 취하였다. B은행 C지점장 乙은 이자 체크를 위하여 부하 직원에게 甲 개인의 휴대폰 번호와 H회사 사무실 전화번호를 가르쳐 주었고, 또한 이자입금도 A학회 명의가 아닌 甲 개인 명의의 통장으로 하였으며, 대출금은 甲 명의의 신규 통장을 개설하여 입금하였다. B은행의 여신업무표준절차에 의하면 융자상담 책임자는 대출담당 책임자이었으나, 위 대출은 융자상담 및 신청서에 융자상담자가 지점장인 乙로 되어 있으며, 직원들은 乙의 지시에 따라 단지 대출서류들만을 검토하였다. 또한 B은행의 위 업무표준절차에 의하면 일정 금액 이상의 여신을 하는 경우에는 자금용도 등을 확인하여 그 용도의 타당성 및 규모의 적정성을 검토하도록 되어 있으며, 甲 명의의 대출용도가 단순히 A학회의 운영자금으로 기재되어 있고 매번 정기예금 시마다 거액의 대출을 받는 등의 정황임에도 불구하고 B은행에서는 대출금의 용도가 A학회의 정관상 목적에 부합하는지 여부 및 정관상의 내용을 검토하거나, 그 용도에 관하여 A학회에 직접 문의하거나 확인한 적이 전혀 없었다.

2014. 6.경 B은행의 내부 감사에서 위와 같은 대출이 예금증서의 허위분실신고 후 재발행 수법의 부당대출인 점과 조합에 대한 대출임에도 학회의 목적에 부합하는지 여부의 검토 없이 취급한 잘못이 지적되었고, 비록 B은행 C지점의 여·수신 실적 등에 큰 도움이 된다는 이유 등으로 위 대출을 승인해 주었지만 채권회수가 불투명하다는 이유로 지점장 乙에 대하여 인사조

치가 이루어졌다. 그 후 2014. 12. 31.경 乙은 법원에서 A학회 명의의 대출금을 甲이 개인용도에 사용할 것을 인식하고도 대출해 주었다는 업무상 배임죄 등으로 실형을 선고받았다.

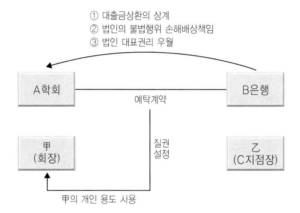

① 대출금상환의 상계
② 법인의 불법행위 손해배상책임
③ 법인 대표권리 우월

A학회 ── 예탁계약 ── B은행

甲
(회장)

乙
(C지점장)

질권
설정

甲의 개인 용도 사용

사례 1

甲은 대출 후 원금 5억 원에 대한 2013. 12. 1.부터 2014. 10. 31.까지의 이자와 원금 3억 원을 2014. 10. 31. 지급하였다. 이에 B은행은 2014. 10. 31. A학회에 지급하여야 할 예탁금의 원리금(10억 6천만 원)에서 위 합계액을 대등액의 범위에서 상계하고, 이를 공제한 나머지 금액을 별단 일시예수금으로 입금시킨 후, 다음날 A학회에 위 상계 및 위 예탁금 잔액을 수령해 갈 것을 통지하였다.

A학회는, 甲의 위와 같은 일련의 위법한 대출행위에 대하여 당시 B은행의 대출 결재권자는 B은행 C지점장인 乙이 알고 있었으므로 위 대출은 A학회에 대하여 효력이 없으므로 B은행은 예탁 원리금 전부를 반환하여야 한다고 주장한다. 이에 대해 B은행은, A학회를 대표할 권한이 있는 甲이 대출에 필요한 서류를 모두 구비하고 각 대출을 요청함에 따라 적법한 대출을 해 준 것이므로 B은행의 대출과 대출금 상당 부분에 대한 상계는 유효하여 상계된 금액을 예탁금으로서 반환할 의무가 없다고 주장한다.

문제 1) A학회와 B은행의 주장에 관한 판단을 논거를 제시하여 약술하시오. (금액의 기술은 생략함)

1. 문제의 소재

[사안]에 관한 [사례 1]에서 A학회가 B은행에 대해 위 예탁금을 반환하라는 것은 A학회와 B은행 사이에 2013. 11. 1. 체결한 정기예탁계약에 따른 예금반환을 청구하는 것이다. 위 학회는 B은행 C지점에 위 일자에 예금계약을 체결하고 10억 원을 정기예탁하였다. 따라서 이 예금계약의 만기일인 2014. 10. 31. A학회는 B은행에 대해 위 예탁금의 반환을 청구할 수 있으며, B은행은 A학회에게 위 예탁금 원

금과 약정이율에 의한 이자를 지급하여야 한다. 그런데 A학회를 대표하는 甲은 위 기간 중 위 예탁금 등을 담보로 하여 B은행으로부터 A학회 명의로 대출을 받았다. 그러나 B은행은 甲으로부터 대출원금의 일부를 상환 받지 못하게 된 결과, A학회에 대한 미회수 대출원금의 대출금상환채권을 자동채권으로 하여 위 학회의 B은행에 대한 위 예탁금반환채권을 수동채권으로 삼아 상계하여 공제한 예탁금 잔액만을 지급하려는 것이다.

이에 대해 A학회는, 위 정기예탁기간 중 甲이 예탁금을 담보로 B은행으로부터 A학회 명의로 대출을 받은 것은 甲의 개인적 영업에 유용하고자 위 학회의 예탁금을 위법하게 담보로 활용한 것이었고, 이에 대해 B은행 C지점장 乙이 위 사실을 알면서 한 것이므로 위 대출계약은 A학회에 대하여 효력이 없으며, 이를 기초로 한 상계도 또한 효력이 없다는 것이다.

따라서 甲이 B은행과 체결한 위 대출계약의 효력, 대표권 남용의 존부 및 상대방의 인식가능성, 법인의 불법행위책임의 성부를 검토하여야 한다.

가. 대표권의 남용과 대출행위의 효력

A학회는 비영리 사단법인이고, 위 학회를 대표하는 甲이 자신의 개인적 이익을 도모할 목적으로 A학회의 정기예탁금채권을 담보로 삼아 B은행으로부터 예금담보대출을 받기 위하여, 대출에 필요한 서류 등을 위조하여 B은행에 이를 제시하여 A학회 명의로 대출계약을 체결하였다. 따라서 이러한 甲의 행위는 A학회의 대표권을 남용한 것으로서 A학회와의 내부관계에서는 일응 법적 효력이 없다.

그러나 [사안] 및 [사례 1]에서 B은행과 대출계약을 체결한 것은 사단법인인 A학회의 권리능력 범위 내에서 이루어진 것이다(민법

제34조). 따라서 A학회를 대표하는 회장의 위와 같은 행위를 신뢰하는 거래상 안전을 고려한다면 그 법적 효력이 달리 취급되어야 할 것이다.

대법원 판례에 의하면, 대표이사의 대표권한 범위를 벗어난 행위라 하더라도 그것이 회사의 권리능력의 범위 내에 속한 행위이기만 하면 대표권의 제한을 알지 못하고 거래하는 제3자로서 그 대표권한을 남용하는 행위를 회사의 대표행위라고 믿은 신뢰는 보호되어야 한다. 따라서 대표이사가 대표권의 범위 내에서 한 행위는 설사 대표이사가 회사의 영리목적과 관계없이 자기 또는 제3자의 이익을 도모할 목적으로 그 권한을 남용한 것이라 할지라도 일단 회사의 행위로서 유효하고,[16] 다만 그 행위의 상대방이 대표이사의 진의를 알았거나 알 수 있었을 때에는 회사에 대하여 무효가 된다고 한다.[17]

위와 같은 판례에 따르면, A학회의 이사장 甲이 대외적 거래에

---

[16] 대법원 2004. 3. 26. 선고 2003다34045 판결, 대법원 2005. 7. 28. 선고 2005다3649 판결, 대법원 2008. 5. 15. 선고 2007다23807 판결, 대법원 2013. 7. 11. 선고 2013다16473 판결 등. 이와 관련하여 대표권의 내부적 제한에서도, 일반적으로 주식회사 대표이사는 회사의 권리능력의 범위 내에서 재판상 또는 재판 외의 일체의 행위를 할 수 있고, 이러한 대표권 그 자체는 성질상 제한될 수 없는 것이지만 대외적인 업무집행에 관한 결정권한으로서의 대표권은 법률의 규정에 의하여 제한될 뿐만 아니라 회사의 정관, 이사회의 결의 등의 내부적 절차 또는 내규 등에 의하여 내부적으로 제한될 수 있으며, 이렇게 대표권한이 내부적으로 제한된 경우에는 그 대표이사는 제한 범위 내에서만 대표권한이 있는데 불과하게 되는 것이지만 그렇더라도 그 대표권한의 범위를 벗어난 행위, 즉 대표권 제한을 위반한 행위라 하더라도 그것이 회사의 권리능력의 범위 내에 속한 행위이기만 하다면 대표권의 제한을 알지 못하는 제3자는 그 행위를 회사의 대표행위라고 믿는 것이 당연하고 이러한 신뢰는 보호되어야 한다고 한다. 대법원 1997. 8. 29. 선고 97다18059 판결 참조.

[17] 대법원 2004. 3. 26. 선고 2003다34045 판결. 배임적 대리행위에 의한 법률행위의 효력에 관해 대법원의 주류적 판례는 민법 제107조 제1항 단서를 유추적용하고 있다. "진의 아닌 의사표시가 대리인에 의하여 이루어지고 대리인의 진의가 본인의 이익이나 의사에 반하여 자기 또는 제3자의 이익을 위한 배임적인 것임을 상대방이 알았거나 알 수 있었을 경우에는 민법 제107조 제1항 단서의 유추해석상 대리인의 행위에 대하여 본인은 아무런 책임을 지지 않는다고 보아야 하고, 상대방이 대리인의 표시의사가 진의 아님을 알았거나 알 수 있었는지는 표의자인 대리인과 상대방 사이에 있었던 의사표시 형성 과정과 내용 및 그로 인하여 나타나는 효과 등을 객관적인 사정에 따라 합리적으로 판단하여야 한다." 대법원 2011. 12. 22. 선고 2011다64669 판결, 대법원 2009. 6. 25. 선고 2008다13838 판결, 대법원 2008. 7. 10. 선고 2006다43767 판결 등 참조.

서 그 대표권을 남용한 것이라는 사실을 B은행(B은행 C지점장 乙)이 알았거나 알 수 있었는지 여부를 검토하여야 한다.

나. 甲의 대표권 남용에 대한 B은행의 인식가능성

B은행은 법인이다. 따라서 자연인이 아닌 법인의 가해자 행태에 관한 인식 여부의 판단기준에 의문이 제기된다.

이에 관해 대법원 판례는, 법인이 피해자인 경우 법인의 업무에 관하여 일체의 재판상 또는 재판 외의 행위를 할 권한이 있는 법률상 대리인이 가해자인 피용자의 행위가 사용자의 사무집행행위에 해당하지 않음을 안 때에는 피해자인 법인이 이를 알았다고 본다. 그리고 이러한 법리는 그 법률상 대리인이 본인인 법인에 대한 관계에서 이른바 배임적 대리행위를 하는 경우에도 마찬가지라고 한다.[18]

[사안]에 제시된 대출 당시의 정황 등과 甲과 乙의 형사판결 내역에 비추어 보면, B은행 C지점장 乙은 C지점과 관련된 B은행의 업무에 관하여 일체의 권한 있는 대리인으로서 대출 당시 甲이 A학회의 영리목적과는 관계없이 甲 개인의 이익을 도모할 목적으로 그 대표권한을 남용하여 A학회 명의로 예금담보대출을 받는 것임을 알 수 있었다.

다. 소 결

B은행 C지점장 乙은 甲의 대표권한 남용에 대한 인식가능성이 있었다. 따라서 2013. 12. 1. B은행과 A학회 사이에 체결된 정기예탁금을 담보로 한 대출계약은 무효이며, 이 대출계약의 유효를 전제로 B은행의 상계의 의사표시도 효력이 없다. 그러므로 B은행은 A학회에게 2014. 10. 31. 예탁원리금 전액을 반환하여야 한다.

---

18 대법원 2005. 12. 23. 선고 2003다30159 판결 참조.

B은행은, [사례 1]에서와 같이 A학회의 예탁원리금의 전부 반환청구에 대응하여, 甲의 위법한 직무상 행위로 대출원리금 중 일부를 회수하지 못한 손해를 입었으므로 甲의 위법한 직무수행에 대해 A학회는 불법행위의 손해배상책임이 있다고 주장한다. 이에 대해 A학회는 B은행 C지점장 乙은 甲의 권한남용을 알았거나 중대한 과실로 알지 못하였으므로 책임이 없다고 주장한다.

문제 2) [사례 2]에서 A학회와 B은행의 주장에 관해 그 요건과 효과를 약술하시오. (금액의 기술은 생략함)

B은행의 주장은, 甲은 A학회를 대표하는 자로서 직무상 위법행위로 B은행의 미회수 대출금 및 그 이자 상당액의 손해를 가하였으므로 위 학회는 비영리는 사단법인으로서 배상책임이 있다는 것이다. 그러므로 이하에서는 사단법인인 A학회의 불법행위 손해배상책임을 검토한다.

1. 법인의 불법행위

가. 민법 제35조

현행 민법은 법인도 권리주체이며(민법 제34조), 또한 거래생활상 법인도 불법행위책임의 주체가 될 수 있음(법인의 불법행위능력)을 규정하고 있다.[19] 민법 제35조 제1항에 의하면, "법인은 이사 기타 대표자

---

19 [사안]에서 A학회가 비법인사단인 경우에도, 대법원 판례에 의하면, 그 대표자가 직무에 관하여 타인에게 손해를 가한 경우 그 사단은 민법 제35조 제1항의 유추적용에 의하여 그 손해를 배상할 책임이 있다. 대법원 1994. 3. 25. 선고 93다32828, 32835 판결, 1997. 7. 11. 선고 97

가 그 직무에 관하여 타인에게 가한 손해를 배상할 책임"이 있으며, 동조 제2항에서는 일정한 경우에는 이사 기타 대표자도 자기의 손해배상책임을 면하지 못한다.

위 조항에 따른 불법행위 주체인 '이사 기타 대표자'는 법인의 대표기관을 의미하는 것이고, 대표권이 없는 (법인 조직의 직위 호칭상) 이사는 법인의 기관이기는 하지만 대표기관은 아니기 때문에 그들의 행위로 인하여 법인의 불법행위가 성립하지 않는다.[20] 이와 관련하여 대법원 판례는, '법인의 대표자'에는 그 명칭이나 직위 여하, 또는 대표자로 등기되었는지 여부를 불문하고 당해 법인(비법인사단을 포함)을 실질적으로 운영하면서 법인을 사실상 대표하여 법인의 사무를 집행하는 사람을 포함한다고 하며, 구체적인 사안에서 이러한 사람에 해당하는지는 법인과의 관계에서 그 지위와 역할, 법인의 사무 집행 절차와 방법, 대내적·대외적 명칭을 비롯하여 법인 내부자와 거래 상대방에게 법인의 대표행위로 인식되는지 여부, 공부상 대표자와의 관계 및 공부상 대표자가 법인의 사무를 집행하는지 여부 등 제반 사정을 종합적으로 고려하여 판단한다.[21]

그리고 대표기관의 행위가 직무행위에 해당하는지의 여부는 이른바 '외형이론'에 의하여 판단하는바, 법인이 그 대표자의 불법행위로 인하여 손해배상채무를 지는 것은 그 대표자의 직무에 관한 행위로 인하여 손해가 발생한 것임을 요한다. 여기에서 행위의 외형상 대표자의 직무행위라고 인정할 수 있는 것이라면 설사 그것이 대표자 개인의 사리를 도모하기 위한 것이었거나 혹은 법령의 규정에 위반된 것이었다 하더라도 위의 직무에 관한 행위에 해당한다.[22]

다1266 판결, 대법원 2003. 7. 25. 선고 2002다27088 판결 등 참조.
20 대법원 2005. 12. 23. 선고 2003다30159 판결 참조.
21 대법원 2011. 4. 28. 선고 2008다15438 판결 등 참조.
22 대법원 1969. 8. 26. 선고 68다2320 판결; 대법원 2004. 2. 27. 선고 2003다15280 판결 등

또한 민법 제35조는 법인의 '불법행위'에 관한 규정이므로 민법 제750조의 요건이 충족되어야 한다. 따라서 민법 제750조의 불법행위 일반요건에 상응하여 ① 대표기관의 직무상 가해행위와 손해 사이에 인과관계가 있을 것, ② 고의 또는 과실의 가해행위로서 위법할 것, ③ 손해와 위법성관련(규범목적설의 관점) 등의 요건을 충족시켜야 한다.

나아가 대법원 판례는 피해자에 관한 면책요건으로서, 법인의 대표자의 행위가 직무에 관한 행위에 해당하지 아니함을 피해자 자신이 알았거나 또는 중대한 과실로 인하여 알지 못한 경우에는 법인에게 손해배상책임을 물을 수 없다고 하면서, 여기서 중대한 과실이라 함은 거래의 상대방이 조금만 주의를 기울였더라면 대표자의 행위가 그 직무권한 내에서 적법하게 행하여진 것이 아니라는 사정을 알 수 있었음에도 만연히 이를 직무권한 내의 행위라고 믿음으로써 일반인에게 요구되는 주의의무에 현저히 위반하는 것으로 거의 고의에 가까운 정도의 주의를 결여하고, 공평의 관점에서 상대방을 구태여 보호할 필요가 없다고 봄이 상당하다고 인정되는 상태라고 한다.[23]

나. 소 결

[사안]과 [사례 2]에서 A학회의 회장 甲이 직무상 권한을 남용하여 작성한 위조서류를 이용하여 A학회의 예탁금을 담보로 삼아 위

참조.

23 대법원 2003. 7. 25. 선고 2000다27088 판결, 대법원 2004. 3. 26. 선고 2003다34045 판결 등. 위와 같이 민법 제35조의 불법행위책임 성립요건은, 민법 제756조의 사용자책임의 요건에 비추어 병행적으로 형성되어 있다. 이와 관련하여 법인의 대표자가 직무에 관하여 불법행위를 한 경우, 사용자책임을 규정한 민법 제756조 제1항을 적용할 수 있는지 여부에 관해 대법원은 "법인에 있어서 그 대표자가 직무에 관하여 불법행위를 한 경우에는 민법 제35조 제1항에 의하여, 법인의 피용자가 사무집행에 관하여 불법행위를 한 경우에는 민법 제756조 제1항에 의하여 각기 손해배상책임을 부담한다"고 판시하였다. 대법원 2009. 11. 26. 선고 2009다57033 판결 참조.

학회의 명의로 B은행으로부터 대출을 받은 행위는 거래의 외관상 A학회라는 '법인의 대표자가 그 직무에 관하여 타인에게 손해를 가'하여 B은행에 대출원리금 상당의 손해를 입힌 것이다. 따라서 법인의 불법행위 손해배상책임이 성립한다(민법 제35조 제1항 전단). 또한 그 대표기관의 역할을 한 자연인 甲도 피해자에 대해 불법행위의 손해배상책임을 진다(민법 제35조 제1항 후단).[24]

그런데 [문제 1]에서 검토한 바와 같이, 대출업무를 처리한 B은행 C지점장 乙은 甲의 대표권 남용에 관하여 진의를 알았거나 알 수 있었을 때라고 볼 수 있으므로 A학회에 대한 대출행위는 무효이다. 또한 위 대출에 관한 계약체결 및 관련 업무의 처리상 B은행 C지점장 乙의 부주의는 중대한 과실에 해당하며, 그 밖에 형사판결에서도 A학회 명의의 대출금을 甲이 개인용도에 사용할 것을 인식하고도 대출해주어 업무상 배임죄가 인정된 점에 비추어,[25] 고의까지 인정할 수 있다.

결국 甲의 불법행위로 인하여 B은행이 입은 미회수 대출원리금 상당의 손해에 관해 A학회는 불법행위책임을 부담하지 아니한다.

---

24 이 경우, 법인의 손해배상채무와 대표기관 개인의 손해배상채무는 그 배상채무가 중첩되는 부분에서 부진정연대채무의 관계가 성립한다. 그리고 법인이 피해자에게 그 손해를 배상하여 공동면책이 된 경우, 법인을 대표하는 이사는 법인에 대하여 위임관계에 있고(민법 제680조 이하, 제681조 수임인의 선관의무), 그 이사가 임무를 해태한 때에는 법인에 대하여 연대하여 손해배상의 책임이 있다고 규정하고 있는(민법 제65조) 등과 채무불이행과 관련 일반의 법리에 비추어, 해당 법인은 그 대표기관인 이사 개인에 대하여 구상할 수 있다. 법인의 불법행위가 성립하지 않을 때에도 대표기관 개인의 불법행위책임이 성립할 수 있으며(민법 제750조), 특히 민법 제35조 제2항은 그 사항의 의결에 찬성한 사원과 이사, 그리고 그것을 집행한 이사 기타 대표기관은 연대하여 배상책임을 지도록 규정하고 있다.

25 대법원 판례는, 관련 형사사건의 판결에서 인정된 사실은 특별한 사정이 없는 한 민사재판에서 유력한 증거자료가 되나, 민사재판에서 제출된 다른 증거내용에 비추어 형사판결의 사실판단을 그대로 채용하기 어렵다고 인정될 경우에는 이를 배척할 수도 있다고 한다. 대법원 2006. 9. 14. 선고 2006다27055 판결, 대법원 2010. 5. 27. 선고 2009다12603 판결 등 참조.

[사안]의 사실관계는 다음과 변경이 되었다.

A학회의 정관에 A학회 명의로 자금을 대출받기 위하여는 이사회의 의결이 요하는 것으로 규정되어 있으나, 이에 관하여 법인등기부에 등기되어 있지 않았다. 그런데 甲은 2013. 11. 20.경 실제로는 예탁금담보대출에 관한 이사회를 개최한 사실이 없음에도 불구하고, A학회가 B은행으로부터 위 대출을 받는 것을 의결한 내용으로 이사회 의사록을 위조하여 대출받아서 자신이 개인적으로 운영하던 H회사 등의 경영상 사업자금으로 유용하였다.

乙은 업무상 배임죄에 관한 △△지방법원 판결에 대해 항소하였는데, 항소심에서는 乙의 계약직 담당직원이 A학회의 위 대출을 주관하여 직접적으로 관여하였고, 乙은 그로부터 보고를 받은 대로 처리를 하였다는 점에 관한 새로운 증거가 현출되었다. 이에 제1심과 달리 乙은 대출금을 개인사업 자금으로 사용한다는 사정을 확정적으로 인식하였다고 보기 어렵고, B은행의 여·수신 실적 등에 큰 도움이 된다는 이유 등으로 위 대출을 승인해 주었다는 정황이 고려되어 무죄를 선고받았으며, 2015. 4. 1. 대법원에서 그대로 확정되었다.

한편 A학회로서는 B은행이나 乙, 그리고 대출 담당직원이 甲의 대출행위와 관련된 내부적 제한을 알았는지 여부에 관해 입증할만한 자료가 전혀 없는 상황이다.

B은행은 예탁금 만기일 현재 대출금 중 미회수 대출원금 및 이에 대한 연 7.2% 이자 상당의 손해가 있다고 주장한다. 이에 대해 A학회는 대출금의 약정이자는 손해액에 포함되지 아니하므로 대출원금만을 기준으로 한 손해액, 또는 대출원금과 상사 법정이율 연 6% 이자액으로 산정하여야 한다고 주장한다. 단, 대출원금 및 기간, 그리고 대출상환의 지체 및 그 기간에 관해서는 당사자 사이에 이견이 없다.

문제 3) [사례 3]에서 A학회의 손해배상책임의 요건과 효과, 그리고 B은행의 주장에 관한 판단에 관해 논거를 제시하여 약술하시오. (금액의 기술은 생략함)

1. A학회의 손해배상책임

앞서 살펴본 바와 같이 A학회는 법인이며, 甲은 위 학회 회장으로서 민법 제35조 제1항의 대표자에 해당한다. 甲은 A학회 이사회의 의결 없이 B은행과 대출계약을 체결한 점에서는 대표권한의 범위를 벗어난 것이다. 따라서 대표권의 유월에 해당한다.

대법원은, 대표권 유월과 대표권 남용을 명확하게 구분하지 않고, 민법 제35조의 불법행위책임이 성립될 수 있다고 판시한 바가 있다.[26] 이에 따르면, 앞에서 검토한 바와 같이, 법인의 불법행위 요건인 대표기관의 행위, 직무행위, 甲의 불법행위책임 성립요건을 모두 갖추고 있다.

그런데 [사례 3]에서는 A학회는 대표권 제한에 관해 등기는 하지 않은 상황이다. 민법 제60조는 이사의 대표권 제한을 등기하지 아니하면 제3자에게 대항하지 못하는 것으로 규정하고 있다. 그리고 대법원 판례에 의하면, 이사회의 결의를 거쳐야 할 대외적 거래행위에 관하여 이를 거치지 아니한 경우라도, 이와 같은 이사회 결의사항은 회사의 내부적 의사결정에 불과하다 할 것이므로, 그 거래상대방이 그와 같은 이사회 결의가 없었음을 알았거나 알 수 있었을 경우가 아니라면 그 거래행위는 유효하며, 거래의 상대방이 이사회의 결의가 없었음을 알았거나 알 수 있었음은 이를 주장하는 측이 입증하여야 한다.[27]

---

26 대법원 1969. 8. 26. 선고 68다2320 판결, 대법원 1975. 8. 19. 선고 75다666 판결 참조. 그 밖에 대표권의 유월로 인하여 거래 상대방이 피해를 입게 된 경우 법인에게 어떠한 책임이 인정되느냐에 관하여, 민법 제35조에 의한 법인의 불법행위책임의 성립, 민법 제126조의 적용, 민법 제35조와 민법 제126조의 선택적 적용 등의 견해가 있다. 홍일표, 민법주해[1, 1992], 민법 제35조, 594면 이하 참조.

27 회사의 대표권 제한은 선의의 제3자에게 대항할 수 없다(상법 제209조, 제389조 제3항 참조). 대법원은, 대표이사의 대표권한 범위를 벗어난 행위라 하더라도 그것이 회사의 권리능력의 범위 내에 속한 행위이기만 하면 대표권의 제한을 알지 못하는 제3자가 그 행위를 회사의 대표행

[사례 3]에서 A학회는 B은행이나 乙이 甲의 자금 대출행위와 관련된 내부적 제한을 알았는지 여부를 입증할만한 증거가 전혀 없는 상태이다. 따라서 [사안]과 [문제 2]에서와 달리, A학회는 피해자인 B은행이 甲의 대표권 남용에 관해 고의였다는 면책입증을 하기가 쉽지 않을 것이다. 그리고 乙에 대한 형사판결의 이유에서 드러나듯이, 乙에게 甲의 사기행위를 공모 내지 방조하는 등 대표권 남용을 인식하였거나 이를 인식하지 못한 데에 거의 고의에 가까운 정도로 주의를 결여하여 공평의 관점에서 상대방을 구태여 보호할 필요가 없다고 봄이 상당하다고 인정될 정도의 중대한 과실이 있다고 보기는 어려울 것이다.

그러므로 A학회는 B은행에 대하여 甲의 불법행위로 인하여 입은 대출 원리금 상당의 손해액을 배상할 불법행위의 손해배상책임이 인정된다.

2. 손해배상의 범위

사단법인으로서 A학회의 불법행위책임이 성립하는 경우, ① B은행이 주장하는 손해, 그리고 ② 이자액 산정상 적용이율에 관해 검토하여야 한다.

[사안]에서와 같은 대출거래에서 대출자인 B은행의 손해는 甲이 제시한 허위로 작성된 관계서류를 유효한 것으로 신뢰하여 대출한 시점에 발생하였다. 이 시점에 불법행위가 성립하며, 그 손해액은 대출

위라고 믿은 신뢰는 보호되어야 하고, 대표이사가 대표권의 범위 내에서 한 행위는 설사 대표이사가 회사의 영리목적과 관계없이 자기 또는 제3자의 이익을 도모할 목적으로 그 권한을 남용한 것이라 할지라도 일단 회사의 행위로서 유효하고, 다만 그 행위의 상대방이 대표이사의 진의를 알았거나 알 수 있었을 때에는 회사에 대하여 무효가 되는 것이며(대법원 1997. 8. 29. 선고 97다18059 판결, 대법원 2005. 7. 28. 선고 2005다3649 판결, 대법원 2008. 5. 15. 선고 2007다23807 판결 등 참조), 이는 민법상 법인의 대표자가 대표권한을 남용한 경우에도 마찬가지라고 한다. 대법원 2004. 3. 26. 선고 2003다34045 판결 참조.

원금인 5억 원이다.

불법행위책임으로 인한 손해배상의 범위에 관해서 민법 제763조는 민법 제393조를 준용한다. 그런데 A학회의 B은행에 대한 손해배상채무는 금전채무이므로, 그 불이행에는 민법 제397조의 특칙이 적용된다. 따라서 금전채무불이행의 손해배상액은 법정이율에 의한 금액이다(법정이자로 의제되는 지연배상액, 민법 제379조 연 5%, 상법 제54조 연 6%). 그러나 법령의 제한에 위반하지 아니한 약정이율이 있으면 그 이율에 의한 지연배상액으로 하며, 그를 초과하는 손해의 배상을 구할 수 없다. 그리고 손해배상에 관하여 채권자는 손해의 증명을 요하지 아니하고 채무자는 과실 없음을 항변하지 못한다.

따라서 A학회의 대표자 甲의 불법행위로 인하여 B은행이 입은 통상의 손해는 대출금액과 그 이자 상당액이다. 나아가 A학회는 B은행에게 이자 상당액의 산정에 관하여 상사법정이율 6%의 적용을 주장하고 있으나, 상법 제54조의 상사법정이율(연 6%)은 상행위로 인한 채무나 이와 동일성을 가진 채무에 관하여 적용되는 것이므로 상행위가 아닌 불법행위로 인한 손해배상채무에는 적용되지 않는다.[28] 그리고 B은행은 영업으로 여신거래를 한 것이지만, 불법행위자인 A학회에 대하여 구할 수 있는 손해배상의 범위는 불법행위가 없었을 경우에 그 피해자 B은행이 '있었을 상태'의 회복에 그치는 것이고, 그 불법행위의 일환으로 체결된 계약이 제대로 성립되어 이행된 경우에 피해자 B은행이 있게 될 상태의 회복까지 구하는 것은 허용되지 않는다. 위 대출계약이 원고에 대한 관계에서 유효하게 성립하였을 경우의 이행이익인 그 대출금에 대한 약정이자의 배상까지 A학회에게 구할 수는 없고, 나아가 B은행의 주장을 대출이 없었다면 B은행이 그 대출 금액을 다른 대출수요자에게 연 7.2%로 대출하여 그와 같은 약

---

28 대법원 1985. 5. 28. 선고 84다카966 판결, 대법원 2004. 3. 26. 선고 2003다34045 판결 참조.

정이자를 얻을 수 있었다는 취지로 본다고 하더라도 이는 특별사정으로 인한 손해이다. [사안]에서 A학회가 그러한 사정까지 알았거나 알 수 있었다고 볼 수는 없다.

그러므로 [사례 3]에서는 A학회의 B은행에 대한 불법행위에 의해 인정되는 손해배상책임의 범위는 甲으로부터 미회수한 대출원금과 이자 상당액이며, 이자 상당의 손해액 산정에 적용되어야 할 이율은 민사법정이율인 연 5%이다.

사례 4

A학회와 B은행의 소송에서 법원은 [사례 3]과 같은 변경된 [사안]의 사실관계를 확정하고, B은행의 대출책임자인 C지점장 등은 A학회에 정관상 목적과 위 대출금의 용도 등을 확인하는 등의 조치를 취하여 부당한 대출이 발생하지 않도록 주의를 다하지 못한 과실이 위 예탁금대출의 한 원인이 되었다고 판단하여 B은행에 대한 책임을 80%로 제한하기로 하였다.

한편, 2014. 10. 31. 甲은 B은행에 [사안]의 예탁금대출과 관련하여 2013. 12. 1.부터 2014. 10. 31.까지의 대출원금 5억 원에 대한 이자와 대출원금 3억 원을 대출상환금으로 지급하였다. 이와 관련하여 A학회는 甲이 B은행에 지급한 위 금액을 손해배상금에서 공제하여야 한다고 주장한다.

문제 4) [사례 4]에서 A학회가 B은행에 배상하여야 손해액의 판단과 그 산정을 제시하여 서술하시오.

민법 제763조에서는 민법 제396조를 준용한다. 따라서 불법행위에 관하여 피해자에게 과실이 있는 때에는 법원은 손해배상의 책임 및 그 금액을 정함에 이를 참작하여야 한다. 이와 관련하여 대법원 판례는, 과실상계 사유에 관한 사실인정이나 그 비율을 정하는 것은 그것이 형평의 원칙에 비추어 현저히 불합리하다고 인정되지 않는 한 사실심의 전권사항에 속한다고 한다.[29] 그리고 손해배상액의 산정에서는 책임성립에 기여한 피해자의 과실을 참작하여 우선 과실상계를 한 다음, 손익상계를 하여야 한다.[30]

그리고 [사안] 및 [사례 4]에서는 A학회 대표자 甲에 의한 불법행위로 B은행에 대출금액 상당의 손해가 발생함으로써 A학회의 불법행위가 성립한 후, 직접 불법행위를 한 甲이 B은행의 손해액의 일부를 변제하였고, A학회는 배상할 손해액에서 이 부분이 공제되어야 한다고 주장한다.

위와 같은 경우 대법원 판례는, 민법 제756조의 사용자책임 사안에서 직접 가해의 불법행위를 한 피용자가 피해자에게 손해의 일부를 변제한 경우에 부진정연대채무관계에 있는 사용자의 손해배상 범위를 산정하는 방식을 적용하는바, 피용자 본인이 불법행위의 성립 이후에 피해자에게 손해액의 일부를 변제하였다면, 피용자 본인의 피해자에 대한 변제금 중 사용자의 과실비율에 상응하는 부분만큼은 손해액의 일부로 변제된 것으로 보아 사용자의 손해배상책임이 그 범위내에서는 소멸하게 되고, 따라서 사용자가 배상할 손해배상의 범위를 산정함에 있어 피해자의 과실을 참작하여 산정된 손해액에서 과실상

---

29 대법원 2002. 1. 8. 선고 2001다62251, 62268 판결, 대법원 2003. 1. 24. 선고 2001다2129 판결, 대법원 2012. 10. 11. 선고 2010다42532 판결, 대법원 2014. 2. 27. 선고 2013다 66911 판결 등 참조. 과실상계 또는 책임제한에 관한 사실인정이나 비율을 정하는 것이 사실심의 전권사항이라고 하더라도, 그것이 형평의 원칙에 비추어 불합리하여서는 아니 되며(대법원 2010. 10. 28. 선고 2010다52126 판결 참조), 특히 가해자의 손해배상책임을 면제하는 것은 실질적으로 가해자의 손해배상책임을 부정하는 것과 다름이 없으므로, 불법행위로 인한 피해자의 손해가 실질적으로 전부 회복되었다거나 그 손해를 전적으로 피해자에게 부담시키는 것이 합리적이라고 볼 수 있는 등의 특별한 사정이 없는 한 가해자의 책임을 함부로 면제하여서는 아니 된다. 대법원 2014. 11. 27. 선고 2011다68357 판결 참조.
30 대법원 1990. 5. 8. 선고 89다카29129 판결, 대법원 1996. 1. 23. 선고 95다24340 판결, 대법원 2008. 5. 15. 선고 2007다37721 판결 등 참조.

계를 한 다음, 피용자 본인의 변제금 중 사용자의 과실비율에 상응하는 부분을 공제하여야 하며, 이러한 법리는 피용자 본인이 불법행위의 성립 이후에 피해자에 대하여 일부 금원을 지급함에 있어서 명시적으로 손해배상의 일부 변제조로 지급한 것은 아니지만 불법행위를 은폐하거나 기망의 수단으로 지급한 경우(불법차용행위를 은폐하기 위하여 피해자에게 차용금에 대한 이자 명목의 금원을 지급한 경우 등)에도 마찬가지로 적용되어야 하고,[31] 법인의 대표자에 의한 불법행위로 법인의 불법행위책임이 성립하는 경우에도 다를 바가 없다고 한다.[32]

그러므로 [사례 4]에서는 예탁금 만기일에 甲이 B은행에 대출금의 상환으로 지급한 금액 중 A학회의 과실비율에 상응하는 금액은 B은행의 손해액에서 공제되어야 한다.

A학회가 B은행에 배상하여야 할 손해액은 150,320,000원이며, 그 산정은 다음과 같다.

① 대출원금 및 이에 대한 법정이자 상당액: 527,500,000원
{ = 600,000,000원×(1+0.05×11/12), 대출일인 2013. 12. 1.부터 2014. 10. 31.까지 11개월 계산}
② 과실상계 후 손해액: 422,000,000원(= 527,500,00원×0.8)
③ 甲의 상환액 중 공제할 액수: 271,680,000원(= 333,000,000원×0.8)
2014. 10. 31. 甲의 상환원리금액 339,600,000원{ = 대출원금 중 상환액 300,000,000원 + 대출원금 이자 상당액 39,600,000원(= 600,000,000× 0.072×11/12)
④ 공제 후 잔액: 150,320,000원(= ② 422,000,000원 - ③ 266,400,000원)

---

31 대법원 1998. 7. 24. 선고 97다55706 판결. 1999. 2. 12. 선고 98다55154 판결 등 참조.
32 대법원 2004. 3. 26. 선고 2003다34045 판결. 이와 같은 병행적인 법리의 적용은 민법 제35조와 제756조의 책임성립 요건면에서 법인은 사용자에, 그 대표자의 직무행위는 피용자의 사무집행에 대응하는 것으로, 피해자의 고의 및 중과실의 면책을 공통의 요건으로 하며, 효과면에서는 양자의 손해배상채무를 부진정연대관계로 하는 것이라고 할 수 있을 것이다.

최종적으로 [사안]에서 2014. 10. 31. B은행은 A학회에 909,680,000원을 반환하여야 한다. 같은 날 B은행이 A학회에 반환하여야 할 예탁원리금 1,060,000,000원{=1,000,000,000 × (1 + 0.06)}에서 A학회가 B은행에 배상할 손해액 150,320,000원을 공제하면, 반환하여야 할 예탁원리금 잔액은 위와 같다.

그러므로 A학회는 B은행에게 909,680,000원 및 이에 대한 은행예탁금 만기일의 다음 날인 2014. 11. 1.부터 B은행이 그 이행의무의 존부 및 범위에 관하여 항쟁함이 상당하다고 인정되는 판결 선고일까지는 연 5%의, 그 다음 날부터 갚는 날까지는 소송촉진 등에 관한 특례법에 정한 연 15%의 각 비율에 의한 지연손해금의 지급을 청구할 수 있다.

공동불법행위
– 자동차손해배상보장법, 공동불법행위책임, 구상관계 등 –

※ 이하 [사안] 및 각 [사례], 그리고 각 문제의 일자는 공휴(무)일이 아닌 것으로 의제함.

사안

　　甲이 운행자인 차량과 乙이 운행자인 차량이 충돌하여 乙이 운행자인 차량에 동승한 丙이 상해를 입어 1억 원 상당의 피해가 발생하였다.

사안 개요도

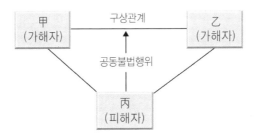

丙이 甲과 乙을 공동피고로 하여 손해배상소송을 제기하였다.

문제 1) 甲과 乙이 공동불법행위자로서의 책임 성립의 요건을 판례의 법리를 중심으로 약술하시오.

자기를 위하여 자동차를 운행하는 자가 그 운행으로 인하여 다른 사람을 사망하게 하거나 부상하게 한 경우 민법의 특별법인 자동차손해배상보장법 제3조에 의하여 그 손해를 배상할 책임을 진다. 동조 단서 각 호의 면책사유에 해당하지 않는 한, 甲과 乙의 사고에 대한 손해배상책임의 성립에는 위법성 요건을 요하지 않으며, 동법 제4조에 의하여 민법 제760조가 적용된다.

민법 제760조에의하면 공동불법행위의 성립요건으로 ① 수인이 행위를 공동으로 하여 손해를 발생시킬 것, ② 수인의 행위와 손해 사이에 인과관계가 있을 것, ③ 수인의 행위가 고의 또는 과실로 인한 위법행위일 것, ④ 각 공동행위자의 불법행위가 성립할 것이 요구된다.

대법원 판례에 의하면, 공동불법행위의 성립에는 공동불법행위자 상호 간에 의사의 공통이나 공동의 인식이 필요하지 아니하고 객관적으로 각 행위에 관련공동성이 있으면 되며, 그 관련공동성 있는 행위에 의하여 손해가 발생하였다면 그 손해배상책임을 면할 수 없다고 한다.[33]

[사안]에서 비록 공동불법행위자인 甲과 乙 사이에 의사의 공통

---

[33] 대법원 1998. 6. 12. 선고 96다55631판결, 대법원 1988. 4. 12. 선고 87다카2951 판결, 대법원 2008. 6. 26. 선고 2008다22481 판결 등 참조.

이나 공동의 인식 여부는 불분명하지만 위와 같은 판례의 법리에 의하면 객관적으로 위 충돌 사고가 甲과 乙의 공동행위로 야기되어 행위에 관련공동성이 있으므로 공동불법행위책임이 성립한다.

사례 2

공동피고 甲과 乙에게 공동불법행위의 손해배상책임이 인정되고, 전체 사고에 대한 丙의 과실상계율이 40%이고 사고에 대한 甲, 乙간의 과실비율이 7 : 3로 인정되었다.

문제 2) 甲과 乙의 손해배상액에 관하여 약술하시오.

공동불법행위책임을 묻는 것은 가해자 각 개인의 행위에 대하여 개별적으로 그로 인한 손해를 구하는 것이 아니라 그 가해자들이 공동으로 가한 불법행위에 대한 책임을 추궁하는 것이다.

대법원 판례에 의하면, 공동불법행위로 인한 손해배상책임의 범위는 피해자에 대한 관계에서 가해자들 전원의 행위를 전체적으로 함께 평가하여 정하여야 하고, 그 손해배상액에 대하여는 가해자 각자가 그 금액의 전부에 대한 책임을 부담하며, 가해자의 1인이 다른 가해자에 비하여 불법행위에 가공한 정도가 경미하다고 하더라도 피해자에 대한 관계에서 그 가해자의 책임 범위를 위 손해배상액의 일부로 제한하여 인정할 수는 없다고 한다.[34]

---

34 대법원 1997. 4. 11. 선고 97다3118 판결, 대법원 1998. 6. 12. 선고 96다55631 판결, 대법원 2005. 10. 13. 선고 2003다24147 판결, 대법원 2007. 12. 27. 선고 2006다16550 판결 등 참조.

따라서 피해자 丙의 과실상계율은 공동불법행위자 甲과 乙 전원의 행위에 대해 전체적으로 평가된 40%가 적용된다. 그리고 민법 제760조에 의해 공동불법행위자들은 "연대하여 그 손해를 배상할 책임"이 있는데, 여기에서 연대는, 피해자 구제를 우선하여, 부진정연대로 해석한다.

그러므로 가해자 甲과 乙의 피해자 丙에 대한 손해배상액은 6천만 원(=1억 원×0.6)이며, 甲과 乙은 각자 피해자가 배상액 전액을 변제받을 때까지 丙에게 6천만 원의 손해배상책임을 진다.

사례 3

[사안]과 [사례 1, 2]에서 甲은 사고 직후 치료비 등의 명목으로 丙에게 4천만 원을 지급하였다.

문제 3) 甲과 乙 사이의 구상관계에 관하여 약술하시오.

연대책임(부진정연대채무)를 지는 공동불법행위자 중 1인이 피해자에게 손해액을 배상하여 공동면책을 시킨 경우에는 공동불법행위자 상호 간의 내부적 부담비율에 의한 구상권을 행사할 수 있다(민법 제425조).[35] 여기에서 부담부분은 공동불법행위자들 내부관계에서의 일

---

35 대법원 판례에 의하면, 공동불법행위자의 다른 공동불법행위자에 대한 구상권은 피해자의 다른 공동불법행위자에 대한 손해배상채권과는 그 발생 원인 및 성질을 달리하는 별개의 권리이고 (대법원 1997. 12. 23. 선고 97다42830 판결 참조), 구상권은 그 소멸시효에 관하여 법률에 따로 정한바가 없는 한, 일반채권과 같이 그 소멸시효는 10년으로 완성되며, 그 기산점은 구상권이 발생한 시점, 즉 구상권자가 현실로 피해자에게 지급한 때이며(대법원 1994. 1. 11. 선고 93다32958 판결 참조), 공동불법행위자 중 1인에 대하여 구상의무를 부담하는 다른 공동불법행

정한 부담부분으로서, 이 부담부분은 공동불법행위자의 고의 및 과실의 정도에 따라 정하여 진다.[36]

[사안]에서는 충돌교통사고에 대한 甲, 乙 간의 과실비율이 7 : 3이다. 따라서 甲은 4천 200만 원(=6천만 원×0.7), 乙은 1천 800만 원(=6천만 원×0.3)을 부담한다.

甲이 丙에게 사고 직후 치료비 등의 명목으로 지급한 4천만 원은 손해배상액의 일부 변제로서 공동면책의 효과가 있다. 그런데 공동불법행위자로서 과실비율에 따른 乙에 대한 甲의 내부적 부담액 4천 200만 원에 미치지 못하는 금액이다. 이러한 경우에 甲은 내부적 부담비율(7 : 3)에 의한 乙의 공동면책 금액{1천 200만 원(=4천만 원×0.3)}을 구상할 수 있는가에 의문이 제기된다.

대법원 판례에 의하면, 공동불법행위자 중 1인이 자기의 부담부분 이상을 변제하여 공동의 면책을 얻게 하였을 때에 비로소 다른 공동불법행위자에게 그 부담부분의 비율에 따라 구상권을 행사할 수 있다고 한다.[37]

그러므로 위와 같은 판례의 법리에 의하며, [사안]에서 甲은 피해자 丙에게 기 지급한 금액(4천만 원)에 관해 乙을 상대로 부담부분 비율에 따른 구상권을 행사할 수 없다.

위자가 수인인 경우에는 특별한 사정이 없는 이상 그들의 구상권자에 대한 채무는 각자의 부담부분에 따른 분할채무로 봄이 상당하지만, 구상권자인 공동불법행위자 측에 과실이 없는 경우, 즉 내부적 부담부분이 전혀 없는 경우에는 이와 달리 그에 대한 수인의 구상의무 사이의 관계를 부진정연대관계로 봄이 상당하다고 한다. 대법원 2005. 10. 13. 선고 2003다24147 판결, 대법원 2012. 3. 15. 선고 2011다52727 판결 참조.

36 대법원 2002. 9. 24. 선고 2000다69712 판결, 대법원 2005. 7. 8. 선고 2005다8125 판결, 대법원 2008. 7. 24. 선고 2007다37530 판결 등 참조.

37 공동불법행위자 중 1인이 자기의 부담부분 이상을 변제하여 공동의 면책을 얻게 하였을 때에는 다른 공동불법행위자에게 그 부담부분의 비율에 따라 구상권을 행사할 수 있다. 대법원 1997. 12. 12. 선고 96다50896 판결, 대법원 2005. 7. 8. 선고 2005다8125 판결, 대법원 2008. 7. 24. 선고 2007다37530 판결 등 참조. 부진정연대채무자 중 1인이 자기의 부담부분 이상을 변제하여 공동의 면책을 얻게 하였을 때에는 다른 부진정연대채무자에게 그 부담부분의 비율에 따라 구상권을 행사할 수 있다. 대법원 2006. 1. 27. 선고 2005다19378 판결 참조.

용익물권

법정지상권과 임대차
– 법정지상권, 임의경매, 채권자대위권, 토지임대차, 상가건물의 임대차와 전세권, 차임연체로 인한 임대차계약의 해지 등 –

※ 이하 [사안] 및 각 [사례], 그리고 각 문제의 일자는 공휴(무)일이 아닌 것으로 의제함.
※ 이하 [사안]의 등장인물들은 갑(甲), 을(乙), 병(丙), 정(丁), 무(戊), 기(己), 경(庚), 신(辛), 임(壬), 계(癸)이다.

사안

(1) H시 A토지(대 804㎡)는 1986. 10. 14. 甲 명의의 소유권이전등기가 이루어졌고, A토지 지상에 건립된 B건물은 1987. 12. 10. 甲 명의의 소유권보존등기가 이루어졌다.

(2) A토지에는 2001. 2. 24. 甲의 채권자 丁 명의의 처분금지가처분등기(S지방법원 2001카합☆☆☆)가 마쳐졌는데, 매매(2001. 2. 7.자)를 원인으로 하여 2001. 3. 5. 乙 명의의 소유권이전등기가 되었다. 이에 위 가처분권자 丁의 대위에 의하여 2005. 1. 28. 丙 명의의 소유권이전등기가 이루어지게 되었고, 乙 명의의 위 소유권이전등기는 같은 날 직권으로 말소되었다.

(3) 그 후 A토지는 대물변제(2000. 10. 21.자)를 원인으로 하여 2000. 1. 28. 丁 명의의 소유권이전등기가, 증여(2005. 1. 25.자)를 원인으로 하여 2005. 1. 28. 戊 명의의 소유권이전등기가, 매매(2005. 2. 1.자)를 원인으로 하여 2005. 2. 5. 己 명의의 소유권이전등기가 각 이루어졌고, 2006.

8. 4. A-1(대 537㎡), A-2[대 267㎡, 이하 '이 사건 대지(A-2)']로 분할
되었다.

(4) 이 사건 대지(A-2)에 관하여 2009. 2. 17. 임의경매개시결정(S지방법원
2009타경★★★★)이 내려졌는데, 그에 따라 개시된 임의경매절차에서
庚이 매각허가를 받고 2010. 3. 13. 매각대금을 완납하였고 같은 날 S지
방법원 H등기소에 등기신청이 접수되어 庚 명의의 소유권이전등기가 마
쳐졌다.

(5) B건물에는 2001. 3. 18. '국(國)'(처분청 S세무서) 명의의 압류등기가 마
쳐졌고, 매매(2001. 4. 2.자)를 원인으로 하여 2001. 4. 2. 乙 명의의 소
유권이전등기가 이루어졌다. 그런데 위 압류등기에 기하여 공매절차가
개시되었고 이 공매절차에서 2010. 10. 30. 辛은 B건물을 매수하여
2010. 11. 8. 辛 명의의 소유권이전등기가 이루어지면서 위 압류등기 이후
에 마쳐진 乙 명의의 위 소유권이전등기는 같은 날 직권으로 말소되었다.

(6) 辛은 2010. 11. 8.경부터 현재까지 이 사건 B건물을 점유·사용하고 있는
데, 위 건물 중 90㎡(64.27㎡ 주택, 15.60㎡ 창고, 11.04㎡ 주방, 1.62㎡
보일러실, 0.48㎡ 보일러, 0.48㎡ 주유탱크, 12.79㎡ 목재적치창고 등
이하 '침해건물 부분')가 이 사건 대지(A-2) 위에 위치하고 있고, 또한 辛
은 이 사건 대지(A-2) 중 162.35㎡를 식당 운영에 필요한 주차장 용도
로 점유·사용하고 있다.

(7) 庚(이하 '원고 庚')은 辛(이하 '피고 辛')을 상대로 S지방법원에 다음과 같
은 취지의 청구소송을 제기하였다.

피고 소유의 이 사건 건물 중 침해건물 부분이 원고 소유의 이 사건
대지(A-2) 위에 건축되어 있고 피고는 B건물 이외의 잔여지 부분
(162.35㎡)도 주차장으로 점유·사용하고 있으므로, 피고는 원고에게 B
건물 중 침해건물 부분을 철거하고, 이 사건 대지(A-2)를 인도할 의무가
있으며, 점유개시일 이후인 2010. 11. 9.부터 위 대지 인도완료일까지 임
료 상당의 부당이득 및 그에 관한 지연손해금을 지급할 의무가 있다.

(8) 위 (사)와 같은 원고 庚의 주장에 대하여 피고 辛은 위 '침해건물 부분'을
위하여 이 사건 대지(A-2)에 대한 관습상 법정지상권을 가지고 있으므
로 B건물 중 침해건물 부분을 철거하고, 이 사건 대지(A-2)를 인도할 의
무가 없다고 항변한다.

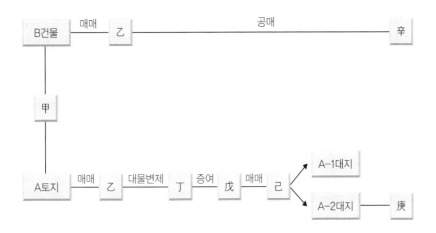

문제 1) 법정지상권과 관습상 법정지상권의 개념을 약술하시오.

　　법정지상권(法定地上權)은 토지와 건물이 동일인에 속하는 상태에서 건물에만 제한물권이 설정되었다가 나중에 토지와 건물의 소유자가 달라진 경우에, 건물소유자를 보호하기 위하여 법률로 인정하는 지상권을 말한다. 따라서 법률상 당연히 성립하는 지상권이므로 등기없이 성립하는 물권으로(민법 제187조), 법정지상권은 민법상 전세권에 의한 경매실행의 경우(동법 제305조)와 저당권의 실행(동법 제366조)에 의한 경우가 있다.

　　한편 관습상의 법정지상권은 판례에 의해 인정되는 법정지상권으로서 토지와 건물이 동일소유자에게 속하였다가 토지이용권에 관한 합의 없이 매매 등으로 토지와 건물소유자가 달라진 경우에 지상권의 성립을 인정하는 것인바, 관습상의 법정지상권에 관하여는 특별한 사정이 없는 한 민법의 지상권에 관한 규정이 준용된다.[1] 판례는 동일인의 소유에 속하고 있던 토지와 그 지상 건물이 강제경매 또는 국세징수법에 의한 공매 등으로 인하여 소유자가 다르게 된 경우에는 그 건물을 철거한다는 특약이 없는 한 건물소유자는 토지소유자에 대하여 그 건물의 소유를 위한 관습상 법정지상권을 취득한다고 한다.[2][3]

문제 2) 1. 동일인의 소유에 속하고 있던 토지와 그 지상 건물이 강제경매에 의해 소유자가 다르게 된 경우, 2. 동일인의 소유에 속하고 있던 토지와 그 지상 건물에 관하여 강제경매를 위한 압류나 그 압류에 선행한 가압류가 있기 이전에 저당권이 설정되어 있다가 강제경매로 저당권이 소멸한 경우에 있어서 관습상 법정지상권의 성립시기에 관해 약술하시오.

---

1. 동일인의 소유에 속하고 있던 토지와 그 지상 건물이 강제경매에 의해 소유자가 다르게 된 경우

강제경매의 목적이 된 토지 또는 그 지상 건물의 소유권이 강제경매로 인하여 그 절차상의 매수인에게 이전된 경우에 건물의 소유를 위한 관습상 법정지상권의 성립은 그 매수인이 그 압류의 효력이 발

---

[1] 대법원 2013. 9. 12. 선고 2013다43345 판결.

[2] 대법원 1967. 11. 28. 선고 67다1831 판결, 대법원 1997. 1. 21. 선고 96다40080 판결.

[3] 판례는 이러한 경우 원래 관습상 법정지상권이 성립하려면 토지와 그 지상 건물이 애초부터 원시적으로 동일인의 소유에 속하였을 필요는 없고, 그 소유권이 유효하게 변동될 당시에 동일인이 토지와 그 지상 건물을 소유하였던 것으로 족하다고 보고 있다. 대법원 1995. 7. 28. 선고 95다9075, 9082 판결, 대법원 2012. 10. 18. 선고 2010다52140 전원합의체 판결.

생하는 때를 기준으로 하여 토지와 그 지상 건물이 동일인에 속하였는지 여부를 판단한다.[4]

한편 강제경매개시결정의 기입등기가 이루어져 압류의 효력이 발생한 후에 경매목적물의 소유권을 취득한 이른바 제3취득자는 그의 권리를 경매절차상의 매수인에게 대항하지 못하고, 나아가 그 명의로 경료된 소유권이전등기는 매수인이 인수하지 아니하는 부동산의 부담에 관한 기입에 해당하므로(민사집행법 제144조 제1항 제2호 참조) 그 매각대금이 완납되면 직권으로 그 말소가 촉탁되어야 하는 것이어서,[5] 결국 매각대금 완납 당시 소유자가 누구인지는 별다른 의미가 없다.

2. 동일인의 소유에 속하고 있던 토지 또는 그 지상 건물에 관하여 강제경매를 위한 압류나 그 압류에 선행한 가압류가 있기 이전에 저당권이 설정되어 있다가 강제경매로 저당권이 소멸한 경우

이와 같은 경우 저당권 설정 당시를 기준으로 토지와 그 지상 건물이 동일인에게 속하였는지에 따라 관습상 법정지상권의 성립 여부를 판단한다. 그 이유에 대하여 판례는 만약 저당권 설정 이후의 특정 시점을 기준으로 토지와 그 지상 건물이 동일인의 소유에 속하였는지에 따라 관습상 법정지상권의 성립 여부를 판단하게 되면, 저당권자로서는 저당권 설정 당시를 기준으로 그 토지나 지상 건물의 담

---

4 만약 강제경매의 목적이 된 토지 또는 그 지상 건물에 대하여 강제경매개시결정 이전에 가압류가 되어 있다가 그 가압류가 강제경매개시결정으로 인하여 본압류로 이행되어 경매절차가 진행된 경우에는 애초 가압류의 효력이 발생한 때를 기준으로 토지와 그 지상 건물이 동일인에 속하였는지에 따라 관습상 법정지상권의 성립 여부를 판단하여야 한다. 대법원 2013. 4. 11. 선고 2009다62059 판결.

5 대법원 2002. 8. 23. 선고 2000다29295 판결.

보가치를 평가하였음에도 저당권 설정 이후에 토지나 그 지상 건물의 소유자가 변경되었다는 외부의 우연한 사정으로 인하여 자신이 당초에 파악하고 있던 것보다 부당하게 높아지거나 떨어진 가치를 가진 담보를 취득하게 되는 예상하지 못한 이익을 얻거나 손해를 입게 된다는 점을 들고 있다.[6]

문제 3) [사안]에서 피고 丙이 항변하는 바와 같이 이 사건 대지(A-2)에 관한 관습상 법정지상권자가 될 수 있는 법적 판단에 관해 논거를 제시하여 약술하시오.

[사안]에서 분할 전 H시 A토지(대 804㎡)와 B건물은 그 건물의 소유권보존등기일인 1987. 12. 10.경 모두 甲의 소유였다. 그런데 A토지는 2001. 3. 5., B건물은 2001. 4. 2. 乙에게 각 소유권이 이전되었으나,[7] A토지에 관하여 처분금지가처분등기에 반하여 이루어진 乙 명의의 소유권이전등기가 2005. 1. 28. 말소되고 가처분권자인 甲의 채권자 丁의 대위에 의한 丙 명의의 소유권이전등기가 마쳐지면서 위 A

---

6 대법원 2013. 4. 11. 선고 2009다62059 판결, 대법원 2012. 10. 18. 선고 2010다52140 전원합의체 판결.

7 2006. 8. 4. A토지(대 804㎡)가 A-1(대 537㎡), A-2(대 267㎡)로 분할 전에 甲이 乙에게 A토지와 B건물의 소유권을 각 2001. 3. 5., 2001. 4. 2. 순차 이전한 행위에 의해 2001. 3. 5. 甲은 B건물의 소유자로서 乙의 소유 A토지에 대한 관습상 법정지상권을 취득하였다고 할 수 있을 것이다. 그러나 2001. 4. 2. 乙이 B건물의 소유권을 취득함으로써 갑의 위 관습상 법정지상권은 소멸하였으므로 丙은 甲의 관습상 법정지상권을 양수할 수 없다. 대법원 1993. 12. 28. 선고 93다26687 판결(대지와 그 지상의 건물이 원래 甲의 소유이었는데, 甲이 대지와 건물을 乙에게 매도하고, 乙은 건물에 관하여는 소유권이전등기를 하지 아니하고 대지에 관하여만 그 이름으로 소유권이전등기를 경료함으로써 건물의 소유명의가 甲 명의로 남아 있게 되어 형식적으로 대지와 건물이 그 소유명의자를 달리하게 된 것이라면 대지와 건물의 점유사용 문제는 그 매매계약 당사자 사이의 계약에 따라 해결할 수 있는 것이므로 甲과 乙 사이에 있어서는 관습에 의한 법정지상권을 인정할 필요는 없다).

토지와 B건물의 소유자가 달라졌으므로 당시 B건물의 소유자인 乙에게 위 '침해건물 부분'의 소유를 위하여 대지(A-2) 부분에 대한 관습상 법정지상권이 성립한다.

그리고 동일한 소유자에게 속하는 대지와 그 지상건물이 매매 등에 의하여 각기 그 소유자가 다르게 된 경우에는 특히 그 건물을 철거한다는 조건이 없는 한 건물소유자는 그 대지 위에 그 건물을 위한 관습법상 법정지상권을 취득하는 것이고, 한편 건물 소유를 위하여 법정지상권을 취득한 사람으로부터 경매에 의하여 그 건물의 소유권을 이전받은 매수인은 매수 후 건물을 철거한다는 등의 매각조건하에서 경매되는 경우 등 특별한 사정이 없는 한 건물의 매수취득과 함께 위 지상권도 당연히 취득한다.[8]

피고 辛은 공매절차에서 2010. 10. 30. 乙의 소유 B건물을 매수하여 2010. 11. 8. 辛 명의의 소유권이전등기가 이루어졌는바, 민법상 乙과 辛은 매매거래의 당사자이다. 따라서 辛은 B건물 소유를 위하여 법정지상권을 취득한 乙로부터 공매절차상 경매에 의해 B건물의 소유권을 이전받은 매수인으로서 매수 후 건물을 철거한다는 등의 매각조건하에서 경매되는 경우 등과 같은 특별한 사정이 없었으므로 위 건물의 매수취득과 함께 위 관습상 법정지상권도 취득한다.

---

8 대법원 1985. 2. 26. 선고 84다카1578, 1579 판결, 대법원 2013. 9. 12. 선고 2013다43345 판결.

원고 庚의 소송대리인은 [사안]에서 B건물의 공매절차에서 피고 辛이 B건물을 매수함으로써 B건물에 관하여 과세관청의 압류등기에 반하여 이루어진 乙 명의의 소유권이전등기가 말소되었으므로 관습상 법정지상권은 성립할 수 없다고 주장한 경우, 그 법적 당위에 관한 판단을 약술하시오.

부동산처분금지가처분 및 부동산압류의 집행에 반하는 부동산 처분행위는 가처분채무자 또는 압류채무자와 처분행위 상대방 및 제3자 사이에서는 완전히 유효하고 단지 가처분채권자 또는 압류채권자에게만 그 집행절차에서 대항할 수 없다는 것이 판례의 태도이다.[9]

따라서 [사안]에서 甲 소유인 B건물이 과세관청으로부터 '국'(처분청 S세무서)명의의 압류등기가 마쳐졌을지라도 부동산압류의 집행에 반하는 부동산 처분행위, 즉 [사안]에서 甲이 甲 소유인 B건물을 2001. 4. 2. 매매를 원인으로 하여 같은 날 乙 명의의 소유권이전등기를 하여 준 행위는 압류채권자인 '국'(처분청 S세무서)에게만 그 집행절차에서 대항할 수 없을 뿐이고, 상대방(乙) 및 제3자 사이에서는 완전히 유효하다.

그리고 관습상 법정지상권은 대세적인 용익물권인바, 건물 소유를 위하여 법정지상권을 취득한 자로부터 경매에 의하여 그 건물의 소유권을 이전받은 경락인은 경락 후 건물을 철거한다는 등의 매각조건하에서 경매되는 경우 등 특별한 사정이 없는 한 건물의 경락취득과 함께 위 지상권도 취득하며, 이러한 법리는 압류, 가압류나 체납처분압류 등 처분제한의 등기가 된 건물에 관하여 그에 저촉되는 소유권이전등기를 마친 사람이 건물의 소유자로서 관습상의 법정지상권

---

9 대법원 1968. 9. 30. 선고 68다1117 판결, 대법원 1992. 2. 11. 선고 91누5228 판결.

을 취득한 후 경매 또는 공매절차에서 건물이 매각되는 경우에도 마찬가지로 적용된다.[10]

　　[사안]에서 乙이 甲으로부터 A토지의 소유권과 B건물의 소유권을 순차로 이전받았다가, 이후 선행 처분금지가처분에 기한 본등기가 경료되어 A토지에 관한 乙의 소유권이전등기가 말소됨으로써 乙은 A토지에 관한 소유권취득을 가처분권자(丁)에게 대항할 수 없게 되었지만, 이와 같은 경우 적어도 관습상 법정지상권 성립 여부와 관련하여서는 A토지와 B건물은 모두 甲의 소유였다가 그 중 B건물만 乙에게 소유권이 이전된 것과 마찬가지로 보아야 한다. 그러므로 乙은 B건물에 관하여 소유권을 취득함으로써 관습상의 법정지상권을 취득하였고, 그 후 피고 辛이 B건물에 관하여 진행된 공매절차를 통하여 B건물의 소유권을 취득함으로써 피고 辛은 위 B건물의 소유권과 함께 위 지상권도 함께 취득하였다고 할 것이다.[11]

---

10 대법원 2014. 9. 4. 선고 2011다13463 판결.
11 이와 달리 법정지상권이 그 압류 시점에 존재하지 않았던 이상 그 후 압류에 위반한 처분행위로 발생한 법정지상권의 효력을 압류채권자가 주장할 수는 없다고 보아, B건물에 관한 乙 명의의 소유권이전등기가 말소됨에 따라 위 B건물 중 침해건물 부분의 소유를 위한 乙의 관습상 법정지상권 역시 소멸된다고 하면, 법정지상권이 소멸하게 되어 사실상 B건물의 압류채권자의 이익에 부합하지 아니하는 결과가 된다(이와 같은 피고의 주장은 수원지방법원 2011. 1. 11. 선고 2010나30154 판결 참조).

　　추가된 사실관계

　　[사안]에서 원고 庚과 피고 辛은 2012. 12. 4. 이 사건 대지(A-2)에 관하여 B건물을 위한 법정지상권을 취득하였음을 전제로 피고 辛이 원고 庚에게 지료 월 30만 원을 2011. 12.부터 B건물에 관한 소유권 상실 시까지 매달 말일에 원고 庚 명의의 은행계좌로 송금하는 내용의 '재판상 화해'가 성립하였다.

　　위 재판상 화해의 성립 이후 辛는 2011. 12.분부터 2010. 10.분까지 23개월간의 지료를 지급하지 않다가 2013. 11. 26.부터 2014. 8. 29.까지 8회에 걸쳐 합계 300만 원의 지료를 庚 명의의 은행계좌로 송금하였고, 庚은 위 돈을 수령하면서 별다른 이의를 제기하지 않고서 2011. 12.분부터 2012. 9.분까지 10개월분의 지료에 충당하였다. 그 후 辛은 2012. 10.분부터 2014. 8.분까지 23개월의 지료를 지급하지 않은 상황에서 2014. 9. 30.에 2014. 9.분 지료를 연체하였는데, 庚은 2014. 10. 2. 辛으로부터 위 2011. 9.분 지료 30만 원을 송금 받고서 이에 대하여 별다른 이의를 제기하지 않았다.

　　그런데 庚는 辛이 지료를 지급하지 않았다는 이유로 辛을 상대로 법정지상권의 소멸을 주장하면서 辛에게 이 사건 대지(A-2) 부분 지상 B건물에서 퇴거하고, 해당 부분 B건물의 철거 및 이 사건 대지(A-2)의 인도를 청구하는 내용의 소장을 S지방법원에 제출하였고, 그 부본이 2014. 10. 24. 辛에게 송달되었다.

　　辛은 위 소장부본을 송달받은 후 2014. 10. 28.부터 변론 종결일에 가까운 2015. 10. 30.(2015. 10.분)까지 원고 庚에게 계속 매달 30만 원의 지료를 송금하였다.

문제 5) [사례 1]에서 관습상 법정지상권의 소멸 여부에 관한 판단을 논거를 제시하여 약술하시오.

　　본래 법정지상권에 관한 지료가 결정된 바 없다면 법정지상권자가 지료를 지급하지 아니하였다고 하더라도 지료지급을 지체한 것으로는 볼 수 없으므로 법정지상권자가 2년 이상의 지료를 지급하지 아니하였음을 이유로 하는 토지소유자의 지상권 소멸청구는 인정되지 않는다.[12]

그러나 [사례 1]과 같이 이 사건 재판상 화해에 의해 지료가 정해진 경우에는, 지상권자가 2년 이상의 지료를 지급하지 아니한 때에는 지상권설정자는 지상권의 소멸을 청구할 수 있다(민법 제287조). 그런데, 이러한 경우에도 지상권설정자가 지상권의 소멸을 청구하지 않고 있는 동안 지상권자로부터 연체된 지료의 일부를 지급받고 이를 이의 없이 수령하여 연체된 지료가 2년 미만으로 된 경우에는 지상권설정자는 종전에 지상권자가 2년분의 지료를 연체하였다는 사유를 들어 지상권자에게 지상권의 소멸을 청구할 수 없으며, 이러한 법리는 토지소유자와 법정지상권자 사이에서도 동일하다는 것이 판례의 태도이다.[13]

이에 의할 때, 피고(辛)는 원고(庚)에게 2012. 10.분부터 2014. 9.분까지 2년의 지료를 지급하지 않았으나 2014. 10. 2. 연체 지료 30만 원을 송금하였고, 원고 庚이 이에 대하여 별다른 이의를 제기하지 않고 수령하여 피고 辛의 연체 지료가 2년 미만이 되었으므로, 원고는 피고 辛이 종전에 2년분의 지료를 연체하였다는 사유를 들어 법정지상권의 소멸을 청구할 수 없게 된다.[14]

---

12 대법원 1994. 12. 2. 선고 93다52297 판결 [건물철거등] 참조.

13 대법원 2014. 8. 28. 선고 2012다102384 판결.

14 민법 제287조는 "지상권자가 2년 이상의 지료를 지급하지 아니한 때에는 지상권설정자는 지상권의 소멸을 청구할 수 있다"고 규정하고 있는바, 위 지상권 소멸청구권은 그 문언의 의미 및 소멸청구로 인한 물권변동의 효력이 민법 제186조에 따라 등기하지 않으면 발생한다고 보기 어려운 점에 비추어 채권적 청구권으로 보아야 하고, 상가건물임대차보호법 제10조 제1항 제1호에서는 계약갱신을 거절할 수 있는 사유로 '임차인이 3기의 차임액에 해당하는 금액에 이르도록 차임을 연체한 사실이 있는 경우'라고 규정하고 있어 '차임을 연체한 사실' 자체로 갱신거절을 허용하고 있으나, 민법 제287조는 '2년 이상의 지료를 지급하지 아니한 때'라고만 규정하고 있는 점 등에 비추어 보면, 민법 제287조에서 정한 '2년 이상의 지료를 지급하지 아니한 때'라는 부분의 의미는 단순히 '2년 이상의 지료를 지급하지 아니한 사실이 있는 경우'를 의미하는

辛은 2012. 4. 25. 壬과 B건물에 관해 임차보증금 1억 원으로 임대차계약 (임차기간 2012. 5. 1~2014. 4. 30.)을 체결하였다. 壬은 2012. 4. 30. 이사를 하였고, 같은 날 전입신고를 하고 임대차계약서에 확정일자를 받았다. 그후 임대차기간을 연장하면서 壬은 辛에게 임차보증금반환채권을 담보하기 위해서 전세권설정을 요구하였다. 이에 辛은 전세권을 설정하려면 보증금을 2천만 원을 증액하여 달라고 하였고, 壬은 이에 동의하여 전세권설정계약에서는 전세보증금을 1억 2천만 원으로 하고 전세권존속기간(2014. 5. 1. ~ 2016. 4. 30.)을 정하고, 壬과 壬의 처(妻) 癸를 공동전세권자로 하여 전세권등기를 하면서 증액된 전세보증금 2천만 원을 壬에게 지급하였다.

문제 6) [사례 2]에서 전세권설정계약 등에 성립된 庚과 壬 및 癸의 법적 관계의 해석을 약술하시오.

전세권은 다른 담보권과 마찬가지로 전세권자와 전세권설정자 및 제3자 사이에 합의가 있으면 그 전세권자의 명의를 제3자로 하는 것도 가능하므로, 임대차계약에 바탕을 두고 이에 기한 임차보증금반환채권을 담보할 목적으로 임대인, 임차인 및 제3자 사이의 합의에 따라 제3자 명의로 경료된 전세권설정등기는 유효하다.[15]

[사례 2]에서 종전의 임대차는 채권적 전세(임대차)에 불과하였으나, 전세권설정계약과 이에 따른 등기를 통하여 물권으로서의 전세권이 되었다. 그리고 종전 임대차는 보증금이 1억 원이고 그 존속기

것이 아니라 지상권 소멸청구권 행사 당시에도 2년 이상의 지료 연체 상태가 유지되어야 함을 의미하고, 따라서 지상권 소멸청구권 행사 이전에 지료 연체 상태가 해소된 경우에는 이를 행사할 수 없다고 보아야 한다. 의정부지방법원 2012. 10. 12. 선고 2012나4160 판결 참조.

15 대법원 1998. 9. 4. 선고 98다20981 판결, 대법원 2005. 5. 26. 선고 2003다12311 판결 등 참조.

간이 남았는데도 전세권설정계약에서는 전세보증금을 1억 2천만 원으로 증액하고 전세권존속기간을 새로 정하였으며, 전세권자도 임대인(辛)과 합의하여 제3자인 壬의 처 癸를 포함하였다. 그러므로 이러한 전세권설정계약 및 그에 따른 등기에 의하여, 종전 임대차는 존속기간 전에 합의해지되었으며, 辛은 전세권설정자이고 壬 및 癸는 공동전세권자로서 B건물의 용익물권적 전세권 관계가 성립된 것이다.[16]

문제 7) [사례 3]에서 피고들(壬 및 癸)은 B건물에 관해 1. 대항력 있는 주택임차인으로서, 그리고 2. 물권적 전세권관계에서 辛이 壬 및 癸의 동의 없이 이 사건 대지(A-2)의 법정지상권을 소멸시킬 수 없다는 항변으로써 원고 庚의 퇴거청구에 대해 대항할 수 있는지 여부에 관하여 논거를 제시하여 약술하시오.

[사안]에서 피고 辛은 B건물의 소유를 위한 이 사건 대지(A-2)의 법정지상권을 이 사건 재판상 화해에 의해 취득하였다. 그러나 피

---

16 대법원 2005. 5. 26. 선고 2003다12311 판결.

고 辛은 확정판결과 동일한 효력이 있는 재판상 화해에 의해 확정된 지료의 지급을 통산 24개월 이상 연체한 결과 원고 庚의 소멸청구(형성권)에 의해 위 법정지상권은 소멸한다(민법 제287조).[17]

1. 피고 壬의 대항력이 있는 B건물의 주택임차권이 존속하는 경우

B건물의 소유자 피고 辛이 B건물의 부지(이 사건 대지 A-2)를 점유할 적법한 권원을 상실한 경우에는 그 부지(이 사건 대지 A-2)에 대하여는 B건물의 소유 자체로써 불법점유가 된다. 이러한 이상 피고 辛으로부터 (채권적) 점유사용권을 취득한 임차인들(壬 및 癸)의 점유도 이 사건 대지(A-2)의 소유자에 대한 관계에서는 점유의 불법성을 원초적으로 공유한다.

이는 주택임대차보호법상 보호되는 임차인의 대항력에 본질적으로 앞서는 소유권의 권능에서 비롯되는 것이다. 즉, 건물이 그 존립을 위한 토지사용권을 갖추지 못하여 토지의 소유자가 건물의 소유자에 대하여 당해 건물의 철거 및 그 대지의 인도를 청구할 수 있는 경우에라도 건물소유자가 아닌 사람이 건물을 점유하고 있다면, 토지소유자는 그 건물 점유를 제거하지 아니하는 한 위의 건물 철거 등을 실행할 수 없으므로 토지소유권은 위와 같은 점유에 의하여 그 원만한

---

17 대법원 2005. 10. 13. 선고 2005다37208 판결. 법정지상권이 성립되고 지료액수가 판결에 의하여 정해진 경우 지상권자가 판결확정 후 지료의 청구를 받고도 책임 있는 사유로 상당한 기간 동안 지료의 지급을 지체한 때에는 지체된 지료가 판결확정의 전후에 걸쳐 2년분 이상일 경우에도 토지소유자는 민법 제287조에 의하여 지상권의 소멸을 청구할 수 있고, 판결확정일로부터 2년 이상 지료의 지급을 지체하여야만 지상권의 소멸을 청구할 수 있는 것은 아니라고 할 것이므로(대법원 1993. 3. 12. 선고 92다44749 판결 참조), 종전 소송에서 확정판결과 동일한 효력이 있는 재판상 화해가 이루어진 것이 2002. 9. 13.이라고 하더라도, 피고(선정당사자)가 그 이전인 2001. 11. 29. 이후 2년 이상 지료를 지급하지 않은 이상 토지소유자인 원고는 민법 제287조에 의하여 법정지상권의 소멸을 청구할 수 있다고 할 것이다.

실현을 방해당하고 있는 것이다.[18] 따라서 토지소유자는 자신의 소유권에 기한 방해배제로서 건물점유자에 대하여 건물로부터의 퇴출을 청구할 수 있다(민법 제213조, 제214조).

2. 피고 壬과 癸의 전세권(용익물권)에 의한 대항력

[사례 3]에서 피고 壬과 癸은 물권적 공동전세권자로서 항변은 민법 제304조에 해당하는 것이다.

민법 제304조는 전세권을 설정하는 건물소유자가 건물의 존립에 필요한 지상권 또는 임차권과 같은 토지사용권을 가지고 있는 경우에 관한 것으로서, 그 경우에 건물전세권자로 하여금 토지소유자에 대하여 건물소유자, 즉 전세권설정자의 그러한 토지사용권을 원용할 수 있도록 함으로써 토지소유자 기타 토지에 대하여 권리를 가지는 사람에 대한 관계에서 건물전세권자를 보다 안전한 지위에 놓으려는 취지의 규정이다. 또한 지상권을 가지는 건물소유자가 그 건물에 전세권을 설정하였으나 그가 2년 이상의 지료를 지급하지 아니하였음을 이유로 지상권설정자, 즉 토지소유자의 청구로 지상권이 소멸하는 것(민법 제287조 참조)은 전세권설정자가 전세권자의 동의 없이는 할 수 없는 위 민법 제304조 제2항의 '지상권 또는 임차권을 소멸하게 하는 행위'에 해당하지 아니한다.

---

18 건물점유자가 건물소유자로부터의 임차인으로서 그 건물임차권이 이른바 대항력을 가진다고 해서 달라지지 아니한다. 건물임차권의 대항력은 기본적으로 건물에 관한 것이고 토지를 목적으로 하는 것이 아니므로 이로써 토지소유권을 제약할 수 없고, 토지에 있는 건물에 대하여 대항력 있는 임차권이 존재한다고 하여도 이를 토지소유자에 대하여 대항할 수 있는 토지사용권이라고 할 수는 없다. 바꾸어 말하면, 건물에 관한 임차권이 대항력을 갖춘 후에 그 대지의 소유권을 취득한 사람은 민법 제622조 제1항이나 주택임대차보호법 제3조 제1항 등에서 그 임차권의 대항을 받는 것으로 정하여진 '제3자'에 해당한다고 할 수 없다. 대법원 2010. 8. 19. 선고 2010다43801 판결 참조.

위 민법 제304조 제2항이 제한하려는 것은 포기, 기간단축약정 등 지상권 등을 소멸하게 하거나 제한하여 건물전세권자의 지위에 불이익을 미치는 전세권설정자의 임의적인 행위이고, 그것이 법률의 규정에 의하여 지상권소멸청구권의 발생요건으로 정하여졌을 뿐인 지상권자의 지료 부지급 그 자체를 막으려고 한다거나 또는 지상권설정자가 취득하는 위의 지상권소멸청구권이 그의 일방적 의사표시로 행사됨으로 인하여 지상권이 소멸되는 효과를 제한하려고 하는 것이라고 할 수 없다. 따라서 전세권설정자가 건물의 존립을 위한 토지사용권을 가지지 못하여 그가 토지소유자의 건물철거 등 청구에 대항할 수 없는 경우에 민법 제304조 등을 들어 전세권자 또는 대항력 있는 임차권자가 토지소유자의 권리행사에 대항할 수 없음은 물론이다. 또한 건물에 대하여 전세권 또는 대항력 있는 임차권을 설정하여 준 지상권자가 그 지료를 지급하지 아니함을 이유로 토지소유자가 한 지상권소멸청구가 그에 대한 전세권자 또는 임차인의 동의가 없이 행하여졌다고 해도 민법 제304조 제2항에 의하여 그 효과가 제한된다고 할 수 없다.[19]

결국 B건물의 소유자 피고 辛이 B건물의 존립을 위하여 그 부지인 이 사건 대지(A-2) 소유자인 원고 庚에게 대항할 수 있는 사용권을 가지지 못하는 이상, 피고 辛으로부터 B건물을 임차한 피고들 壬 및 癸는 용익물권인 전세권자로서의 대항력이 있다고 하더라도 이를 들어 원고 庚의 퇴거청구에 대항할 수 없다.

---

19 대법원 2010. 8. 19. 선고 2010다43801 판결 참조.

법정지상권과 전세권
– 법정지상권, 관습상 법정지상권, 저당권, 지료, 강제경매, 임대차와 전세권, 전세권의 대항력 등 –

※ 이하 [사안] 및 각 [사례], 그리고 각 문제의 일자는 공휴(무)일이 아닌 것으로 의제함.

사안

甲은 2006. 3. 23. 서울시 소재 A대지와 그 지상의 B건물(1995년 건축)을 乙로부터 매수하여 A대지 및 B건물에 관하여 甲의 명의로 소유권이전등기를 경료하였다. 甲은 2007. 7. 13. 丙회사에게 B건물의 지하실 114.07㎡, 1층 156.08㎡, 2층 158.42㎡를 임대보증금 5억 원, 월 차임 1천 5백만 원, 계약기간 12년으로 정하여 임대하였다.

그 후 상가의 시장상황이 변화되면서, 2009. 8. 21. 甲은 B건물 위 임대부분에 관하여 丙회사에게 위 임차보증금을 전세금으로 하여, 존속기간을 2009. 8. 20.부터 2019. 8. 20.까지로 하는 내용의 전세권설정등기를 경료하여 주었고, 丙회사는 위 점유부분에서 패스트푸드 음식점을 운영하고 있다.

그런데 甲이 丙회사에게 B건물의 임대 부분에 전세권을 설정한 이후, 사업상 자금 사정이 어려워지면서 A대지에 설정되어 있는 근저당권의 실행으로 부동산 임의경매가 이루어지게 되었고, 경매절차에서 A대지는 丁에게 낙찰되어 2010. 8. 19. 그 대금이 완납되었고, 같은 해 8. 25. 丁 명의로 소유권이전등기가 경료되었다. 한편 2010. 11. 7. 甲의 채권자 戊는 甲과 丙회사의 임대차계약을 인수하면서, 甲에 대한 미수채권액, 丙회사의 임차보증금과 임료 수익 등을 감안한 가격으로 B건물에 관해 매매계약을 체결하고 같은 해

11. 13. 戊 명의로 소유권이전등기를 경료하였다.

    戊는 B건물을 종전과 같은 상태를 유지하면서 A대지를 사용하고 있으며, 戊와 丙회사는 위 건물 일부 부분에 설정된 전세권에 관해 아무런 다툼이 없다.

[사안 구성 참조 판결례] 대법원 2007. 8. 24. 선고 2006다14684 판결, 광주고등법원 2006. 2. 8. 선고 2005나7794 판결 등.

사안 개요도

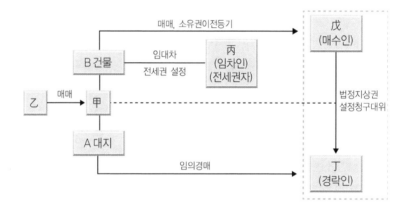

문제 1) 2014. 8. 31. 기준으로 A대지에 관한 甲과 丁의 법적 관계를 약술하시오.

    [사안]에서 A대지와 그 지상의 B건물은 甲의 소유였는데 B건물에 전세권이 설정된 후, A대지는 부동산임의경매절차에 의해 丁이 소유권을 취득하였다(민사집행법 제268조, 제135조, 144조).

경매는 민법상 매매의 일종으로서 임의경매에 의해 부동산의 소유권이 이전되는 경우에도 그 부동산의 소유자(甲)와 경락인(丁) 사이에는 매매의 법리에 의해 규율된다(민법 제563조 이하). [사안]에서는 甲의 소유였던 A대지와 그 지상의 B건물은 A대지에 대한 임의경매(부동산 담보권실행을 위한 경매, 민사집행법 제264조 이하)에 의해 A대지의 소유자(丁)와 B건물의 소유자(甲)가 다르게 되었다.

위와 같은 경우, 민법 제305조 제1항에서는 '대지와 건물이 동일한 소유자에 속한 경우에 건물에 전세권을 설정한 때에는 그 대지소유권의 특별승계인은 전세권설정자에 대하여 지상권을 설정한 것으로 본다'고 규정하고 있다.[20]

[사안]에서는 甲이 A대지와 그 지상의 B건물을 모두 소유하고 있었으므로 위 조항의 '동일한 소유자' 요건에 해당하고, 丙회사에게

---

20 민법 제305조는 전세권 있는 건물이 소재하는 대지에 대한 법정지상권에 관한 규정이다. 그 외에 저당권의 설정 당시 동일인의 소유에 속하던 토지와 건물이 경매로 인하여 양자의 소유자가 다르게 된 때에 건물의 소유자를 위한 민법 제366조의 법정지상권, 그리고 대법원 판례에 의하면, 동일인의 소유에 속하고 있던 토지와 그 지상 건물이 매매 등으로 인하여 소유자가 다르게 된 경우, 그 건물을 철거한다는 특약이 없는 한, 건물소유자는 그 건물의 소유를 위한 관습상 법정지상권을 취득한다. 대법원 1984. 9. 11. 선고 83다카2245 판결, 대법원 1997. 1. 21. 선고 96다40080 판결, 대법원 2014. 12. 24. 선고 2012다73158 판결 등 참조. 그리고 토지 또는 그 지상 건물의 소유권이 강제경매로 인하여 그 절차상의 매수인에게 이전되는 경우에는 그 매수인이 소유권을 취득하는 매각대금의 완납 시가 아니라 강제경매개시결정으로 압류의 효력이 발생하는 때를 기준으로 토지와 지상 건물이 동일인에게 속하였는지 여부에 따라 관습상 법정지상권의 성립 여부를 가려야 하고, 강제경매의 목적이 된 토지 또는 그 지상 건물에 대하여 강제경매개시결정 이전에 가압류가 되어 있다가 그 가압류가 강제경매개시결정으로 인하여 본압류로 이행되어 경매절차가 진행된 경우에는 애초 가압류의 효력이 발생한 때를 기준으로 토지와 그 지상 건물이 동일인에 속하였는지 여부에 따라 관습상 법정지상권의 성립 여부를 판단하여야 한다. 대법원 2012. 10. 18. 선고 2010다52140 전원합의체 판결, 대법원 2013. 4. 11. 선고 2009다62059 판결 등 참조. 나아가 당사자 사이에 그 건물을 철거하여 대지소유자에게 지상 건물에 의하여 방해받지 않는 완전한 소유권을 행사할 수 있도록 하는 내용의 특약이 있으면 관습법상의 법정지상권이 발생하지 않고, 관습법상 법정지상권이 성립한 후에는 건물을 개축 또는 증축하는 경우는 물론 건물이 멸실되거나 철거된 후에 신축하는 경우에도 법정지상권은 성립하지만, 그 법정지상권의 범위는 구 건물을 기준으로 하여 유지 또는 사용을 위하여 일반적으로 필요한 범위 내의 대지 부분에 한정된다. 대법원 1997. 1. 21. 선고 96다40080 판결, 대법원 2000. 1. 18. 선고 98다58696 판결 등 참조.

B건물의 일부에 전세권을 설정한 후 임의경매를 통해 위 A대지의 소유권을 이전받은 丁은 '그 대지소유권의 특별승계인'에 해당한다. 그러므로 [사안]에서는 임의경매에 의해 A대지와 B건물의 소유자가 다르게 되었으므로, 민법 제305조 제1항에 따라 위 A대지의 특별승계인인 丁은 그 지상의 B건물의 전세권설정자인 甲에 대하여 위 대지에 지상권을 설정한 것으로 간주된다.[21]

문제 2) B건물에 관한 甲과 戊의 법적 관계를 약술하시오.

[사안]에서는, 甲과 戊는 B건물의 소유권이전에 관해 매매계약을 체결하였고(민법 제563조), 그 이행으로서 매도인 甲으로부터 매수인 戊에게 그 소유권이전등기가 경료되었다(민법 제568조, 제186조).

그리고 B건물에는 丙회사의 전세권이 설정되어 있었는바, 甲은

---

21 [사안]에서 甲은 丙회사에 B건물 중 일부를 임대하였으나, 상가건물임대차보호법에 따른 대항력 등을 갖추었는가에 관해서는 불분명하다. 그러나 위 임대차계약상 보증금액에 비추어 상가건물 임대차보호법의 적용은 배제되는 것으로 파악할 수 있다. 상가건물 임대차보호법 제2조(적용범위) ① 이 법은 상가건물(제3조 제1항에 따른 사업자등록의 대상이 되는 건물을 말한다)의 임대차(임대차 목적물의 주된 부분을 영업용으로 사용하는 경우를 포함한다)에 대하여 적용한다. 다만, 대통령령으로 정하는 보증금액을 초과하는 임대차에 대하여는 그러하지 아니하다. … 동법 시행령 제2조(적용범위) ①「상가건물 임대차보호법」(이하 "법"이라 한다) 제2조 제1항 단서에서 "대통령령으로 정하는 보증금액"이라 함은 다음 각호의 구분에 의한 금액을 말한다. 1. 서울특별시: 4억 원 …. [대통령령 제25036호, 2013. 12. 30, 일부개정], 상가건물임대차보호법시행령 제2조(적용범위) …. 1. 서울특별시: 2억 4천만 원 …. [대통령령 제17757호, 2002. 10. 14, 제정]. 그리고 상가건물 임대차보호법이 적용되는 상가건물의 임대차는 사업자등록의 대상이 되는 건물로서 임대차 목적물인 건물을 영리를 목적으로 하는 영업용으로 사용하는 임대차를 가리키며, 상가건물 임대차보호법이 적용되는 상가건물에 해당하는지 여부는 공부상의 표시가 아닌 건물의 현황·용도 등에 비추어 영업용으로 사용하느냐에 따라 실질적으로 판단하여야 하고, 단순히 상품의 보관·제조·가공 등 사실행위만이 이루어지는 공장·창고 등은 영업용으로 사용하는 경우라고 할 수 없으나 그곳에서 그러한 사실행위와 더불어 영리를 목적으로 하는 활동이 함께 이루어진다면 상가건물 임대차보호법의 적용대상인 상가건물에 해당한다고 한다. 대법원 2011. 7. 28. 선고 2009다40967 판결.

戊에게 전세권부(附)부동산을 양도한 것이다. 따라서 戊는 甲의 전세권설정자의 지위를 승계하게 된다.[22] 이 경우 전세권자는 용익물권자로서 해당 목적물의 양수인에게도 그 용익에 관해 대항할 수 있다. 따라서 전세권이 설정된 부동산인 B건물의 양수인 戊에게도 丙회사는(2019. 8. 20.까지) 전세권을 행사할 수 있다. 전세권이 성립한 후 전세목적물의 소유권이 이전되는 경우, 전세권자와 구 소유자 간의 전세권 관계가 신 소유자에게 이전되며, 전세금반환의무도 신 소유자에게 이전된다.[23]

그런데 [사안]에서는 전세목적물인 B건물이 소재하는 A대지가 임의경매에 의해 그 소유권이 丁에게 이전되었다. 이와 관련하여 타인의 토지에 있는 건물에 전세권이 설정된 경우, 민법 제304조에 의하면, 그 전세권의 효력은 그 전세권의 목적이 된 건물의 소유를 목적으로 한 지상권 또는 임차권에도 미치고(동조 제1항), 전세권설정자는 전세권자의 동의 없이 위 지상권 또는 임차권을 소멸하게 하는 행위를 하지 못한다(동조 제2항). 이는 전세권을 설정하는 건물소유자가 건물의 존립에 필요한 지상권 또는 임차권과 같은 토지사용권을 가지고 있는 경우에, 건물전세권자로 하여금 토지소유자에 대하여 건물소유자, 즉 전세권설정자의 그러한 토지사용권을 원용할 수 있도록 함으로써 토지소유자 기타 토지에 대하여 권리를 가지는 사람에 대한 관계에서 건물전세권자를 보다 안전한 지위에 놓으려는 취지를 규정한 것이다.

[사안]에서는 임의경매로 B건물이 존립하는 A대지의 소유권이 丁에게 이전되었으므로, [문제 1]에게 검토한 바와 같이, 민법 제305조 제1항에 의해 丁은 B건물 일부에 대해 전세권을 설정한 甲에게 위

---

22 대법원 2000. 6. 9. 선고 99다15122 판결, 대법원 2006. 5. 11. 선고 2006다6072 판결 참조.
23 대법원 2000. 6. 9. 선고 99다15122 판결, 대법원 2006. 5. 11. 선고 2006다6072 판결 등.

A대지에 지상권을 설정한 것으로 간주되어 법정지상권이 인정된다. 따라서 甲과 戊의 매매계약상 B건물의 재산권이전채무(민법 제563조)에 위 법정지상권을 이전해 주어야 하는 의무가 속하는지에 관해 의문이 제기된다.

[사안]에서 甲과 戊의 매매계약에 의해 매도인(甲)이 매수인(戊)에 대하여 이전하여야 할 '매매의 목적이 된 권리(민법 제568조)'는 B건물의 소유권이므로, B건물의 소유자인 매도인 甲은 매수인 戊에게 B건물 자체는 물론, B건물의 존속과 용익에 불가결한 A대지에 대한 법정지상권도 함께 양도되어야만 한다.

[사안]과 유사하게, 토지와 건물을 함께 소유하던 토지·건물의 소유자가 건물에 대하여 전세권을 설정하여 주었는데 그 후 위 토지가 타인에게 경락되어 민법 제305조 제1항에 의한 법정지상권을 취득한 상태에서 다시 건물을 타인에게 양도한 사건 판결에서 대법원은, 건물을 양수하여 소유권을 취득한 자는 특별한 사정이 없는 한 법정지상권을 취득할 지위를 가지게 되고, 다른 한편으로는 전세권관계도 이전받게 된다고 한다.[24]

[사안]에서 B건물의 전세권자인 丙회사와 위 건물의 신소유자인 戊 사이에는 위 건물 중 丙회사 점유부분에 관한 전세권관계가 존속한다(☞ 이하 [문제 5] 참조), 그리고 특별한 사정이 없는 한, A대지의 법정지상권을 취득한 B건물 소유자이었던 甲이 B건물의 매도인으로서 매수인 戊에게 B건물과 함께 위 법정지상권도 양도하기로 하는 매매계약이 성립된 것으로 해석되어야 한다.

그러므로 甲은 A대지에 지상권설정등기를 한 후에 戊에게 그 양도등기절차를 이행하여 줄 의무가 있다(민법 제187조 단서).

---

24 대법원 2007. 8. 24. 선고 2006다14684 판결 참조.

위에서 검토한 바와 같이 甲은 B건물을 위한 지상권자이다. 그
리고 甲이 법정지상권에 관한 등기를 하지 않더라도 민법 제187조의
법률 규정에 의한 물권취득으로서, 법정지상권은 여전히 존속한다.
그러나 戊의 경우는 甲의 그것과 다르다. 戊는 甲으로부터 B건물을
양수하였으므로 甲으로부터 지상권등기를 받을 수 있는 지위에 있다.
그렇지만 戊가 이러한 지위에 있는 것만으로 곧 지상권자가 되는 것
은 아니다. 즉, 우리 민법은 물권에 관한 성립요건주의(민법 제186조)를
취하고 있으므로, 등기하지 않는 한 물권을 취득할 수 없는 것이 원
칙이며, 이는 위에서 본 바와 같은 민법 제187조의 예외가 인정되지
않는 한 관철되어야 한다. 따라서 戊가 법정지상권을 취득할 지위에
있다는 것과 戊가 법정지상권자라는 것을 구별하여야 한다.[25]

그러므로 戊가 법정지상권의 등기를 하기 이전의 상태에서 대지
소유자인 丁이 戊에게 건물 철거를 청구하는 경우, 戊는 자신이 법정
지상권자임을 이유로 이를 거절할 수는 없다.

대법원도, "관습상 법정지상권이 붙은 건물의 소유자가 건물을
제3자에게 처분한 경우에는 법정지상권에 관한 등기를 경료하지 아니
한 자로서는 건물의 소유권을 취득한 사실만 가지고는 법정지상권을
취득하였다고 할 수 없어 대지소유자에게 지상권을 주장할 수 없고
그 법정지상권은 여전히 당초의 법정지상권자에게 유보되어있다고
보아야 한다"고 한다.[26]

---

25 이는 매수인으로서 건물을 취득할 지위에 있는 것과 건물의 소유자라는 것을 구별하여야 하는
  것과 마찬가지이다.
26 대법원 1995. 4. 11. 선고 94다39925 판결. 또한 대법원은, "민법 제366조 소정의 법정지상권

그러나 戊는 甲으로부터 법정지상권을 취득할 지위에 있는 자이므로, 등기만을 갖춘다면 토지소유자인 丁에게 대항할 수 있으며, 이와 같이 등기 청구를 하는 경우 최종적으로 그에 협력하여야 할 지위에 있는 丁이 이러한 미등기 상태를 이용하여 건물을 철거할 수 있게 하는 것은 부당하며, 사회경제적으로도 비효율적인 결과를 낳게 된다. 따라서 戊는 丁의 건물철거 요구는 신의성실의 원칙에 반한다고 주장하여 건물철거에 대항할 수 있다.

대법원도 판례도, "법정지상권을 가진 건물소유자로부터 건물을 양수하면서 법정지상권까지 양도받기로 한 자는 채권자대위의 법리에 따라 전 건물소유자 및 대지소유자에 대하여 차례로 지상권의 설정등기 및 이전등기절차이행을 구할 수 있다 할 것이므로 이러한 법정지상권을 취득할 지위에 있는 자에 대하여 대지소유자가 소유권에 기하여 건물철거를 구함은 지상권의 부담을 용인하고 그 설정등기절차를 이행할 의무있는 자가 그 권리자를 상대로 한 청구라 할 것이어서 신의성실의 원칙상 허용될 수 없다"고 한다.[27]

은 토지와 그 토지상의 건물이 같은 사람의 소유에 속하였다가 그 중의 하나가 경매 등으로 인하여 다른 사람의 소유에 속하게 된 경우에 그 건물의 유지, 존립을 위하여 특별히 인정된 권리이기는 하지만 그렇다고 하여 위 법정지상권이 건물의 소유에 부속되는 종속적인 권리가 되는 것이 아니며 하나의 독립된 법률상의 물권으로서의 성격을 지니고 있는 것이기 때문에 건물의 소유자가 건물과 법정지상권 중 어느 하나만을 처분하는 것도 가능하다"고 한다. 대법원 2001. 12. 27. 선고 2000다1976 판결 등 참조.

27 대법원 1985. 4. 9. 선고 84다카1131, 1132 전원합의체 판결. 민법 제366조의 법정지상권에 관한 대법원 1992. 6. 12. 선고 92다7221 판결, 대법원 2004. 6. 11. 선고 2004다13533 판결 등 참조. 법정지상권자도 대지 소유자에게 지료를 지급할 의무는 있다. 따라서 법정지상권이 있는 건물의 양수인으로서 장차 법정지상권을 취득할 지위에 있어 대지 소유자의 건물철거나 대지 인도 청구를 거부할 수 있다 하더라도 그 대지를 점유·사용함으로 인하여 얻은 이득은 부당이득으로서 대지 소유자에게 반환할 의무가 있다. 대법원 1995. 9. 15. 선고 94다61144 판결, 대법원 1997. 12. 26. 선고 96다34665 판결 등 참조.

[문제 4]에서 검토한 바와 같이, 戊는 甲으로부터 법정지상권을
취득할 수 있는 지위에 있으나, 종국적으로 법정지상권자가 되기 위
해서는 법정지상권 등기가 설립되어야 한다.[28] 그런데 [사안]에서 甲
은 법정지상권 등기를 하지 않고 있으므로 戊가 甲에게 지상권설정등
기의 이전을 청구하더라도 甲이 곧바로 그 설정등기를 줄 수 없는 상
태이다.

따라서 戊로서는 우선 대지 소유자인 丁으로 하여금 甲에게 법
정지상권 등기를 설정하여 주도록 청구할 필요성이 있다. 그러나 戊
가 丁에게 직접 이러한 청구를 할 권원은 없다. 이 경우 戊는 甲을 대
위하여 丁으로 하여금 甲에 대하여 법정지상권 설정등기를 하여주도
록 청구한 후, 甲에게 법정지상권 등기의 이전을 청구하는 방법을 통
해 등기를 이전받아야 한다.

[문제 1]에서 검토한 바, 甲이 丁에게 법정지상권 설정등기를 청
구하는 근거는 민법 제305조이며, 戊가 甲에게 법정지상권 등기의 이
전을 청구하는 근거는 戊와 甲 사이의 B건물의 매매계약이다. 그리고

---

28 이와 달리, 동일한 소유자에 속하는 대지와 그 지상 건물이 매매 등에 의하여 각 그 소유자가
달라져서 건물 소유자가 그 대지 위에 그 건물을 위한 관습법상의 법정지상권을 취득한 경우,
대법원 판례에 의하면, 매수 후 건물을 철거한다는 등의 매각조건 하에서 경매되는 등의 특별
한 사정이 없는 한, 임의경매에 의하여 그 건물의 소유권을 이전받은 매수인은 건물의 매수취
득(민법 제187조, 민사집행법 제286조, 제135조)과 함께 위 지상권도 당연히 취득한다(민법 제
100조 제2항, 제358조 본문 유추). 대법원 1985. 2. 26. 선고 84다카1578, 1579 판결, 대법
원 1992. 7. 14. 선고 92다527 판결, 대법원 1996. 4. 26. 선고 95다52864 판결 등 참조. 그
리고 지료액 또는 그 지급시기 등 지료에 관한 약정은 이를 등기하여야만 제3자에게 대항할 수
있으므로, 지료의 등기를 하지 아니한 이상 토지소유자는 구 지상권자의 지료연체 사실을 들어
지상권을 이전받은 자에게 대항하지 못한다고 한다. 대법원 2013. 9. 12. 선고 2013다43345
판결.

戊가 甲의 丁에 대한 법정지상권의 설정등기청구권을 대위하기 위해서는 채권자로서 채무자에 대한 채권을 보전하기 위하여 채무자를 대위해서 채무자의 권리를 행사할 수 있는 민법 제404조 채권자대위권의 적용을 고려할 수 있다. 그 요건은 ① 피보전채권의 존재, ② 보전의 필요성(채무자의 무자력), ③ 피보전채권의 이행기 도래, ④ 피대위권리의 존재, ⑤ 채무자의(피대위)권리 불행사, ⑥ 피대위채권이 일신전속권이 아닐 것이다.

[사안]의 경우, ① 피보전채권은 B건물의 매매계약상 戊의 甲에 대한 위 건물을 위한 A대지에 대한 법정지상권 등기의 이전청구권으로서, ③ 그 이행기가 도래하였고, ④ 甲은 丁에게 법정지상권 등기의 설정의 청구권을 갖고 있으며, ⑤ 甲이 丁에게 스스로 그 등기청구권을 행사하지 않고 있다. 그리고 대법원 판례에 의하면, 채권자의 피보전채권이 금전채권인 경우와 달리, 戊가 甲의 丁에 대한 위 등기청구권 행사를 대위하는 것은 특정채권을 보전하려는 것(채권자대위권의 전용(轉用))에 해당하여 ② 보전의 필요성(채무자의 무자력)을 요하지 않는다.[29]

따라서 戊는 甲을 대위하여 丁에게 甲에 대하여 법정지상권 설정

---

29 "채권자는 자기의 채무자에 대한 부동산의 소유권이전등기청구권 등 특정채권을 보전하기 위하여 채무자가 방치하고 있는 그 부동산에 관한 특정권리를 대위하여 행사할 수 있고 그 경우에는 채무자의 무자력을 요건으로 하지 아니하는 것이다." 대법원 1992. 10. 27. 선고 91다483 판결. "채권자가 보전하려는 권리와 대위하여 행사하려는 채무자의 권리가 밀접하게 관련되어 있고 채권자가 채무자의 권리를 대위하여 행사하지 않으면 자기 채권의 완전한 만족을 얻을 수 없게 될 위험이 있어 채무자의 권리를 대위하여 행사하는 것이 자기 채권의 현실적 이행을 유효·적절하게 확보하기 위하여 필요한 경우에는 채권자대위권의 행사가 채무자의 자유로운 재산관리행위에 대한 부당한 간섭이 된다는 등의 특별한 사정이 없는 한 채권자는 채무자의 권리를 대위하여 행사할 수 있어야 하고, 피보전채권이 특정채권이라 하여 반드시 순차매도 또는 임대차에 있어 소유권이전등기청구권이나 명도청구권 등의 보전을 위한 경우에만 한하여 채권자대위권이 인정되는 것은 아니다." 대법원 2001. 5. 8. 선고 99다38699 판결, 대법원 2014. 12. 11. 선고 2013다71784 판결 등. 보전의 필요가 인정되지 아니하는 경우에는 소가 부적법하므로 법원으로서는 이를 각하하여야 한다. 대법원 2002. 5. 10. 선고 2000다55171 판결, 대법원 2010. 11. 11. 선고 2010다43597 판결, 대법원 2012. 8. 30. 선고 2010다39918 판결 등 참조.

등기를 청구하고, 甲에게 법정지상권 등기의 이전을 청구할 수 있다.[30]

　　[사안]에서 2011. 12.경부터 丁과 戊는 B건물을 위한 A대지의 법정지상권의 존부 및 지료액 등에 관해 논란을 거듭한 결과, 戊는 丙회사의 임료, B건물의 건축연도와 후폐(朽廢) 상태 등을 고려하여 2012. 1. 15. 丁과 A대지에 관해 임차기간 10년(2013. 11. 15 ～ 2023. 11. 14.), 월차임 1천만 원을 지급하되, 임차기간은 연장할 수 있으나(보증금과 차임액은 별도 약정으로 유보), 그 지급기일은 매월 말일로 하며, 戊가 누적하여 6개월 이상 차임을 연체할 시에는, 戊는 B건물을 철거하고 A대지를 원상회복하여 주기로 하는 내용의 임대차계약을 체결하였다.

　　2014. 10.경부터 B건물 인근에 새로운 건립된 건물들의 상권이 유리해지면서 戊의 B건물 임대사업은 어려움에 처하게 되었고, 2015. 2.부터 위 임료 지급을 지체하고 있다. 戊가 위 임대차계약에서 임료를 지급하기로 약정한 시기로부터 임료를 지급하지 않은 상태에서 6개월이 가까워오자, 丁은 2015. 7. 14. 戊에게 내용증명우편으로 연체차임을 지급할 것을 최고하였으나, 같은 달 31.에도 차임을 지급하지 않았다. 2015. 8. 5. 戊에게 6개월 이상 차임연체를 이유로 하여 A대지에 관한 임대차계약을 2015. 8. 14.자로 해지한다는 통지를 하였고, 戊는 그 해지통보의 내용증명 우편물을 2015. 8. 15. 戊가 수령하였다.

---

30 "법정지상권자가 건물을 제3자에게 양도하는 경우에는 특별한 사정이 없는 한 건물과 함께 법정지상권도 양도하기로 하는 채권적 계약이 있었다고 할 것이며 건물양수인은 건물양도인을 순차 대위하여 토지소유자 및 건물의 전소유자에 대하여 법정지상권의 설정등기 및 이전등기절차 이행을 구할 수 있고, 토지소유자는 건물소유자에 대하여 법정지상권의 부담을 용인하고 그 설정등기절차를 이행할 의무가 있"으므로(대법원 1981. 9. 8. 선고 80다2873 판결, 대법원 1985. 4. 9. 선고 84다카1131, 1132 판결, 대법원 1991. 9. 24. 선고 91다21701 판결 참조), 법정지상권이 붙은 건물의 양수인은 법정지상권에 대한 등기를 하지 않았다 하더라도 토지소유자에 대한 관계에서 적법하게 토지를 점유사용하고 있는 자라 할 것이고, 따라서 건물을 양도한 자라고 하더라도 지상권갱신청구권이 있고 건물의 양수인은 법정지상권자인 양도인의 갱신청구권을 대위행사할 수 있다고 보아야 할 것이어서, 피고는 법정지상권자를 대위하여 지상권갱신을 청구할 수 있다"고 한다. 대법원 1995. 4. 11. 선고 94다39925 판결.

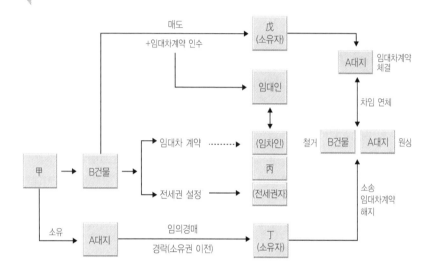

> **문제 5)** [사례 1]에서 戊에 대한 丁의 임대차계약 해지통지의 법적 효력에 관하여 논거를 제시하여 약술하시오.

[문제 4]에서 검토한 바와 같이, 甲으로부터 B건물을 매수한 戊는 A대지 소유자인 丁에게 위 건물의 존립 및 용익에 불가결한 위 대지에 대한 법정지상권을 주장할 수 있었다. 그런데 [사례 1]에서 戊는 B건물의 용익 등을 위해 丁과 A대지에 관해 임대차계약을 체결하였다. 이러한 경우 법정지상권의 존속에 관해 의문이 제기된다. 이러한 경우 대법원 판례에 의하면, 건물 양수인이 대지 소유자와 사이에 건물의 소유를 목적으로 하는 토지 임대차계약을 체결한 경우에는 법정

지상권을 취득할 지위를 포기한 것으로 해석한다.[31]

[사례 1]에서 丁과 戊는 B건물을 위한 A대지의 법정지상권의 존부 및 지료액 등에 관해 논란을 거듭한 후 1985년 건축된 B건물의 상태 등을 고려하여 위 대지에 관해 연장 가능한 임대차계약을 체결한 사정과 위 판례의 해석에 비추어 보면, 戊는 A대지에 관한 법정지상권을 포기한 것이라고 할 수 있다.

[사례 1]에서 丁과 戊는 A대지의 임대차계약을 체결하였고, 그 계약내용에는 戊가 6개월 이상 임료를 연체할 경우, 戊가 丁에게 위 B건물을 철거하고 위 A대지를 원상회복하여 주기로 하였다. 이는 丁과 戊 사이에는 戊가 누적하여 6개월 이상 임료를 연체하면 丁이 위 임대차계약을 해지할 수 있다는 약정이 포함되어 있는 것으로 해석할 수 있다. 이와 관련하여 민법 제641조는 제640조를 준용하여, '건물의 소유를 목적으로 한 토지임대차의 경우에도 임차인의 차임연체액이 2기의 차임액에 달하는 때에는 임대인은 계약을 해지할 수 있다고 규정하고 있으므로, 임차인에게 불리하지 않아 유효하다(민법 제652조).

그리고 戊가 2012. 1. 15. 체결한 A대지의 임대차계약에서 임료를 지급하기로 약정한 시기로부터 임료를 지급하지 않은 것은 임료지급지체, 즉 이행지체의 채무불이행이 성립한다(민법 제390조, 제618조).

또한 대법원 판례에 의하면, 민법 제641조에 의한 토지임대차계약의 해지에는 임대인의 명시적인 최고를 요하지 아니하며,[32] 임차기

---

31 대법원 2007. 8. 24. 선고 2006다14684 판결. [사례 1]과 유사하게 건물 소유자가 토지 소유자와 사이에 건물의 소유를 목적으로 하는 토지임대차계약을 체결한 경우에는 관습상의 법정지상권을 포기한 것으로 해석한 판결례는 대법원 1968. 1. 31. 선고 67다2007 판결, 대법원 1979. 6. 5. 선고 79다572 판결, 대법원 1991. 5. 14. 선고 91다1912 판결, 대법원 1992. 10. 27. 선고 92다3984 판결 참조.

32 민법 제641조가 준용하는 민법 제640조에 관해 대법원은, "차임의 연체를 이유로 임대인이 계약을 해지할 수 있는 근거를 명문화함으로써 임차인에게 차임지급의무의 성실한 이행을 요구하는 데 그 취지가 있으므로, 임대인은 임대차기간이 만료되기 전이라도 해지권을 행사하여 신뢰를 상실한 임차인과 사이의 계약관계를 더 이상 유지하지 않고 곧바로 계약관계를 해소할 수

간의 만료로 인한 해지가 아니므로 임대인에게 그 토지상의 건물 등 시설에 관해 매수청구(민법 제643조)도 할 수 없다.[33]

[사례 1]에서 A대지의 임대인 丁의 임차인 戊에 대한 A대지의 임대차계약 해지는 차임지급의 연체로 인한 것이며, 丁은 2015. 7. 14. 戊에게 연체차임을 지급할 것을 최고(민법 제544조)하였을 뿐만 아니라, 2015. 8. 5. 戊에게 6개월 이상 차임연체를 이유로 위 A대지에 관한 임대차계약의 해지를 내용증명 우편으로 통보하여 2015. 8. 15. 戊에게 도달하였으므로(민법 제543조), 위 임대차계약은 2015. 8. 15. 적법하게 해지되었다.[34]

있다"고 한다. 대법원 1962. 10. 11. 선고 62다496 판결, 대법원 2014. 7. 24. 선고 2012다 28486 판결 등 참조.

33 대법원 판례에 의하면, 공작물의 소유 등을 목적으로 하는 토지임대차에 있어서 임차인의 채무불이행을 이유로 계약이 해지된 경우에는 임차인은 임대인에 대하여 민법 제643조, 제283조에 의한 매수청구권을 가지지 아니한다. 대법원 1972. 12. 26. 선고 72다2013 판결, 대법원 1990. 1. 23. 선고 88다카7245, 88다카7252 판결, 대법원 1997. 4. 8. 선고 96다54249, 54256 판결, 대법원 2003. 4. 22. 선고 2003다7685 판결 등 참조. 그리고 민법 제643조의 규정은 강행규정이므로 이 규정에 위반하는 약정으로서 임차인이나 전차인에게 불리한 것은 그 효력이 없는바, 임차인 등에게 불리한 약정인지의 여부는 우선 당해 계약의 조건 자체에 의하여 가려져야 하지만 계약체결의 경위와 제반 사정 등을 종합적으로 고려하여 실질적으로 임차인 등에게 불리하다고 볼 수 없는 특별한 사정을 인정할 수 있을 때에는 위 강행규정에 저촉되지 않는 것으로 보아야 한다. 대법원 1992. 4. 14. 선고 91다36130 판결, 대법원 2011. 5. 26. 선고 2011다1231 판결 등 참조. 나아가 민법 제643조는 성질상 토지전세권에도 유추 적용될 수 있지만, 그 매수청구권은 토지임차권 등이 건물 기타 공작물의 소유 등을 목적으로 한 것으로서 기간이 만료되어야 하고 건물 기타 지상시설이 현존하여야만 행사할 수 있다고 한다. 대법원 2007. 9. 21. 선고 2005다41740 판결 참조.

34 [사례 1]의 A대지에 관한 丁과 戊의 임대차계약에서는 임차인의 임료지급 지체로 인한 해지를 그에 관한 민법 규정과 달리 약정하였으나 민법 제640조와 제641조의 해지권을 임차인에게 불리하지 않게 약정한 경우이다(민법 제652조). 丁이 戊에게 차임지급의 지체를 이유로 A대지의 임대차계약 해지를 통보한 2015. 8. 5. 戊는 이미 6개월의 차임지급을 연체한 상태였는바, 이 경우에 민법 제640조와 제641조는 민법 제636조가 적용되는 임대차관계를 상정하지 않는 것으로 해석하여야 할 것이다. 그리고 임대차계약 당사자가 임의해지권을 유보한 경우에도 민법 제635조와 제636조의 해지와 차임연체로 인한 해지는 달리 해석되어야 한다. 대법원 판례에 의하면, "민법 제638조 제1항, 제2항 및 제635조 제2항에 의하면 임대차계약이 해지 통고로 인하여 종료된 경우에 그 임대물이 적법하게 전대되었을 때에는 임대인은 전차인에 대하여 그 사유를 통지하지 아니하면 해지로써 전차인에게 대항하지 못하고, 전차인이 그 통지를 받은 때에는 토지, 건물 기타 공작물에 대하여는 임대인이 해지를 통고한 경우에는 6월, 임차인이 해지

[사례 1]의 상황에서 丁의 소송대리인은 2015. 10. 1. 戊와의 A대지에 관한 임대차계약을 해지하였으므로 계약상 약정에 따라 1. 戊는 B건물을 철거하여 A대지를 원상회복시켜 丁에게 인도하고, 2. 미지급 임료(7천만 원)와 위 계약해지일 이후 임료와 그 이자액을 배상하고, 이 금액에 대해 소장 송달일 이후 연 15%의 이자를 지급하라는 소장을 서울△△법원에 제출하였다.

위 소장 부본을 송달받은 戊는 소송대리인을 선임하여 위 법원에 답변서를 제출하였는바, 그 내용은 丁의 위와 같은 청구는 임차인에게 불리하여 신의칙에 반하여 B건물을 철거 및 A대지의 원상회복의무가 없다고 한다.

문제 6) [사례 2]에서 丁의 1. 및 2. 주장과 戊의 항변적 답변에 관한 판단을 논거를 제시하여 약술하시오.

1. B건물의 철거와 A대지의 인도

[사안]에서와 같이, 동일인 소유인 대지와 그 대지 위의 건물이 있는 상태에서 위 건물에 전세권이 설정된 이후에 그 대지만이 처분되어 위 대지와 건물의 소유자가 다르게 된 경우, [문제 1]에서 검토한 바와 같이, 민법 제305조 제1항의 법정지상권이 성립한다. 그러나 이후에 [사례 1]과 그에 관한 [문제 5]에서 검토한 바, 戊는 丁과 A대지에 관해 임대차계약을 체결하면서 戊가 위 법정지상권에 관련된 권리를 명시적으로 포기하지는 아니하였으나 계약체결의 경위 등에 비

를 통고한 경우에는 1월, 동산에 대하여는 5일이 경과하면 해지의 효력이 생긴다고 할 것이지만 민법 제640조에 터 잡아 임차인의 차임연체액이 2기의 차임액에 달함에 따라 임대인이 임대차계약을 해지하는 경우에는 전차인에 대하여 그 사유를 통지하지 않더라도 해지로써 전차인에게 대항할 수 있고, 그 해지의 의사표시가 임차인에게 도달하는 즉시 임대차관계는 해지로 종료된다"고 한다. 대법원 2012. 10. 11. 선고 2012다55860 판결 참조.

추어, 그리고 위 임대차계약상 임료를 연체할 시에는 A대지를 원상회복하고 그의 소유인 B건물을 철거할 것을 약정함으로써 위 법정지상권을 묵시적으로 포기한 것으로 해석할 수 있다. 대법원도 [사안]([사례 1] 포함)과 유사한 사건에 대한 판결에서, 건물양수인(戊)이 법정지상권을 취득할 지위를 소멸하게 하는 행위를 한 것은 전세권자(丙회사)의 동의 여부와 상관없이, 대지 소유자와의 사이에서는 그대로 유효하며, 건물 양수인이 대지 소유자와의 사이에 건물의 소유를 목적으로 하는 토지 임대차계약을 체결한 경우에는 법정지상권을 취득할 지위를 포기한 것으로 판시하였다.[35]

위와 같은 판례에 따르면, 戊가 A대지에 관한 법정지상권을 포기하면서 위 임대차계약을 체결하였고, 그 약정 내용상 민법상 편면적 강행규정(민법 제652조)으로 규율되는 제641조의 2기 이상의 차임연체보다 장기간인 6개월 이상의 차임연체로 인한 임대차계약의 해지약정은 임차인 戊에게 불리하지 않은 점, 차임 지급 연체로 임대차계약이 종료되는 경우에 임차인은 민법 제283조, 제643조에 의한 매수청구권과 민법 제646조에 의한 부속물매수청구권이 인정되지 않는 점 등에 비추어,[36] 丁의 해지권 행사는 임대인으로서의 정당한 권리행사로서 신의칙에 반하지 않는다.

따라서 A대지의 임대차관계는 임대인 丁의 적법한 해지로써 종료된 이후 戊는 법률상 권원 없이 丁 소유의 A대지 위에 B건물을 소유함으로써 위 대지를 점유하는 것이다. 그러므로 [사안] 및 [사례 1, 2]에서 달리 특별한 사정을 인정할 수 없는 한, 戊는 B건물을 철거하고, 丁에게 A대지를 인도하여야 한다.

---

35 대법원 2007. 8. 24. 선고 2006다14684 판결.
36 대법원 1990. 1. 23. 선고 88다카7245, 88다카7252 판결, 대법원 1997. 4. 8. 선고 96다54249 판결, 대법원 2003. 4. 22. 선고 2003다7685 판결 등 참조.

2. 미지급 임료의 지급 및 점유 부당이득의 반환

[사례 1] 및 [문제 5]에서 검토한 바와 같이, 丁의 A대지에 관한 임대차계약을 적법하게 해지함으로써 戊와의 A대지에 관한 임대차관계는 종료되었으므로 위 임대차계약상 임료지급채무의 이행의 청구는 인정될 수 없다. 따라서 [사례 2]에서 丁이 미지급 임료(7천만 원)와 그 이자 상당액의 지급을 소구하는 것은 戊가 A대지의 임대차계약을 위반하여 연체한 임료와 그 이자 상당액을 채무불이행의 손해배상(민법 제390조, 제618조)으로서 청구하는 것이다.

[사례 2]에서 戊의 소송대리인이 법원에 제출한 답변서에는 위 손해배상의 청구에 대하여 아무런 주장을 하지 않고 있다. 따라서 [사안] 및 [사례 1]에서 戊는 A대지에 관한 임대차계약상 차임지급채무를 지체하였고, 戊에게 귀책사유가 없음이 인정되지 아니하므로(민법 제390조 단서) 戊는 丁에게 위 연체임료 상당의 손해액 7천만 원과 위 계약의 해지일 이후 그 이자 상당의 손해를 배상하여야 한다.

그리고 1.에서 검토한 바, 丁의 해지권 행사는 임대인으로서의 적법한 권리행사이고, 이로 인해 戊와의 A대지에 관한 임대차관계는 종료되었다. 그러므로 戊는 丁 소유의 A대지 위에 B건물을 소유함으로써 그 일부 부분을 丙회사에 임대 등으로 사용하는 것은 권원 없이 위 대지를 점용(占用)하여 '법률상 원인 없이 타인의 재산으로' 수익한 부당이득으로서 丁에게 반환하여야 한다(민법 제741조).[37]

---

[37] 대법원 판례는, "타인 소유의 토지 위에 권한 없이 건물이나 공작물 등을 소유하고 있는 자는 그 자체로서 특별한 사정이 없는 한 법률상 원인 없이 타인의 재산으로 토지의 차임에 상당하는 이익을 얻고 이로 인하여 타인에게 동액 상당의 손해를 주고 있다고 보아야 할 것"이라고 한다. 대법원 1995. 9. 15. 선고 94다61144 판결, 대법원 1998. 5. 8. 선고 98다2389 판결, 대법원 2007. 8. 23. 선고 2007다21856, 21863 판결, 대법원 2012. 12. 13. 선고 2012다71978 판결 등 참조.

결론적으로 丁이 청구한 바에 따라, 戊는 丁에게 임료지급을 지체하기 시작한 2015. 2.부터 위 임대차계약이 해지된 2015. 8. 15.까지의 연체차임 상당액 7천만 원(= 월 금 10,000,000원×7개월) 및 위 금원에 대한 소장 부본 송달일까지 연 5%의 지연손해금을 지급하고, 그 다음날부터 다 갚는 날까지는 戊가 위 금전채무의 이행의무의 존재 여부나 범위에 관하여 항쟁(抗爭)하는 것이 타당하다고 할 수 없으므로 소송촉진 등에 관한 특례법 소정의 연 15%의 이자를 지급하여야 한다.[38]

또한 1.에서 검토한 바, 戊에게는 위 임대차계약이 해지된 다음 날인 2015. 8. 16.부터 B건물을 철거하여 A대지를 원상회복하여 丁에게 인도할 때까지 장래 이행 청구로서 A대지를 점용하여 얻는 임료 상당액(월 1천만원)의 부당이득반환채무가 성립한다. 그런데 부당이득반환채무는 기한이 없는 채무로서 채권자 丁의 이행청구, 즉 [사례2]에서는 소장 부본을 송달받은 때에 그 이행기가 도래한다(민법 제387조 제2항).

그밖에 戊가 위 대지를 인도하지 않은 것은 고의에 의한 것이므로 위 임료 상당액의 이자, 그리고 A대지의 반환인도의 지연으로 인해 丁에게 손해가 발생한 때에는 그 손해배상도 인정될 수 있을 것이다(민법 제748조 제2항).

---

38 소송촉진 등에 관한 특례법 제3조, 동법 제3조 제1항 본문의 법정이율에 관한 규정 참조.

丁은 또한 丙회사를 상대로 소송을 제기하여 丙회사에 다음과 같은 내용의 소장 부본이 송달되었다.

A대지의 소유자인 丁은 위 대지상에 B건물 소유자인 戊와 체결한 A대지에 관한 임대차계약이 해지되어 위 건물은 철거되어야 하므로, ① B건물 중 일부 부분의 임차권자로서 A대지를 점유·사용하고 있는 丙회사는 B건물에서 퇴거하고, A대지를 인도하여야 하며, ② 위 임대차계약이 해지된 이후 丙회사는 B건물에서 퇴거할 때까지 A대지 사용에 따른 임료 상당의 부당이득금을 丁에게 지급하여야 할 의무가 있다.

사례 3 개요도

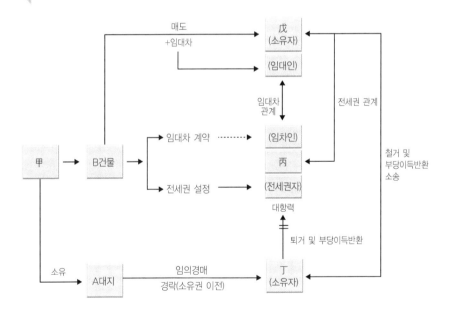

[사례 3] 丙회사로부터 소송대리를 수임한 변호사로서 丁의 소장에서 청구하는 ①, ② 사항에 관한 판단을 논거를 제시하여 약술하시오.

[사안]에서 B건물의 전 소유자인 甲은 2007. 7. 13. 丙회사에 위 건물의 일부 부분을 임대하였고, 2010. 11. 戊는 甲으로부터 B건물을 저렴한 가격으로 양수하면서 甲과 丙회사의 임대차관계를 인수하였다.

[사례 1, 2]에서 검토한 바, 戊가 B건물의 소유를 위해 A대지를 점용할 수 있는 권원인 위 대지 소유자인 丁과 임대차관계가 종료되어 위 건물은 그 존립을 위한 A대지의 사용권을 상실하게 되어 丁은 戊에 대하여 B건물의 철거 및 위 대지의 인도를 청구할 수 있다. 그런데 [사안]에서는 丙회사가 임차인으로서 위 건물 일부 부분을 점유하고 있으므로 丁은 위 건물 점유를 제거하지 아니하는 한, B건물의 철거 등을 실행할 수 없다. 따라서 A대지의 소유자인 丁은 丙회사의 위와 같은 점유에 의하여 그 원만한 실현을 방해당하고 있으므로,[39]

---

[39] 앞서 살펴본 바와 같이 본 [사안]은 상가건물임대차보호법이 적용되지 않는다. 그런데 만약 건물 점유자인 丙회사가 건물 소유자인 戊로부터 상가건물을 임차인으로서 그 건물임차권이 이른바 대항력을 갖춘 경우에도 법적 상황은 달라지지 아니한다. 상가건물임대차보호법에 의한 임차권의 대항력은 기본적으로 해당 건물에 관한 것이고 그 건물이 건립되어 있는 대지를 목적으로 하는 것이 아니므로 그 대항력으로써 대지소유권을 제약할 수 없다. 대법원 판례는, "전세권은 전세금을 지급하고 타인의 부동산을 점유하여 그 부동산의 용도에 좇아 사용·수익하며 그 부동산 전부에 대하여 후순위권리자 기타 채권자보다 전세금의 우선변제를 받을 권리를 내용으로 하는 물권이지만, 임대차는 당사자 일방이 상대방에게 목적물을 사용·수익하게 할 것을 약정하고 상대방이 이에 대하여 차임을 지급할 것을 약정함으로써 그 효력이 발생하는 채권계약으로서, 주택임차인이 주택임대차보호법 제3조 제1항의 대항요건을 갖추거나 민법 제621조의 규정에 의한 주택임대차등기를 마치더라도 채권계약이라는 기본적인 성질에 변함이 없다"고 하고(대법원 2007. 6. 28. 선고 2004다69741 판결), "건물에 관한 임차권이 대항력을 갖춘 후에 그 대지의 소유권을 취득한 사람은 민법 제622조 제1항이나 주택임대차보호법 제3조 제1항 등에서 그 임차권의 대항을 받는 것으로 정하여진 '제3자'에 해당하지 아니한다"고 하며(대법원 2010. 8. 19. 선고 2010다43801 판결 참조), "상가건물에 근저당권설정등기가 마쳐지기 전 최

丁은 자신의 소유권에 기한 방해배제(민법 제214조)로써 B건물의 일부 부분을 임차권자로서 점유하고 있는 丙회사에 대하여 건물로부터의 퇴출을 청구할 수 있을 것이다.

그런데 [사안]에서는 2009. 8. 21. B건물의 임대 부분에 관해 丙회사 명의의 전세권등기가 설정되었고, 이 경우 丙회사는 (채권적) 임차인이면서 동시에 (용익물권적) 전세권자의 지위를 겸유하는 것이 된다.[40]

1. 丙회사의 B건물 퇴거 및 A대지의 인도

전세권이 설정된 후 그 전세목적물의 소유권이 이전되는 경우, 전세권 관계가 전세권자와 전세권설정자인 종전 소유자와의 사이에 존속되는 것인지, 아니면 전세권자와 목적물의 소유권을 취득한 신소유자와의 사이에 동일한 내용으로 존속되는지에 관하여 민법에 명시적인 규정은 없다. 그러나 전세목적물의 소유권이 이전된 경우, 민법은 전세권관계로부터 생기는 상환청구, 소멸청구, 갱신청구, 전세금

초로 임대차계약을 체결하여 사업자등록을 마치고 확정일자를 받아 계속 갱신해 온 임차인 甲 등이 위 건물에 관한 임의경매절차에서 '근저당권설정등기 후 다시 임대차계약을 체결하여 확정일자를 받은 최후 임대차계약서'에 기한 배당요구를 하였다가 배당요구 종기 후 최초 임대차계약서에 기한 확정일자를 주장한 사안에서, 갑 등의 주장은 배당요구 종기 후 배당순위의 변동을 초래하여 매수인이 인수할 부담에 변동을 가져오는 것으로서 특별한 사정이 없는 한 허용될 수 없다"고 한다. 대법원 2014. 4. 30. 선고 2013다58057 판결.

40 관련 판결례들에 일별해 보면, 대법원은 상가건물 내지 주택의 임대차보호법상 일정요건(전자: 제3조의 사업자등록과 제5조의 확정일자, 후자: 제3조의 주택의 주민등록과 제3조2의 확정일자)을 갖춘 임차인은 임차목적물의 양수인에게 대항하여 보증금의 반환을 받을 때까지 임대차관계의 존속을 주장할 수 있는 권리와 임차목적물의 가액으로부터 보증금을 우선변제를 받을 수 있는 권리를 겸유하므로 양자의 권리 중 하나를 선택하여 행사할 수 있다(선택적 경합)는 해석적 관점을 견지하는 것으로 파악된다. 대법원 1993. 12. 24. 선고 93다39676 판결, 대법원 1997. 8. 22. 선고 96다53628 판결, 대법원 2010. 6. 24. 선고 2009다40790 판결 등 참조. 임대인과 임차인이 임대차계약을 체결하면서 임대차보증금을 전세금으로 하는 전세권설정등기를 경료한 경우에는 임대차보증금은 전세금의 성질을 겸하게 되므로, 당사자 사이에 다른 약정이 없는 한 임대차보증금 반환의무는 민법 제317조에 따라 전세권설정등기의 말소의무와도 동시이행관계에 있다고 한다. 대법원 2011. 3. 24. 선고 2010다95062 판결.

증감청구, 원상회복, 매수청구 등의 법률관계의 당사자로 규정하고 있으므로 전세권설정자 또는 소유자는 모두 전세목적물의 소유권을 취득한 신 소유자가 되어야 하며, 전세권은 전세권자와 목적물의 신 소유자 사이에서 하며, 동일한 내용으로 존속하게 된다.[41]

그러므로 [사안]에서 B건물의 전세권자인 丙회사와 B건물의 신 소유자인 戊 사이에 B건물 중 丙회사 점유부분에 대한 전세권관계가 존속한다.

또한 전세권자와 전세권설정자 관계에 관하여 민법은 '타인의 토지에 있는 건물에 전세권을 설정한 때에는 전세권의 효력은 그 건물의 소유를 목적으로 한 지상권 또는 임차권에 미치고'(제304조 제1항), 이 경우 '전세권설정자는 전세권자의 동의 없이 지상권 또는 임차권을 소멸하게 하는 행위를 하지 못한다'(동조 제2항)고 규정하고 있다. 이 규정의 취지는 토지와 건물은 법률상 별개의 부동산이기는 하지만, 건물의 이용을 위하여 그에 따른 부지의 이용이 불가결한 것이고 양자는 경제적 일체성을 갖게 되므로 토지와 그 부지인 토지의 소유권이 동일인에게 속한 경우에는, ─ 설정계약에서 토지를 제외하고 건물만을 전세권의 목적으로 한 경우에도 전세권자는 그 건물의 사용·수익을 위하여 필요한 범위 내의 대지에 대하여 당연히 이용권을 가져야 할 것이므로 ─, 토지와 건물이 그 소유자를 달리하는 경우에도 건물에 대한 전세권의 효력은 그 건물의 소유를 목적으로 한 지상권 또는 임차권에 미친다고 하고, 나아가 대지사용에 대한 건물소유자의 처분을 제한함으로써 건물전세권자의 대지이용권을 보장해주고 있는 것이다.

대법원 판례도, "토지와 건물을 함께 소유하던 토지·건물의 소

41 대법원 2006. 5. 11. 선고 2006다6072 판결, 광주고등법원 2006. 2. 8. 선고 2005다7794 판결 참조.

유자가 건물에 대하여 전세권을 설정하여 준 후 토지가 타인에게 경락되어 민법 제305조 제1항에 의한 법정지상권을 취득한 상태에서 다시 건물을 타인에게 양도한 경우, 그 건물을 양수하여 소유권을 취득한 자는 특별한 사정이 없는 한 법정지상권을 취득할 지위를 가지게 되고, 다른 한편으로는 전세권 관계도 이전받게 되는바, 민법 제304조 등에 비추어 건물 양수인이 토지 소유자와의 관계에서 전세권자의 동의 없이 법정지상권을 취득할 지위를 소멸시켰다고 하더라도, 그 건물 양수인은 물론 토지 소유자도 그 사유를 들어 전세권자에게 대항할 수 없다"고 한다.[42]

그러므로 [사안]에서 민법 제304조 제2항에 의해 전세권자의 동의 없이 지상권을 소멸하게 하는 행위를 하지 못하는 전세권설정자는 B건물의 신 소유자인 戊인바, 위 조항에 반하여 戊가 위 건물의 전세권자인 丙회사의 동의 없이 丁과 A대지에 관해 임대차계약의 체결하는 것은 법정지상권을 소멸시키는 행위를 한 것이다. 그러나 전세권설정자에 해당하는 戊는 물론, B건물을 위한 A대지의 (법정)지상권의 설정자가 되는 丁으로서도 위 사유로써 전세권자인 丙회사에게 대항할 수 없다. 다만, [사례 1]에서 위 B건물의 용익을 위해 A대지에 관한 임대차계약은 그 계약당사자인 丁과 戊 사이에서만 (채권적) 효력이 있는 것에 불과하여, 위 임대차계약의 체결로 인한 戊의 묵시적인 법정지상권의 포기를 무효라고 볼 수는 없을 것이다.

결론적으로 戊가 丁과 A대지에 관한 임대차계약을 체결함으로써 법정지상권을 소멸시키는 행위를 한 것이 B건물의 전세권자인 丙회사에게도 효력이 있을 것을 전제로 하는 丁의 丙회사에 대한 [사례 3]의 ① 주장은 이유 없다.

---

42 대법원 2007. 8. 24. 선고 2006다14684 판결.

2. 丙회사의 부당이득반환

건물 소유자와 그 건물 부지의 소유자 사이의 그 대지에 관한 임대차계약이 임대인 측의 해지통고에 의하여 이미 종료됨으로써 건물 소유자가 그 대지에 관한 사용·수익의 권한을 잃게 되었다 하여도 건물 소유자는 대지 소유자와의 관계에서는 그 대지 위에 있는 건물의 소유자이어서 전체 부지의 불법점유자이다. 따라서 건물부지 부분에 관한 차임 상당액의 부당이득 반환의무를 부담하게 되는 것이며, 건물 일부를 점유하고 있는 건물 임차인 또는 건물 전세권자는 그 한도 내에서 토지 소유자들에 대하여 부지 점유자로서 부당이득반환의무가 없다.[43]

[사안]에서 丙회사는 B건물의 전 소유자인 甲, 그리고 승계인 戊와의 임대차계약 내지 전세권 설정에 의해 B건물의 일부를 점유하고 있는 것이므로, A대지의 소유자인 丁에 대하여 B건물 부지의 점유자로서 부당이득반환의무는 없다. 통상적으로 건물을 임대하는 경우, 당연히 그 부지 부분의 이용을 수반하는 것이고 그 차임 상당액에는 건물의 차임 외에 부지 부분의 차임도 포함된다.

[사안]에서는 丙회사가 B건물 중 그 점유 부분에 대한 적법한 전세권자인 이상, 전세금과 그 이자 상당액으로 위 건물의 용익상 그 부지인 A대지의 용익에 관한 대가를 지불하고 있는 것이다.

그러므로 B건물의 소유자인 戊에게 임료 상당의 점용이익을 부당이득으로 그 반환을 청구할 수 있으나, 전세권자인 丙회사가 법률상 원인 없이 A대지를 점유하여 차임 상당액을 이득한 것이라고 볼 수 없다.

---

43 대법원 1994. 12. 9. 선고 94다27809 판결, 대법원 2012. 5. 10. 선고 2012다4633 판결 참조.

결론적으로 丁의 丙회사에 대한 [사례 3]의 ② 주장은 이유 없다.

명의신탁

부동산 등의 소유명의신탁

- 부동산 명의신탁, 계약명의신탁, 명의신탁약정의 효력,
부동산 실권리자명의 등기에 관한 법률(부동산실명법),
반사회적 법률행위(민법 제103조), 불법원인급여(제746조),
동산 명의신탁, 명의신탁약정의 해지 등 -

※ 이하 [사안] 및 각 [사례], 그리고 각 문제의 일자는 공휴(무)일이 아닌 것으로 의제함.

사안

2011. 3.경 비영리법인인 甲재단은 A부동산(전 3,000㎡)을 매입하고자 하였다. 그런데 그 지목이 농지여서 농지법 등의 규제상 甲재단 명의로 소유권이전등기를 할 수 없었다. 이에 甲재단은 소속 재무부장 乙로 하여금 위 부동산을 매수하도록 부탁하였다. 乙은 甲재단으로부터 매수자금 3억 원을 받아 2011. 5. 9. 甲재단과 乙 사이의 위 사실을 알지 못하는 丙으로부터 그의 소유 A부동산을 3억 원에 매수하여, 같은 해 5. 21. 그의 명의로 소유권이전등기를 마치고, 다음과 같은 합의이행각서와 사실확인서를 작성하여 甲 재단에게 제출하였다.

[합의이행각서]
제1조 A부동산은 乙의 소유로 하고, 甲이 乙에게 채권 5억 원이 있음을 확인한다.
제2조 乙은 甲에게 이 사건 부동산에 관하여 근저당설정을 해준다.
제3조 甲은 언제든지 乙에게 A부동산의 소유권이전을 청구할 수 있고, 乙은

　　　　甲이 지정하는 제3자에게 소유권을 이전함으로써 채무가 면제
　　　　된다.
제4조 甲은 위 제3조가 이행되지 않을 경우 경매신청을 할 수 있고, 경매에
　　　　서 낙찰된 금액 전체의 채권을 행사할 수 있다.
제5조 甲은 위 채권을 제3자에게 양도할 수 있다.
제6조 A부동산과 관련된 제세공과금은 甲이 부담한다.

[사실확인서]
A부동산은 편의상 소유권이전등기를 할 수 없는 관계로 乙의 명의로 이전등
기를 하였으나 실질적으로는 甲의 소유 재산임이 틀림없기에 이를 확인함.

　　이어서 乙은 위 소유권이전등기를 경료한 일자에 甲재단에게 위 부동산에
관하여 채권자 甲재단, 채무자 乙, 채권최고액 5억 원으로 한 근저당권설정
등기를 마쳐주었다.
　　그 후 2014. 12. 31.자로 甲재단에서 퇴직하게 된 乙은 퇴직금 등의 처우
에 관해 甲재단과 다투게 되었다. 2015. 2. 초부터 乙은 A부동산에 설치되어
있던 甲재단의 컨테이너 장치 등을 철거를 시작하였고, 2015. 3. 1.부터 타인
에게 임대하려고 준비하던 중, 이러한 사정을 알게 된 甲재단은 2015. 4. 30.
A부동산을 처분할 예정이라면서 乙에게 소유권이전등기를 요구하였다. 乙은
甲재단의 요구를 거부하였고, 2015. 6. 15. 甲재단은 乙을 상대로 A부동산의
소유권을 이전하라는 소송을 제기하였다.

[사안 구성 참조 판결례] 대법원 2013. 3. 14. 선고 2011다103472 판결, 대전고
등법원 2011. 10. 27. 선고 (청주)2011나1065 판결.

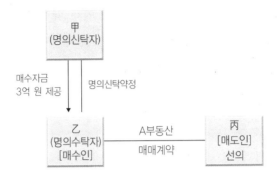

甲재단은 乙에게 위 합의이행각서에 따라 A부동산의 소유권이전등기를 소구하는바, 이에 대하여 乙은, ① 합의이행각서 등은 부동산의 명의신탁약정으로 '부동산 실권리자명의 등기에 관한 법률'에 위반하여 무효이고, ② 부동산 명의신탁은 조세포탈 등 선량한 풍속 내지 반사회적 행위로서 무효이므로 불법원인에 의한 급부로서 반환의무가 없다고 주장한다.

문제 1) 乙로부터 소송을 위임받은 변호사로서, [사례 1]에서 甲재단의 청구와 乙의 주장에 관한 판단을 논거를 제시하여 약술하시오.

[사안]에서는 甲재단이 乙에게 매수자금을 주어 A부동산을 乙의 명의로 매수하도록 하고, 乙 명의로 등기된 위 부동산이 실질적으로

甲재단의 소유재산이라는 사실확인서 등이 작성된 경위에 비추어 보면, 甲재단과 乙 사이에는 A부동산에 관해 소유명의신탁관계를 인정할 수 있다.[1] 즉, A부동산은 甲재단이 乙에게 매매대금을 제공하여 乙로 하여금 丙으로부터 이를 매수하는 소위 계약명의신탁 방식으로 甲재단이 乙에게 명의신탁한 것이다.

계약명의신탁은 신탁자가 수탁자에게 위탁하여 수탁자가 직접 계약당사자로서 매도인으로부터 부동산을 매수하여 수탁자 앞으로 곧바로 등기를 마치거나, 또는 신탁자가 매도인으로부터 부동산을 매수하면서 수탁자와의 내부적인 합의에 따라 그 매매계약상 매수인 명의를 수탁자로 하여 매매계약을 체결하고 그 등기도 수탁자 앞으로 하여 두는 형태의 명의신탁이다. 그러므로 이하에서는 부동산 실권리자명의 등기에 관한 법률(부동산실명법)의 적용을 중심으로 각 주장을 검토한다.

1. 甲재단과 乙의 명의신탁약정

부동산실명법에 의하면 명의신탁약정이란 부동산에 관한 소유권이나 그밖의 물권을 보유한 자 또는 사실상 취득하거나 취득하려고 하는 자가 타인과의 사이에서 대내적으로는 부동산에 관한 물권을 보유하거나 보유하기로 하고 그에 관한 등기는 타인의 명의로 하기로 하는 약정이다(동법 제2조 제1호 참조). 동법 제4조에서는 명의신탁약정을 무효로 규정(동조 제1항), 또한 그 약정에 따른 등기로 이루어진 부동산

---

1 물권에 관한 명의신탁은 소유권 등을 대내적으로 자신이 보유하면서 대외적으로는 타인의 명의로 소유 등을 공시하는 것이다. 이와 같이 타인의 명의를 차용하는 경우, 대내적으로 명의신탁자와 수탁자 사이에 유보된 권리관계를 알지 못하는 제3자에 대해서는 거래안전상 명의수탁자가 권리자인 것으로 취급된다. 그밖에 명의신탁의 법적 관계는 조세포탈, 재산은닉 등에 활용되어 법적 규제를 요하는 문제점이 있다(부동산실명법 제1조 참조, 물권 이외의 명의신탁에 해당하는 차명거래는 금융실명거래 및 비밀보장에 관한 법률 참조).

에 관한 물권변동도 무효로 규정하고 있다(동조 제2항). 그렇지만 거래 안전을 위해 당사자 일방이 명의신탁약정이 있다는 사실을 알지 못한 경우에는 예외적으로 무효가 되지 아니 하며(동조 제2항 단서), 나아가 같은 무효인 명의신탁약정 및 그에 기초한 물권변동으로써 제3자에게 대항하지 못하는 것으로 규정하고 있다(동조 제3항).

[사안]에서 A부동산은 甲재단의 자금으로 매수하였지만 농지법상 규제를 회피하고자 편의상 乙 명의로 소유권이전등기가 이루어졌으며, 乙이 甲재단에 교부한 이행합의각서, 사실확인서의 내용에 비추어 보면, 甲재단과 乙 사이에서 위 부동산에 관해 명의신탁약정이 있음을 인정할 수 있고, 이 명의신탁약정은 부동산실명법 제4조 제1항에 의해 무효이다.

2. A부동산 반환약정의 효력

[사례 1]에서 甲재단은 乙에게 합의이행각서에 따른 A부동산의 소유권이전등기를 요구한다. 따라서 이하에서는 우선 위 각서상 A부동산의 반환약정의 효력이 검토되어야 한다.

대법원 판례는, 부동산을 매수함에 있어 매수대금의 실질적 부담자와 명의인 간에 명의신탁관계가 성립한 경우, 그들 사이에 매수대금의 실질적 부담자의 요구에 따라 부동산의 소유 명의를 이전하기로 하는 등의 약정을 하였다고 하더라도, 이는 부동산 실권리자명의 등기에 관한 법률에 의하여 무효인 명의신탁약정을 전제로 명의신탁 부동산 자체 또는 그 처분대금의 반환을 구하는 범주에 속하는 것이어서 역시 무효라고 한다.[2]

---

2 대법원 2006. 11. 9. 선고 2006다35117 판결, 대법원 2013. 3. 14. 선고 2011다103472 판결, 대법원 2015. 2. 26. 선고 2014다63315 판결 참조.

1.에서 검토한 바와 같이, [사안]에서 A부동산에 관한 甲재단과 乙의 명의신탁약정은 부동산실명법 제4조 제1항에 의해 무효이고, 위 대법원 판례에 따르면, 합의이행각서상 乙이 甲재단에 위 부동산을 반환하는 약정도 부동산실명법에 의하여 무효인 명의신탁약정을 전제로 그 명의신탁된 부동산 자체를 반환하는 것이므로 무효이다.

다만, A부동산에 관한 명의신탁약정은 부동산실명법 제4조에 의해 무효이지만, 민법 제103조의 선량한 풍속 기타 사회질서에 위반하는 것은 아니다. 대법원 판례에 의하면, 부당이득의 반환청구가 금지되는 사유로 민법 제746조가 규정하는 불법원인은 그 원인되는 행위가 선량한 풍속 기타 사회질서에 위반하는 경우를 말하는 것으로서, 법률의 금지에 위반하는 경우라 할지라도 그것이 선량한 풍속 기타 사회질서에 위반하지 않는 경우에는 이에 해당하지 않으며,[3] "부동산 실권리자명의 등기에 관한 법률이 규정하는 명의신탁약정은 부동산에 관한 물권의 실권리자가 타인과의 사이에서 대내적으로는 실권리자가 부동산에 관한 물권을 보유하거나 보유하기로 하고 그에 관한 등기는 그 타인의 명의로 하기로 하는 약정을 말하는 것일 뿐이므로, 그 자체로 선량한 풍속 기타 사회질서에 위반하는 경우에 해당한다고 단정할 수 없을 뿐만 아니라, 위 법률은 원칙적으로 명의신탁약정과 그 등기에 기한 물권변동만을 무효로 하고 명의신탁자가 다른 법률관계에 기하여 등기회복 등의 권리행사를 하는 것까지 금지하지는 않는 대신, 명의신탁자에 대하여 행정적 제재나 형벌을 부과함으로써 사적 자치 및 재산권보장의 본질을 침해하지 않도록 규정하고 있으므로, 위 법률이 비록 부동산등기제도를 악용한 투기·탈세·탈법행위 등 반

---

3 대법원 1983. 11. 22. 선고 83다430 판결, 대법원 2003. 11. 27. 선고 2003다41722 판결, 대법원 2011. 1. 13. 선고 2010다77477 판결, 대법원 2014. 7. 10. 선고 2013다74769 판결 등 참조.

사회적 행위를 방지하는 것 등을 목적으로 제정되었다고 하더라도, 무효인 명의신탁약정에 기하여 타인 명의의 등기가 마쳐졌다는 이유만으로 그것이 당연히 불법원인급여에 해당한다고 볼 수 없다"고 한다(목적론적 축소해석).[4]

따라서 대법원 판례에 따르면 [사안]에서, 甲재단과 乙의 A부동산에 관한 명의신탁약정은 선량한 풍속 기타 사회질서에 위반된 행위에는 해당하지 아니한다. 그렇지만 [사안]의 합의이행각서 제3조에서 A부동산은 甲재단이 乙에게 명의신탁한 재산임을 전제로 乙이 甲재단의 요구에 따라 甲이 지정하는 자에게 그 소유 명의를 이전하기로 한 약정은 새로운 약정의 형식을 통해 무효인 명의신탁약정이 유효함을 전제로 명의신탁 부동산 자체의 반환을 약속한 것으로 역시 무효이다.

결론적으로 [사례 1]에서 甲재단은 乙에게, 명의신탁약정 및 위 합의이행각서상 무효인 반환약정에 의해 A부동산의 소유권이전등기를 요구할 수 없다.

---

4 대법원 2003. 11. 27. 선고 2003다41722 판결, 대법원 2014. 7. 10. 선고 2013다74769 판결 참조.

사례 2

　甲재단의 A부동산 소유권이전등기의 요구에 대해 乙의 소송대리인은, 甲재단이 농업인 또는 농업법인이 아니어서 원칙적으로 농지법에 의하여 농지를 소유할 수도 없고, 예외적으로 농지취득자격증명을 취득할 수도 없으므로 위 합의이행각서상 약정에 따른 A부동산에 관한 乙의 소유권이전등기의무는 원시적으로 이행불능이므로 무효라고 주장한다.

[참조] 농지법 제6조(농지 소유 제한)
① 농지는 자기의 농업경영에 이용하거나 이용할 자가 아니면 소유하지 못한다. ② 다음 각 호의 어느 하나에 해당하는 경우에는 제1항에도 불구하고 자기의 농업경영에 이용하지 아니할지라도 농지를 소유할 수 있다. 1. …. 제8조(농지취득자격증명의 발급) ① 농지를 취득하려는 자는 농지 소재지를 관할하는 시장(구를 두지 아니한 시의 시장을 말하며, 도농 복합 형태의 시는 농지 소재지가 동지역인 경우만을 말한다), 구청장(도농 복합 형태의 시의 구에서는 농지 소재지가 동지역인 경우만을 말한다), 읍장 또는 면장(이하 "시·구·읍·면의 장"이라 한다)에게서 농지취득자격증명을 발급받아야 한다. 다만, 다음 각 호의 어느 하나에 해당하면 농지취득자격증명을 발급받지 아니하고 농지를 취득할 수 있다. 1. ….

문제 2) 乙 소송대리인의 [사례 2]의 항변에 관한 판단을 논거를 제시하여 약술하시오.

　　[사례 2]에서 甲재단은 乙에게 A부동산의 소유권이전등기를 소구하는바, 이 청구는 [사안]에서 乙이 甲에게 교부한 이행합의각서상 약정에 의한 것이다. 乙의 주장은 甲재단이 농지법상 A부동산의 소유권을 취득할 수 없으므로 원시적으로 급부가 불가능하며, 위 부동산의 소유권이전등기도 또한 불가능하므로 무효라는 것이다(민법 제535조).

　　대법원 판례는 급부의 불능을 거래관념 내지 거래통념에 의해 판단하는바, "채무의 이행이 불능이라는 것은 단순히 절대적·물리적으로 불능인 경우가 아니라 사회생활에 있어서의 경험법칙 또는 거

래상의 관념에 비추어 볼 때 채권자가 채무자의 이행의 실현을 기대할 수 없는 경우"라고 한다.[5]

　　그런데 농지법상 甲재단이 A부동산을 취득할 수 없다는 것은 농업경영에 이용하거나 이용할 자가 아니어서 농지의 소유권을 취득할 수 없도록 하는 행정적 규제로서, 농지인 A부동산을 취득하려는 자가 그 소유권에 관한 등기를 신청할 때에 첨부하여야 할 서류인 농지법 제8조 제1항에서 정한 농지취득자격증명을 받을 수 없다는 것이다. 따라서 甲재단이 A부동산의 소유권이전등기를 하지 못하는 사유는 甲재단의 특유한 사정에 의한 것이지 농지 소유권의 이전거래상 일반 사회생활에 있어서의 경험법칙 또는 거래상의 관념에 비추어 A부동산의 소유권이전이 불가능한 것이라고 할 수는 없다.

　　또한 대법원 판례에 의하면, 농지취득자격증명은 농지를 취득하는 자에게 농지취득의 자격이 있다는 것을 증명하는 것일 뿐 농지취득의 원인이 되는 법률행위의 효력을 발생시키는 요건은 아니라고 한다.[6] 그러므로 甲재단이 농지법상 농업인 또는 농업법인이 아니어서 당초부터 농지취득자격증명을 받을 수 없다는 이유로 위 약정의 원시적 불능을 주장하는 乙의 항변은 이유 없다.

---

5 대법원 1995. 2. 28. 선고 94다42020 판결, 대법원 2003. 1. 24. 선고 2000다22850 판결, 대법원 2006. 6. 16. 선고 2005다39211 판결, 대법원 2010. 12. 9. 선고 2009다75321 판결 등.
6 대법원 2006. 1. 27. 선고 2005다59871 판결 참조.

甲재단은 乙에게 ① A부동산 매수자금으로 교부한 3억 원과 그 이자 상당액의 반환, 그리고 ② A부동산의 소유권반환을 거부함으로써 발생한 전매(轉賣)차익 상당의 손해배상을 청구한다. 이에 대해 乙은 甲재단으로부터 받은 매수자금은 A부동산 매입대금으로 지출하였고, 甲재단은 A부동산에 관한 제세 및 공과금을 부담하였으나 甲재단이 시설 등을 설치하여 사용하였으므로 매수자금 등을 부당이득으로 반환할 의무가 없고, A부동산은 자신이 소유명의자이므로 甲재단이 전매차익의 손해배상을 청구하는 것은 부당하다고 주장한다.

문제 3) [사례 3]에서 甲재단의 청구와 乙의 주장에 관한 판단을 논거를 제시하여 약술하시오.

1. A부동산 매수자금과 그 이자 상당액의 반환

[사안]에서와 같이, 명의신탁자(甲재단)와 명의수탁자(乙)가 명의신탁약정을 맺고 명의수탁자(乙)가 당사자가 되어 명의신탁약정이 있다는 사실을 알지 못하는 매도인(선의인 소유자 丙)과의 사이에 부동산에 관한 매매계약을 체결한 후, 그 매매계약에 따라 당해 부동산의 소유권이전등기를 수탁자(乙)명의로 마친 이른바 '계약명의신탁'의 경우 명의신탁자와 명의수탁자 사이의 명의신탁약정은 무효이지만(부동산실명법 제4조 제1항), 명의수탁자(乙)는 당해 부동산의 완전한 소유권을 취득한다(부동산실명법 제4조 제2항 단서).

[문제 1]에서 검토한 바와 같이 대법원 판례에 의하면, 부동산 명의신탁약정은 비록 무효이지만 부동산실명법의 입법취지에 비추어

그 약정에 의한 부동산 물권의 이전은 불법원인급여는 아니다. 따라서 명의신탁자는 명의수탁자에 대해 부당이득반환청구를 할 수 있으며, 민법 제747조에 의해 명의수탁자는 수익자로서 원물인 해당 부동산을 반환하여야 하고, 원물반환이 불가능한 경우에는 그 가액을 반환하여야 한다. 이에 관해 대법원 판례는, 계약명의신탁약정이 부동산실명법 시행 후에 이루어진 경우 명의신탁자는 애초부터 당해 부동산의 소유권을 취득할 수 없었으므로 위 명의신탁약정의 무효로 인하여 명의수탁자가 얻은 이익은 부동산 자체가 아니라 명의수탁자에게 제공한 매수자금이라고 한다.[7]

[사안]에서 甲재단과 乙이 A부동산에 관해 명의신탁약정을 한 시점은 2011. 3.경이므로 부동산실명법이 시행(1995. 7. 1.)된 이후이다. 따라서 대법원 판례에 의하면, 乙이 甲재단에 부당이득으로서 반환하여야 할 이득은 甲재단으로부터 지급받은 A부동산의 매수자금 3억원이다.

그리고 [사안]에서 합의이행각서 및 사실확인서의 작성 교부, 근저당권의 설정 등은 부동산 실명법이 시행된 시점에 비추어, 乙은 甲재단과의 A부동산의 소유명의신탁약정이 무효임을 알면서 甲재단으로부터 A부동산의 매수자금을 지급받은 악의의 수익자에 해당한다.[8] 乙은 甲재단에 대하여 민법 제748조 제2항에 의해, 위

---

7 대법원 2008. 2. 14. 선고 2007다69148 판결, 대법원 2014. 8. 20. 선고 2014다30483 판결 등 참조. 이와 달리 부동산실명법 시행 전에 명의수탁자가 명의신탁 약정에 따라 부동산에 관한 소유명의를 취득한 경우 대법원은, 부동산실명법의 시행 후 같은 법 제11조의 유예기간이 경과하기 전까지 명의신탁자는 언제라도 명의신탁 약정을 해지하고 당해 부동산에 관한 소유권을 취득할 수 있었으므로, 실명화 등의 조치 없이 위 유예기간이 경과함으로써 같은 법 제12조 제1항, 제4조에 의해 명의신탁 약정은 무효로 되는 한편, 명의수탁자가 당해 부동산에 관한 완전한 소유권을 취득하며, 같은 법 제3조 및 제4조가 명의신탁자에게 소유권이 귀속되는 것을 막는 취지의 규정은 아니므로 명의수탁자는 명의신탁자에게 자신이 취득한 당해 부동산을 부당이득으로 반환할 의무가 있다고 한다. 대법원 2002. 12. 26. 선고 2000다21123 판결, 대법원 2008. 11. 27. 선고 2008다62687 판결 등 참조.

8 부당이득반환의무자가 민법 제748조 제2항에서 정한 악의의 수익자라는 점에 대하여는 이를

매수자금을 제공받은 때로부터 그에 대한 법정이자도 반환하여야 한다.

그런데 [사례 3]에서는 乙의 주장은, 甲재단으로부터 제공받은 A부동산 매입자금을 당시에 A부동산 대금으로 모두 지출하였고, 이후 위 부동산은 명의만 乙로 되어 있을 뿐 乙이 재직한 甲재단이 점유하여 실질적으로 사용, 수익하였으므로 매수자금으로부터 아무런 이득을 얻은 것이 없다는 것이다. 부동산의 명의신탁관계에서는 통상 명의신탁자가 해당 부동산을 점유하면서 사용, 수익하고 조세 및 공과금을 부담한다. [사례 3]에서도 甲재단은 A부동산에 시설 등을 설치하여 사실상 점유하여 사용하면서 조세 및 공과금을 부담하였으므로, [사안]에서 달리 판단할 특별한 사정이 없는 한, 乙에게 A부동산 매수대금의 이자에 상당하는 수익이 있다고 볼 수 없으므로 그 이자 상당액에 대한 부당이득반환채무는 성립하지 아니한다(민법 제741조).

그리고 앞에서 검토한 바와 같이, 乙은 甲재단에서 A부동산의 소유권이전을 거부하는 것은 부동산실명법에 의해 乙은 A부동산의 소유권자가 되므로 적법하지만, 乙이 A부동산에 설치되어 있던 甲재단의 시설을 철거하기 시작한 2015. 2.부터는 위 부동산의 매수자금의 이자 상당액을 부당이득으로 반환하여야 한다.[9]

주장하는 측에서 입증책임을 부담한다. 이 때 악의에 관하여 대법원 판례는 "민법 제749조 제2항에서 악의로 의제되는 경우 등은 별론으로 하고, 자신의 이익 보유가 법률상 원인 없는 것임을 인식하는 것을 말하고, 그 이익의 보유를 법률상 원인이 없는 것이 되도록 하는 사정, 즉 부당이득반환의무의 발생요건에 해당하는 사실이 있음을 인식하는 것만으로는 부족하다. 따라서 계약명의신탁에서 명의수탁자가 수령한 매수자금이 명의신탁약정에 기하여 지급되었다는 사실을 알았다고 하여도 그 명의신탁약정이 부동산 실권리자명의 등기에 관한 법률 제4조 제1항에 의하여 무효임을 알았다는 등의 사정이 부가되지 아니하는 한 명의수탁자가 그 금전의 보유에 관하여 법률상 원인 없음을 알았다고 쉽사리 말할 수 없다."고 한다. 대법원 2010. 1. 28. 선고 2009다24187, 24194 판결 참조.

9 대법원 2010. 1. 28. 선고 2009다24187, 24194 판결, 대법원 2012. 11. 15. 선고 2010다 68237 판결, 대법원 2013. 3. 14. 선고 2011다103472 판결 참조.

그밖에 부당이득반환채무는 기한 없는 채무(민법 제387조 2항)로서 甲재단이 그 반환을 청구한 때에 기한이 도래한다.[10]

2. A부동산의 전매차익 상당의 손해배상

[사례 3]에서 甲재단은 乙에게 A부동산의 전매차익 상당의 손해 배상을 청구하는바, 이는 甲재단이 乙로부터 A부동산의 소유권을 이전받을 경우 매수가 이상의 가격으로 전매하였을 것을 전제한다.

민법 제748조 제2항 후단에 의하면, 악의의 수익자는 "손해가 있으면 이를 배상하여야" 한다. 이에 관한 해석론은 다양하지만, 종래의 지배적인 해석론에 의하면, 불법행위에 의한 손해배상이라고 한다. 이에 따르면 악의의 수익자인 乙은 甲재단에게 불법행위에 의한 손해 배상책임(민법 제750조)이 성립될 수 있는가에 관해 의문이 제기될 수도 있을 것이다.[11] 그렇지만 부동산실명법에 의해 A부동산의 소유권은 종국적으로 乙에게 적법하게 귀속되므로 甲재단에 대해 소유권침해

---

10 대법원 1995. 11. 21. 선고 94다45753 판결, 대법원 2008. 2. 1. 선고 2007다8914 판결, 대법원 2010. 1. 28. 선고 2009다24187 판결 참조.

11 대법원은, 명의신탁자와 명의수탁자가 이른바 계약명의신탁약정을 맺고 명의수탁자가 당사자가 되어 그러한 명의신탁약정이 있다는 사실을 알고 있는 소유자로부터 부동산을 매수하는 계약을 체결한 후 그 매매계약에 따라 명의수탁자 앞으로 당해 부동산의 소유권이전등기가 행하여졌다면 '부동산 실권리자명의 등기에 관한 법률' 제4조 제2항 본문에 의하여 명의수탁자 명의의 소유권이전등기는 무효이고 당해 부동산의 소유권은 매도인이 그대로 보유하게 되고(대법원 2009. 5. 14. 선고 2007도2168 판결 참조), 명의신탁자는 부동산매매계약의 당사자가 되지 아니하고 또 명의신탁약정은 위 법률 제4조 제1항에 의하여 무효이므로, 그는 다른 특별한 사정이 없는 한 부동산 자체를 매도인으로부터 이전받아 취득할 수 있는 권리 기타 법적 가능성을 가지지 못하므로, 명의수탁자가 명의신탁자에 대한 관계에서 횡령죄에서의 '타인의 재물을 보관하는 자'의 지위에 있다고 볼 수 없으며, 부동산매매계약에 있어서 매수인이 된 사람이 비록 제3자와의 약정에 기하여 계약자 명의를 제공한 것이라고 하더라도 다른 특별한 사정이 없는 한 그와 같은 명의대여의 약정은 그들 사이의 내부적인 관계에 불과하고 자신의 명의로 위 계약을 체결한 사람이 매매당사자가 된다(대법원 2003. 9. 5. 선고 2001다32120 판결, 대법원 2012. 12. 13. 선고 2010도10515 판결 등 참조)고 한다.

로 인한 불법행위는 성립될 수 없다.[12]

[사례 3]에서 甲재단의 乙에 대한 A부동산의 전매차익 상당의 손해배상의 청구는 인용될 수 없다.

사례 4

甲재단은 소속 고위 직무자들에게 승용차를 제공하여 사용토록 하고 있다. 乙도 B승용차 1대를 지급받는바, 甲재단이 그 매입대금을 부담하였고 乙 명의의 최초등록이 2011. 7. 26. 이루어졌다. 그 이후 乙은 2015. 1. 5. 丁에게 당시 시가 3천만 원에 매도하고, 같은 날 자동차등록원부의 명의를 丁으로 변경하였는데, 丁은 위와 같은 사실을 아무런 부주의 없이 전혀 알지 못하였다.

甲재단으로부터 소송 수행을 위임받은 변호사는 2015. 6. 27. 乙에게 위 승용차를 반환하라는 청구를 추가하였고, 2015. 7. 15. 乙에게 그 부본이 내용증명의 우편으로 송달되었다. 위 B승용차 중고의 시가는 현재까지 변함이 없다.

---

12 그리고 甲재단이 주장하는 전매차익은 배상 가능한 현실적이고 구체적인 손해라고 할 수도 없을 것이다. 나아가 불법행위 성립을 인정할지라도 비영리법인인 甲재단은 물론, 乙도 영리를 목적으로 영업 등을 하지 않은 자이다. 따라서 A부동산의 전매차익은 배상되어야 할 범위에서 민법 제763조에 의해 준용되는 제393조 제2항의 특별한 사정으로 인한 손해로서, 甲재단이 A부동산을 반환받아 제3자에게 전매하려는 등의 사정을 알았거나 알 수 있었을 때에 한하여 배상책임이 있다.

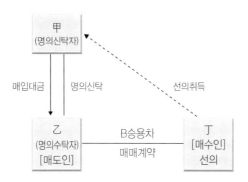

[사례 4]에서 B승용차 반환청구에 관한 판단을 논거를 제시하여 약술하시오.

　　부동산실명법에서는 부동산에 관한 명의신탁약정을 무효로 규정하고 있다. 이와 달리 부동산 이외의 동산 등 재화 및 계약거래상 명의신탁은 원칙적으로 유효하다. 명의신탁관계 당사자 사이의 대내적인 권리귀속은 명의신탁자에게 유보되지만, 제3자에 대한 대외적인 법적 지위는 명의수탁자가 소유자로서 취급된다.

　　[사례 4]에서 B승용차에 관한 甲재단과 乙 사이의 명의신탁약정은 2011. 7. 26. 이전에 이루어졌다고 할 수 있다. 그리고 위 자동차를 반환하라는 취지의 내용이 담긴 소장 부본이 2015. 7. 15. 乙에게 송달되었으므로, 명의신탁 해지의 의사표시가 같은 날 乙에게 도달되어 위 자동차에 관한 명의신탁약정은 해지되었다(민법 제543조, 제111조).

따라서 乙은 甲재단에게 위 승용차에 관하여 2015. 7. 15. 명의신탁해지를 원인으로 한 소유권이전등록절차를 이행할 의무가 있다. 그런데 乙은 위 해지일자 이전인 2015. 1. 5. 위 명의신탁 사실에 관해 선의이고 무과실인 丁에게 매도하여, 같은 날 자동차등록원부의 소유명의는 丁으로 변경되었다.[13]

[사례 4]에서 甲재단은 乙에게 B자동차에 관한 명의신탁약정을 해지하였으므로, 위 명의신탁관계는 '장래에 대하여 그 효력을 잃는다'(민법 제550조). 그렇지만 2015. 1. 5. 丁이 B승용차의 소유권을 취득하였으므로 원물반환은 불가능하게 되었다. 그러므로 乙은 甲재단에 해지 당시의 B승용차의 시가 3천만 원과 그 익일부터 지연이자 상당액을 반환하여야 한다(가액반환).

---

13 자동차관리법 제6조(자동차 소유권 변동의 효력) 자동차 소유권의 득실변경(得失變更)은 등록을 하여야 그 효력이 생긴다. 따라서 자동차는 자동차등록원부의 등록에 의해 그 물권변동이 공시되고, 그 법적 효력이 발생하며, 그 운행이 허용된다(자동차관리법 제5조 참조). 그렇지만 위와 같은 자동차관리법의 등록원부에 공신력이 부여된 것은 아닌바, 본질상 동산인 자동차에 민법상 선의취득 법리의 적용이 배제되는 것은 아니다. 예를 들어 자동차등록원부를 위조하여 타인 소유의 자동차를 매도한 경우, 진정한 소유자가 소유물반환청구 행사에 대해 매수인이 자동차등록원부상 등록하였다는 것으로써 그 반환을 거부할 수 없으나, 선의취득을 주장할 수 있다. 동산의 선의취득은 민법 제249조의 요건이 충족되어야 하는바, 양도인이 무권리자라고 하는 점을 제외하고는 '아무런 흠이 없는 거래행위'이어야 성립한다. 대법원 1995. 6. 29. 선고 94다22071 판결 참조. 그리고 저당권의 실행으로 경매되는 부동산의 상용(常用)에 공(供)하여진 타인 소유의 동산은 경매 부동산의 종물이라고 할 수 없으므로 부동산에 대한 저당권의 효력에 미칠 수 없어 부동산의 낙찰자가 당연히 그 소유권을 취득하지 못하며(민법 제100조, 제358조), 낙찰자가 그 물건을 선의취득하기 위해서는 그 물건이 경매의 목적물로 되었고 낙찰자가 선의이며 과실 없이 그 물건을 점유하는 등으로 선의취득의 요건을 구비하여야 한다는 판결례는 대법원 2008. 5. 8. 선고 2007다36933 판결 참조.

甲재단은 乙에게 A부동산, B승용차 이외에도, 甲재단이 실질적인 소유하여 경영하는 C종합건설의 주식 일부(시가 1억 원 상당)를 乙에게 명의신탁한 상태에 있었는바, [사안]에서 합의이행각서 제1조에서 '甲이 乙에게 채권 5억 원이 있음을 확인'한다고 기술되어 있는데, 이는 A부동산에 채권최고액 5억 원으로 한 근저당권설정등기를 하게 된 연유의 일부인 것임이 밝혀졌다.

甲재단으로부터 소송 수행을 위임받은 변호사가 2015. 6. 20. 법원에 제출한 소장에는 위 주식의 반환을 요구하는 청구가 기재되어 있었고, 소장 부본은 2015. 7. 15. 乙에게 송달되었다.

乙의 소송대리인은 甲재단과 乙 사이의 위 주식에 관한 명의신탁약정은 甲재단이 상법상 영리법인에 해당하는 C종합건설을 편법적으로 소유, 경영하기 위하여 재단법인과 비법인 사단의 형태로 병존하면서 소속 고위 직무자들을 주주로 하여 명의신탁한 것이므로, 재단법인이 주무관청의 기본재산 등에 관한 인가 등 법적 규제를 회피하기 위한 탈법행위이고, 명의신탁 해지를 이유로 위 주식을 이전받아 보유하려는 것도 탈법행위라 할 것이어서 민법상 불법원인급여에 해당하여 위 주식의 반환은 허용될 수 없다고 주장한다.

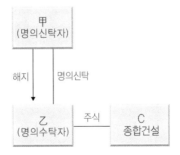

문제 5) [사례 5]에서 주식 반환청구에 관한 판단을 논거를 제시하여 약술하시오.

甲재단법인과 비법인 사단인 C종합건설은 법인격을 달리하고, 甲재단과 乙 사이의 위 주식에 관한 명의신탁은 원칙적으로 유효하다. 또한 [사례 1]에서 검토한 바와 같이, 대법원 판례는 법률로써 금하고 있는 부동산 명의신탁의 경우(부동산실명법에 의하여 무효인 명의신탁약정)에도 타인 명의의 등기가 마쳐졌다는 이유만으로 그것이 민법 제103조 위반의 불법원인급여(민법 제746조)에 해당한다고 볼 수 없다고 한다.

[사안] 및 [사례 5]에서도 위와 같은 대법원 판례의 법리와 달리 판단할 사유가 없는바, 乙의 주장만으로는 甲재단과 乙 사이의 위 주식에 관한 명의신탁약정이 강행적 효력규정에 위반하거나 이를 회피하는 탈법행위로서 무효라고 할 수 없고, 또한 민법 제103조에 해당하는 사유가 있는 것으로 볼 수도 없다.

따라서 [사례 5]에서 주식에 관한 명의신탁약정은 유효한바, 부당이득의 반환청구의 요건으로 민법 제741조의 법적 원인이 없다고 할 수 없으며, 나아가 민법 제746조의 불법원인급여에 해당한다고 보기 어렵다.

그밖에 甲재단과 乙 사이의 위 주식에 관한 명의신탁관계는 명의신탁 해지의 의사표시가 포함된 소장 부본이 2015. 7. 15. 乙에게 송달됨으로 인하여 해지되었다. 따라서 乙은 甲재단에게 위 주식에 관하여 신탁해지를 원인으로 한 위 주식의 양도절차를 이행할 의무가 있다.

계약명의신탁
– 계약의 해석, 조합계약, 계약명의신탁,
명의신탁약정의 효력, 부동산 실권리자명의 등기에 관한
법률(부동산실명법), 채권자대위소송 등 –

※ 이하 [사안] 및 각 [사례], 그리고 문제의 일자는 공휴(무)일이 아닌 것으로 의제함.
※ 이하 [사안]의 등장 인물들은 甲, 甲1, 甲2, 甲3, 甲4, 乙, 丙, 丁, 戊, 己, 庚(甲의 母), 辛(甲1의 媤父), 壬이다.

사안

(1) 甲과 甲1, 甲2, 甲3은 자매들인데, 乙의 소유 K도 ○○군 소재 산 24 임야 6,645㎡(2,010평, 이하 분할 전 '이 사건 전체 토지')를 매수한 후 이를 전매하여 이득을 얻을 목적으로 1994. 8. 5. 乙과 위 토지에 관하여 매매대금을 3억 2,000만 원으로 하는 매매계약을 체결하고 그날 계약금 2,800만 원을 乙에게 지급하였다. 그런데 1994. 9.경 이 사건 전체 토지가 토지거래허가지역으로 지정되자, 甲1 등은 위 토지에 대한 전매가 어려워질 것으로 예상하고 甲에게 계약금을 포기하고 위 매매계약을 해제하자고 하였으나, 甲은 계약금 2,800만 원 중에서 자신이 부담한 돈이 1,600만 원이나 되었기 때문에 乙에게 사정을 얘기하면서 위 매매계약을 합의해제하되 계약금 2,800만 원은 그대로 돌려달라고 부탁하였다.

(2) 위와 같은 甲의 부탁에 대하여 乙은 위 매매계약의 해제에는 동의하였으나, 계약금은 이 사건 전체 토지를 제3자에게 매도하여 받은 돈으로 반

환해 주겠다고 하면서 이를 돌려주지 않고 있었다. 이에 甲의 올케인 丙은 甲으로부터 위와 같은 사정을 전해 듣고 甲1 등을 대신하여 분할 전 토지를 매수하는 데 돈을 투자하기로 하는 한편, 그 전부터 알고 지내던 丁, 戊, 己에게도 투자를 권유하여 그들도 투자자로 끌어들여 1994. 8. 5. 이 사건 전체 토지에 관하여 투자 비율에 따라 甲의 지분 460/2,010, 丙의 지분 450/2,010, 丁의 지분 600/2,010, 戊의 지분 130/2,010, 己의 지분 370/2,010으로 정하고 甲 명의로 매수하기로 약정하였다.

(3) 甲은 1994. 10. 11. 乙과 위 분할 전 토지에 관하여 매매대금을 종전 매매대금 3억 2,000만 원에서 이미 지급한 계약금 2,800만 원을 뺀 2억 9,200만 원으로 하는 매매계약(이하 '이 사건 매매계약')을 체결하였는데, 다만 계약서에는 계약체결 일자를 1994. 8. 5.로 소급하여 기재하였다.

(4) 그 후 甲은 1994. 10. 31.경 乙에게 위 분할 전 토지의 실제 매수인이 누구인지 등의 구체적인 사정은 말하지 않은 채 매수인을 '辛 외 3인'으로 한 부동산매도용 인감증명서를 발급받아 달라고 부탁하여 이를 교부받은 다음, 1994. 12. 29. 위 이 사건 전체 토지의 각 1/4 지분에 관하여 자신의 어머니인 庚(甲의 母), 자매인 甲2, 남동생인 甲4, 그리고 자매인 甲1의 시아버지인 辛 4인(이하 '辛 등 4인') 앞으로 소유권이전등기를 마쳤다. 그리고 甲 명의가 아니라 甲의 친·인척 명의로 이 사건 전체 토지를 등기한 사실에 대해 이의를 제기하는 丁과 戊, 己의 권리를 등기상 담보해 주기 위하여 같은 날인 1994. 12. 29. 辛 등 4인의 지분에 관하여 丁과 戊 및 壬(己의 지인) 앞으로 "1994. 12. 10. 매매예약"을 원인으로 한 소유권이전청구권 보전을 위한 가등기를 마쳐주었다. 이 가등기는 그후 1997. 9. 27. 말소되었다.

(5) 1997. 4. 22. 甲, 丙, 丁, 戊, 己는 이 사건 전체 토지에 대하여 "주소: K도 H시 ○○구 소재(2,010평), 소유자: 甲 460평, 丙 450평, 丁 600평, 戊 130평, 己 370평, 각각 위의 소유지분을 인정하고 확인합니다"라는 내용의 문서(이하 '이 사건 공동문서')를 작성하였다.

(6) 이후 이 사건 전체 토지는 1999. 2. 11. H시 ○○구 △△동 185-25 임야 6,645㎡로 등록전환되었고, 위 토지에서 ① 2000. 3. 24. 위 △△동 185-34 임야 2,329㎡, ② 2000. 9. 2. 위 △△동 185-35 임야 2,611㎡ 가 각 분할되어, 결국 위 185-25 임야(이하 '이 사건 A토지')는 그 면적

이 1,705㎡로 줄어들게 되었다.

(7) 위 H시 ○○구 △△동 ① 185-34 임야 2,329㎡와 ② 185-35 임야 2,611㎡는 2000년경 ●●사업지구로 편입되었고, 한국●●건설공단이 협의취득하였다. 위 공단은 위 각 토지의 등기부상의 소유자 중의 1인 인 庚 명의의 K은행 계좌로 2000. 8. 12. 위 ① △△동 185-34 임야에 대한 보상금으로 459,337,500원, 2000. 10. 19. 위 ② △△동 185-35 임야에 대한 보상금으로 497,537,500원 합계 956,875,000원을 지급하였다.

(8) 甲은 위 보상금의 분배 과정에서 丙과 丁이 그들의 정당한 몫보다 더 많 이 보상금을 분배받고 자신에게 손실을 입혔다고 주장하면서 丙과 丁을 상대로 2007. 3. 5. 소송을 제기하였는데, 이 소송에서 甲은 丁에 대한 지분이전의무를 인정하였으나 부당이득반환에 관하여는 승소판결을 선 고받았다(S고등법원 2011. 12. 30. 선고 2011가합○○○ 판결). 이에 대 하여 丁은 상고하지 않아 丁에 대한 부분은 확정되었고, 丙의 항소는 丙 의 부당이득을 인정할 증거가 없다는 이유로 제1심 판결 중 丙에 대한 부분을 취소하고 甲의 청구를 기각하는 판결을 선고하였다(S고등법원 2012. 11. 28. 선고 2012나○○○○○ 판결). 甲은 위 판결에 불복하여 대법원 2013다▲▲▲호로 상고하였으나 대법원은 2013. 4. 27. 상고를 기각하였다. 丁은 2015. 10. 15. 甲을 피공탁자로 하여 판결원리금 합계 229,169,381원을 공탁하였다.

(9) 한편, 丙은 분배받은 보상금이 자신의 지분에 미치지 못한다는 이유로 이 사건 A토지 중 庚, 辛 명의의 각 1/4 지분에 관하여는 2002. 7. 25. 자기 명의로 2002. 7. 20. 지분매매를 원인으로 한 소유권이전등기를 마 쳤다. 그리고 이 사건 A토지 중 甲2 명의의 1/4 지분에 관하여는 2010. 6. 29. 甲 명의로 2010. 5. 29. 매매를 원인으로 한 소유권이전등기가 마 쳐졌으며, 이어서 甲 명의의 1/4 지분 중 36/1,705 지분에 관하여 2012. 12. 20. 丁 명의로 2012. 12. 11. 매매를 원인으로 한 소유권이전등기가 마쳐졌다.

현재 등기부상으로는 이 사건 A토지 중 甲이 390.25/1,705 지분을, 甲4가 1/4 지분을, 丙이 2/4 지분을, 丁은 36/1,705 지분을 각 소유하 고 있으며, 위와 같은 사실관계 등의 경위에 관해 당사자들은 다툼이 없다.

(10) 2015. 12. 7. 丁은 甲과 甲4, 丙, 庚, 辛에 대하여 소송을 제기하였는데, 丁의 甲에 대해 '피고 甲은 원고에게 H시 ○○구 △△동 소재 185-25 임야 1,705㎡ 중 피고 甲이 소외 乙로부터 이전받은 897.03/1,705 지분 중 472.96/1,705 지분에 관하여 1997. 4. 22. 지분약정 또는 1994. 8. 5. 위임약정을 원인으로 한 소유권이전등기절차를 이행하라'라는 청구취지에 관해 다음과 같이 주장한다.

① 원고 丁과 피고 甲 등은 1994. 8. 5.경 이 사건 전체 토지를 공동으로 매수하면서 각자의 매수자금의 투자비율에 따라 위 (2)의 지분 약정을 하고 피고 甲 명의로 매수하여 공동사업을 경영할 목적으로 계약을 체결하였고, 피고 甲에게 이 사건 토지 중 508.96/1,705(=1,705 ㎡×600/2,010) 지분의 매수를 위탁하였는데('이 사건 토지'), 甲은 같은 날 소외 乙로부터 위 지분을 매수하였으므로, 피고 甲은 원고에게 이 사건 A토지 중 피고 甲이 소외 乙로부터 이전받을 897.03/1,705 지분(이하 'B지분') 중 472.96/1,705 지분(이하 'C지분')에 관한 소유권이전등기를 경료 받아 위 1994. 8. 5.자 계약을 원인으로 한 소유권이전등기절차를 이행할 의무가 있다.

② 피고 甲은 위 ①의 약정에 따라 그 명의로 분할 전 이 사건 전체 토지를 매수한 다음, 피고 庚 등 명의로 이 사건 전체 토지 중 각 1/4 지분에 관한 지분이전등기를 마쳤고, 원고와 피고 丙 등은 그 이후인 1997. 4. 22. 이 사건 전체 토지 중 각자의 지분을 확인하고 이에 따라 이 사건 전체 토지에 관하여 실소유자인 원고, 피고 丙 등 명의의 지분이전등기를 마치기로 약정하였으므로 피고 甲은 원고에게 C지분에 관하여 위 1997. 4. 22.자 지분약정을 원인으로 한 소유권이전등기절차를 이행할 의무가 있다.

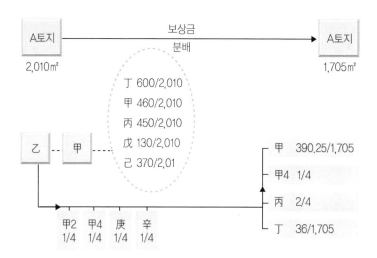

문제 1) [사안]에서 丁의 소송 청구상 주장[위 (10) ①, ②]에 비추어 甲, 丙, 丁, 戊, 己의 법적 관계에 관하여 현행 민법상 전형계약에의 (포섭) 적용의 논거를 제시하여 약술하시오.

　[사안]에서, ㉠ 丁(원고), 피고 甲, 丙, 소외 戊, 己는 1994. 8. 5. 대금을 공동으로 부담하여 甲으로 하여금 乙 소유의 이 사건 전체 토지를 매수하게 한 다음 이를 전매하여 그 대금을 지분의 비율에 따라 분배하기로 약정하였고, ㉡ 위 약정에 따라 1994. 10. 11. 甲은 乙과 이 사건 매매계약을 체결한 후, 사건 전체 토지를 甲과 친·인척 관계에 있는 甲2, 甲4, 庚, 辛에게 명의신탁하여 1994. 12. 29. 이 사건 전체 토지 중 각 1/4 지분에 관하여 위 辛 등 4인 명의의 지분소유권이

전등기를 마쳤고, 그 무렵 원고 丁과 피고 甲, 丙, 소외 戊, 己는 소유권이전청구권 보전을 위한 가등기를 하는 등으로 위 명의신탁을 사실상 추인하였으며, ㉢ 丁와 丙 등은 1997. 4. 22. 甲은 460/2,010 지분, 丙은 450/2,010 지분, 丁은 600/2,010 지분, 戊는 130/2,010 지분, 己는 370/2,010 지분을 각 소유하고 있음을 확인하는 내용의 이 사건 공동문서를 작성한 사실을 각 인정할 수 있다.

그리고 [사안]의 주장 (10)의 ①에서 원고 丁은, 이 사건 전체 토지를 피고들과 공동으로 매수하기로 한 것은, 공동사업을 경영할 목적으로 계약을 체결한 것이고, 피고 甲에게 이 사건 토지 중 508.96/1,705(＝1,705㎡×600/2,010) 지분의 매수를 위탁한 것이라고 주장한다. 따라서 이하에서는 현행 민법상 ① 조합계약(민법 제703조 이하)과 ② 위임계약(민법 제680조 이하)에 해당하는지를 중심으로 검토한다.

1. ① 조합계약의 성립 여부

원고 丁과 피고 丙 등은 각자 매수자금을 출연하고 그에 상응하는 매수지분을 정하여 피고 甲 명의로 이 사건 전체 토지를 공동으로 매수하도록 위탁한 다음, 이 사건 전체 토지에 관한 등기명의를 辛 등 4인에게 신탁한 관계에 있다.

위와 같이 수인이 부동산을 공동으로 매수한 경우, 대법원은 "매수인들 사이의 법률관계는 공유관계로서 단순한 공동매수인에 불과할 수도 있고, 수인을 조합원으로 하는 동업체에서 매수한 것일 수도 있는데, 부동산의 공동매수인들이 전매차익을 얻으려는 '공동의 목적 달성'을 위하여 상호 협력한 것에 불과하고 이를 넘어 '공동사업을 경영할 목적'이 있었다고 인정되지 않는 경우 이들 사이의 법률관계는 공유관계에 불과할 뿐 민법상 조합관계에 있다고 볼 수 없다. 공동매수의 목적이 전매차익의 획득에 있을 경우 그것이 공동사업을 위하여 동업체에서 매수한 것이 되려면, 적어도 공동매수인들 사이에서 매수한 토지를 공유가 아닌 동업체의 재산으로 귀속시키고 공동매수인 전원의 의사에 기하여 전원의 계산으로 처분한 후 이익을 분배하기로 하는 명시적 또는 묵시적 의사의 합치가 있어야만 하고, 이와 달리 공동매수 후 매수인별로 토지에 관하여 공유에 기한 지분권을 가지고 각자 자유롭게 지분권을 처분하여 대가를 취득할 수 있도록 한 것이라면 이를 동업체에서 매수한 것으로 볼 수는 없다"고 한다.[14]

　　[사안]의 (4)에서 공동매수인들 중 원고 丁과 소외 戊은 피고 甲의 명의신탁 후 피고 甲 등과 합의 하에 매매예약을 원인으로 한 소유권이전청구권 보전을 위한 가등기를 마친 것은, 이 사건 전체 토지의 공동매수와 명의신탁에 의하여 보유하게 된 대내적인 소유지분을 확보하기 위하여 자신들의 매수지분에 관하여 개별적인 권리행사를 한 것이고, 이에 대해 피고 甲 등은 이를 허용한 것으로 볼 수 있다. [사안]의 (5)에서는 원고 丁과 피고 丙 등이 1997. 4. 22. 이 사건 공동문서를 작성하면서 수익분배비율이나 출자비율이라는 표현을 사용하지 않고 각자를 소유자로 표기하고 이 사건 전체 토지에 대한 각자의 매수 평수를 기재한 후 '각각 위의 소유지분을 인정하고 확인한다'고 명시하였는데, 이는 그 문언대로 원고 丁과 피고 丙 등이 서로 이 사건 전체 토지의 공동매수와 그 소유명의를 辛 등에게 신탁하여 보유하게 된 각자의 대내적 소유지분을 인정하고 확인한 것으로 해석된다. 또한 [사안]의 (8)에서 피고 甲은 ①, ② 토지에 대한 보상금의

---

14 대법원 2002. 6. 14. 선고 2000다30622 판결, 대법원 2004. 4. 9. 선고 2003다60778 판결, 대법원 2007. 6. 14. 선고 2005다5140 판결, 대법원 2009. 12. 24. 선고 2009다75635, 75642 판결, 대법원 2010. 2. 11. 선고 2009다79729 판결 참조.

분배를 둘러싼 분쟁에서 보상금에 대한 개별적인 권리행사가 가능함을 전제로 자신이 원고가 되어 부당이득반환청구소송을 제기하였고, [사안]의 (9)에서 피고 丙은 위 보상금 분배과정에서 자신이 분배받은 금액이 자신의 지분에 미치지 못한다는 이유로 이 사건 토지 중 일부 지분에 관하여 지분이전등기를 마치는 등이 이루졌다. 이와 같은 제반 사정에 비추어 보면, 원고 丁과 피고 丙 등은 각자 자금을 출연하여 피고 甲이 매수하기로 한 이 사건 전체 토지를 피고 甲이 피고 辛 등 앞으로 명의신탁한 것을 추인하면서 각자의 매수지분에 상응하는 대내적 소유지분의 보유를 서로 인정하고 그에 대한 개별적인 권리행사를 허용할 의사가 있었고, 실제 그에 따라 개별적인 권리행사를 한 것이므로 각자의 매수지분에 상응하는 대내적 소유지분의 공유적 보유를 서로 인정하고 이에 대하여 개별적인 권리행사를 인정한 것이다.

따라서 원고 丁과 피고 丙 등 사이에서, 이 사건 전체 토지를 甲 명의로 공동으로 매수하여 공동사업을 경영할 목적으로 동업계약을 체결하고 위 토지를 동업체의 재산으로서 귀속시키고 전원의 의사에 기하여 전원의 계산으로만 이 사건 전체 토지를 처분하기로 하는 합유적 의사의 합치가 있었다고 해석할 수는 없다고 할 것이다.

2. ② 위임계약관계의 존부

원고 丁과 피고 丙 등이 피고 甲 명의로 이 사건 전체 토지를 공동 매수하는 1994. 8. 5.자 약정은, 원고 丁이 다른 공동매수인들과 함께 각자 매수자금을 출연하고 그에 상응하는 매수지분을 정하여 피고 甲으로 하여금 그 명의로 소외 乙로부터 이 사건 전체 토지를 매수토록 위탁한 것이라 할 수 있다. 그리고 이후 피고 甲이 그의 친·인척

인 피고 辛 등 4인 앞으로 그 소유의 등기명의를 신탁한 것은 피고
甲이 위탁받아 매수한 이 사건 전체 토지의 소유권이전등기절차로써
처리한 것이라고 해석할 수 있다. 따라서 원고 丁과 피고 甲 등이
1997. 4. 22. 이 사건 공동문서를 작성한 취지는 1994. 8. 5. 공동매수
의 사무처리의 위탁과 그 이후, — 이 사건 전체 토지에 대한 甲과 辛
등 사이의 명의신탁약정은 이에 대해 이의를 제기한 丁과 戊, 己의
권리를 등기상 담보해 주기 위하여 1994. 12. 29. 辛 등 4인의 지분에
관하여 소유권이전청구권 보전을 위한 가등기를 마쳐준 시점에 丁 등
이 추인하였다고 해석할 수 있는바—, 명의신탁에 따른 대내적 소유
지분 등의 법률관계에 관하여 명확히 합의하거나 확인한 것으로 해석
할 수 있다.

　　따라서 1994. 8. 5.자 약정은 원고 丁과 피고 丙 등이 甲에게 그
의 명의로 위 토지를 공동매수하는 사무의 처리를 위탁하고 甲이 이
를 승낙한 것은 현행 민법 제680조의 위임계약에 해당한다. 다만
1994. 8. 5.자 위임약정에 따라 甲이 수임인으로서 자신의 명의로 이
사건 전체 토지를 매수한 후 이를 처분하여 전매차익을 얻으려는 '공
동의 목적 달성'을 위하여 상호 협력한 것에 불과하므로, 원고와 피고
甲 등 사이의 법률관계는 공유관계에 그칠 뿐 이를 넘어 '공동사업을
경영할 목적'이 있었다고 할 수 없기에 이들 사이의 법률관계를 민법
상 조합관계라고 볼 수 없다.[15]

---

15 대법원 2004. 4. 9. 선고 2003다60778 판결, 대법원 2010. 2. 11. 선고 2009다79729 판결,
　　대법원 2012. 8. 30. 선고 2010다39918 판결 등 참조.

원고 丁과 피고 甲 사이의 조합계약은 인정되지 않으므로 피고
甲은 원고 丁에 대하여 조합계약에 기한 C지분의 소유권이전등기절
차의 이행을 청구할 수 없다. 그러나 피고 甲과의 1994. 8. 5.자 약정
에 의한 위임계약관계가 인정되므로, 피고 甲은 이 사건 토지 중
1997. 4. 22.자 지분약정에서 정한 원고의 지분 508.96/1,705 지분에
서 이미 원고 丁 명의로 이전등기가 마쳐진 36/1,705 지분을 뺀 나머
지 472.96/1,705 지분에 관하여 소외 乙로부터 소유권이전등기를 경
료 받아 원고 丁에게 지분약정에 따른 소유권이전등기절차를 이행할
의무가 있다(민법 제684조 제2항).

1. 소멸시효 완성 여부

[사안]에서 원고 丁과 피고 甲은 1994. 8. 5. 이 사건 토지의 매
수에 관해 위임계약을 체결하였고, 피고 甲은 1994. 10. 11. 위 토지를
매수하여 1994. 12. 29. 그의 친인척 명의로 등기를 하였다. 따라서 늦
어도 1994. 10. 11. 이후 원고 丁은 피고 甲에게 이 사건 토지의 소유
권이전을 청구할 수 있었다(민법 제166조 참조). 그런데 원고 丁은 2015.
12. 7.에야 비로소 甲 등에게 소송을 제기하였는바, 10년의 소멸시효
기간(민법 제162조)이 경과하였는지 여부가 검토되어야 한다.

[사안]에서는 특히 1997. 4. 22. 이 사건 공동문서를 작성한 사실,

2007. 3. 5. 甲이 제기한 소송에서 丁에 대한 지분이전의무를 인정한 사실, 2012. 12. 20. 甲 명의의 1/4 지분 중 36/1,705 지분의 소유권이 전등기를 한 사실 등에 비추어, 피고 甲은 원고 丁과의 위임계약상 채무를 승인하였다 할 것이므로 소멸시효의 진행은 중단되었다(민법 제168조 제3호).[16] 따라서 이 시점부터 소멸시효는 새로이 진행하므로 (민법 제178조), 2015. 12. 7. 원고 丁이 甲 등에게 소송을 제기한 시점에 소멸시효는 완성되지 않았다.

2. 甲의 명의신탁 추인과 1994. 8. 5.자 위임계약의 효력

[사안]에서 피고 甲이 이 사건 토지를 그의 친인척 辛 등에게 명의를 신탁한 것을 원고 丁이 1997. 4. 22.자 이 사건 공동문서상 약정에서 추인한 것이 1994. 8. 5.자 이 사건 토지의 매수에 관한 위임계약에 소급적으로 영향을 미칠 수 있는지의 여부에 관해 의문이 제기될 수 있다.

이 사건 토지에 관해 辛 등에게 명의신탁한 자는 피고 甲이므로, 부동산실명법 제4조 위반의 부동산의 명의신탁약정에 관한 한 원고 丁은 명의신탁약정의 당사자가 아닌 제3자로서 그 효력에 아무런 영향을 미칠 수 없는 것이 원칙이다. 따라서 1997. 4. 22.자 이 사건 공동문서의 작성은 이 사건 전체 토지의 매수위임에 따른 원고 丁 등의 각 지분을 재확인하여 약정한 것이며, 피고 甲의 위 명의신탁을 추인

---

16 소멸시효 중단사유로서의 승인은 시효이익을 받을 당사자인 채무자가 소멸시효의 완성으로 권리를 상실하게 될 자 또는 그 대리인에 대하여 그 권리가 존재함을 인식하고 있다는 뜻을 표시함으로써 성립하는 것인바, 그 표시의 방법은 아무런 형식을 요구하지 아니하고, 명시적이건 묵시적이건 불문하며, 묵시적인 승인의 표시는 채무자가 그 채무의 존재 및 액수에 대하여 인식하고 있음을 전제로 하여 그 표시를 대하는 상대방으로 하여금 채무자가 그 채무를 인식하고 있음을 그 표시를 통해 추단하게 할 수 있는 방법으로 행해지면 족하다.: 대법원 2006. 9. 22. 선고 2006다22852 판결, 대법원 2013. 10. 11. 선고 2013다207125 판결 등 참조.

하는 내용을 포함하는 것일지라도, -1994. 8. 5.자 이 사건 토지의 매수를 위임한 당시에는 부동산실명이 제정·시행되지 않아 유효한 약정이었고, 명의신탁약정이 반사회적인 무효행위는 아니었으므로-, '소급하여' 원고 丁과 피고 甲이 이 사건 토지의 명의신탁을 약정한 것으로서 의제하고 부동산실명법 위반을 들어 1994. 8. 5.자 위임약정을 무효라고 할 수 없다. 따라서 1994. 8. 5.자 이 사건 토지의 매수에 관한 원고 丁과 피고 甲 사이의 위임계약의 효력에는 법적 영향을 미치지 않는다.[17]

그러므로 피고 甲은 이 사건 토지의 C지분에 관하여 1994. 8. 5.자 위임약정 및 1997. 4. 22. 확인한 지분약정에 따라 원고 丁에게 C지분의 소유권이전등기절차를 이행하여야 한다.

---

17 1997. 4. 22.자 공동문서가 명의신탁적 위임약정이 되는가는 별개의 논점이며, 이하 [문제 5]에서 검토한다.

위 소송에서 원고 (丁)의 소송대리인은 피고 甲4, 丙, 庚, 辛에 대하여 'K 시 ○○구 △△동 소재 185-25 임야 1,705㎡ 중 각 1/4 지분에 관하여 K지 방법원 ○○등기소 1994. 12. 29. 접수 제12345호로 마친 각 소유권이전등 기의 피고 丙은 위 토지의 2/4 지분 중 470.78/1,705 지분에 관하여 K지 방법원 ○○등기소 2002. 7. 25. 접수 제56789호로 마친 소유권이전등기의 각 말소등기절차를 이행하라'는 취지의 청구를 하면서, 그 청구원인으로 '피 고 甲은 소외 乙과 사이에 1994. 10. 11. 이 사건 매매계약을 체결하였고, 이 와 관련하여 원고 丁, 피고 甲, 丙, 소외 戊, 己 사이에 원고가 이 사건 토지 의 지분 508.96/1,705(=1,705㎡×600/2,010)에 대한 소유권을 보유하기로 하는 합의가 이루어졌다(위 1997. 4. 22.자 지분약정). 한편 이 사건 토지에 관한 피고 甲4, 丙, 庚, 辛 명의의 각 1/4 지분이전등기 및 위 피고 庚, 辛 명 의의 각 지분이전등기에 터 잡아 경료된 피고 丙 명의의 2/4 지분이전등기 중 정당한 지분범위를 초과하는 470.78/1,705 지분이전등기는 각 명의신탁 약정에 기한 것으로서 무효이므로, 원고의 피고 甲에 대한 이 사건 토지 중 나머지 472.96/1,705(=508.96-36/1,705) 지분에 관한 소유권이전등기청 구권을 피보전채권으로 하여 피고 甲, 소외 乙을 순차 대위하여 乙의 피고 甲4, 丙, 庚, 辛에 대한 각 지분이전등기 말소청구권을 대위행사한다'고 주 장하였다.

이에 대하여 피고 甲4, 丙, 庚, 辛의 소송대리인은, 원고 丁의 피고 甲에 대한 지분이전등기청구권은 원고와 피고 甲 사이의 계약명의신탁약정을 근 거로 하는 것인데 부동산실명법에 의해 이와 같은 계약명의신탁약정은 무효 이므로, 원고 丁은 피고 甲에 대하여 지분이전등기청구를 구할 수 없다고 항 변하였다.

위와 같은 피고들의 항변에 대하여, 원고 丁의 소송대리인은 제3채무자인 피고들은 채무자인 피고 甲이 채권자인 원고 丁에 대하여 가지는 무효 항변 을 원용하여 주장할 수 없다고 재항변하였다.

[사례 1]에서 원고 丁이 피고 甲4, 丙, 庚, 辛에 대하여 행사하
는 권리의 요건과 그 행사 방법에 관하여 각 약술하시오.

원고 丁은 피고 甲4, 丙, 庚, 辛에 대하여 피고 甲에 대한 이 사
건 토지 중 나머지 472.96/1,705{ = (508.96 − 36)/1,705} 지분에 관한
소유권이전등기청구권을 피보전채권으로 하고 피고 甲, 소외 乙을 순
차 대위하여, 乙의 피고들(甲4, 丙, 庚, 辛)에 대한 각 지분이전등기 말소
청구권을 행사한다는 것인바, 이는 민법 제404조의 채권자대위권을
행사하는 것이다.

1. 채권자대위권의 요건

채권자대위권의 요건은 ① 피보전채권의 존재, ② 보전의 필요
성, ③ 피보전채권의 이행기 도래, ④ 피대위채권의 존재, ⑤ 채무자
의 권리 불행사, ⑥ 피대위채권이 일신전속권이 아닐 것을 요건으로
한다. 피보전채권이 비금전채권인 경우에 특정채권을 보전하기 위한
대위권의 전용이 인정된다(통설).

피보전채권과 피대위채권에 관해 대법원은 채권자가 보전하려
는 권리와 대위하여 행사하려는 채무자의 권리가 밀접하게 관련되어
있고 채권자가 채무자의 권리를 대위하여 행사하지 않으면 자기 채
권의 완전한 만족을 얻을 수 없게 될 위험이 있어 채무자의 권리를
대위하여 행사하는 것이 자기 채권의 현실적 이행을 유효·적절하게
확보하기 위하여 필요한 경우에는 채권자대위권의 행사가 채무자의
자유로운 재산관리행위에 대한 부당한 간섭이 된다는 등의 특별한 사
정이 없는 한 채권자는 채무자의 권리를 대위하여 행사할 수 있다고

한다.[18]

그러나 민법 제404조 제1항은 '채권자는 자기의 채권을 보전하기 위하여 채무자의 권리를 행사할 수 있다. 그러나 일신에 전속한 권리는 그러하지 아니하다'고 규정하고 있으므로, 이른바 행사상의 일신전속권은 채권자대위권의 목적이 될 수 없다. 또한 비록 행사상의 일신전속권은 아니지만 이를 행사하면 그로써 새로운 권리의무관계가 발생하는 등으로 권리자 본인이 그로 인한 법률관계 형성의 결정권한을 가지도록 할 필요가 있는 경우(계약의 청약이나 승낙)에는, 채무자에게 이미 그 권리행사의 확정적 의사가 있다고 인정되는 등 특별한 사정이 없는 한, 그 권리는 채권자대위권의 목적이 될 수 없으며, 이는 일반채권자의 책임재산의 보전을 위한 경우뿐만 아니라 특정채권의 보전이나 실현을 위하여 채권자대위권을 행사하고자 하는 경우에 있어서도 마찬가지이다.[19]

2. 채권자대위권의 행사방법

채권자대위권은 ① 대위채권자가 자기의 이름으로 행사하며, ② 원칙적으로 재판 외에서 행사가 가능하며, ③ 피보전채권의 이행기가 도래하지 않은 경우에는 재판상 행사하여야 한다(민법 제404조 제2항, 비송사건절차법 제45조 이하).

채권자대위소송에서 채권자는 피대위자인 채무자를 특정하여야 하고,[20] 피보전채권의 존재 및 보전의 필요성, 기한의 도래 등을 입증하여야 하며,[21] 보존행위 이외의 행사하는 때에는 채무자에게 통지하

---

18 대법원 2014. 12. 11. 선고 2013다71784 판결 등 참조.
19 대법원 2012. 3. 29. 선고 2011다100527 판결.
20 대법원 2004. 11. 26. 선고 2004다40986 판결 참조.
21 대법원 2003. 4. 11. 선고 2003다1250 판결 등 참조.

여야 한다(민법 제405조 제1항). 한편 피보전채권의 이행기가 도래하지 않아 재판상 행사하는 경우에는 대위의 신청을 허가한 재판은 직권으로 채무자에게 고지한다(비송사건절차법 제49조).

대법원 판례에 의하면, 채권자대위권을 행사하는 경우 채권자와 채무자는 일종의 법정위임의 관계에 있으며,[22] 민사소송법 제218조 제3항은 '다른 사람을 위하여 원고나 피고가 된 사람에 대한 확정판결은 그 다른 사람에 대하여도 효력이 미친다'고 규정하고 있으므로, 채권자가 채권자대위권을 행사하는 방법으로 제3채무자를 상대로 소송을 제기하고 판결을 받은 경우 채권자가 채무자에 대하여 민법 제405조 제1항에 의한 보존행위 이외의 권리행사의 통지, 또는 민사소송법 제84조에 의한 소송고지 혹은 비송사건절차법 제49조 제1항에 의한 법원에 의한 재판상 대위의 허가를 고지하는 방법 등 어떠한 사유로 인하였던 적어도 채권자대위권에 의한 소송이 제기된 사실을 채무자가 알았을 때에는 그 판결의 효력이 채무자에게 미치며,[23] 이때 채무자에게도 기판력이 미친다는 의미는 채권자대위소송의 소송물인 피대위채권의 존부에 관하여 채무자에게도 기판력이 인정된다는 것이고, 채권자대위소송의 소송요건인 피보전채권의 존부에 관하여 당해 소송의 당사자가 아닌 채무자에게 기판력이 인정되지 않는다[24]고 한다. 그리고 채권자대위권을 행사하는 경우 채권자가 채무자를 상대로 하여 그 보전되는 청구권에 기한 이행청구의 소를 제기하여 승소판결을 선고받고 그 판결이 확정되면 제3채무자는 그 청구권의 존재를 다툴 수 없다.[25]

---

22 대법원 1996. 8. 21. 자 96그8 결정 참조.
23 대법원 1975. 5. 13. 선고 74다1664 전원합의체 판결 참조.
24 대법원 2014. 1. 23. 선고 2011다108095 판결 등 참조.
25 대법원 1998. 3. 27. 선고 96다10522 판결, 대법원 2007. 5. 10. 선고 2006다82700, 82717 판결, 대법원 2014. 7. 10. 선고 2013다74769 판결 등 참조.

문제 4) [사례 1]에 관한 원고 丁과 피고 甲4, 丙, 庚, 辛의 소송대리인
의 항변 및 재항변 주장에 관한 법적 판단을 논거를 제시하여
약술하시오.

　　채권자가 채권자대위권을 행사하는 소송상 청구에서 제3채무자
는 채무자가 채권자에 대하여 가지는 항변권이나 형성권 등과 같이
그 권리자에 의한 행사를 필요로 하는 사유를 들어 채권자의 채무자
에 대한 권리가 인정되는지 여부를 다툴 수 없다.[26]

　　그렇지만 대위채권자가 채무자의 권리를 행사하는 것은 채무자
스스로 권리를 행사하는 경우와 본질적으로 다르지 않으므로, 제3채
무자는 채무자에게 대항할 수 있는 사유, 즉 예를 들어 변제, 상계의
항변, 동시이행항변권의 행사 등으로써 대위채권자에게 대항할 수 있
다. 또한 제3채무자가 채권자의 채무자에 대한 권리의 발생원인이 된
법률행위가 무효라거나 위 권리가 변제 등으로 소멸하였다는 등의 사
실을 주장하여 채권자의 채무자에 대한 피대위권리가 인정되는지 여
부를 다투는 것은 허용되고, 이 경우 법원은 제3채무자의 위와 같은
주장을 고려하여 채권자의 채무자에 대한 권리가 인정되는지 여부에
관하여 직권으로 심리·판단하여야 한다.[27]

　　[사례 1]에서 피고들 甲4, 丙, 庚, 辛이 제3채무자로서 주장하는
바를 위와 같은 법리에 비추어 보면, 이 사건 토지에 관한 법률행위,
즉 피고 甲과의 명의신탁약정은 부동산실명법 제4조에 의해 계약명의
신탁약정이 무효라는 주장은, 원고 丁이 피고 甲에 대하여 지분이전

---

26 채권의 소멸시효가 완성된 경우 이를 원용할 수 있는 자는 원칙적으로는 시효이익을 직접 받는
　자분이고, 채권자대위소송의 제3채무자는 이를 행사할 수 없다. 대법원 1997. 7. 22. 선고 97
　다5749 판결, 대법원 1998. 12. 8. 선고 97다31472 판결, 대법원 2004. 2. 12. 선고 2001다
　10151 판결 등.
27 대법원 2015. 9. 10. 선고 2013다55300 판결.

등기청구를 구할 수 없다고 항변함으로써 채권자(대위채권자)의 채무자에 대한 피보전채권이 인정되는지 여부를 다투는 것이다. 따라서 채무자인 피고 甲이 채권자인 원고 丁에 대하여 가지는 항변권이나 형성권 등과 같이 그 권리자인 채무자에 의한 행사를 필요로 하는 사유에 해당하지 아니하여 허용되므로, 이에 대한 원고 丁 소송대리인의 재항변은 이유 없다.

> **문제 5)** [사안]과 [사례 1]에 비추어 원고 丁의 피고 甲4, 丙, 庚, 辛에 대한 C지분의 소유권이전등기절차 이행청구에 관한 법적 판단을 논거를 제시하여 약술하시오.

1. 피보전채권의 적합성

[사안]에서 대위채권자로서 원고 丁의 피보전채권은 이 사건 토지의 그의 소유지분이전등기청구권이다. 그렇기에 원고 丁의 피보전채권으로 이 사건 토지의 매수를 위한 1994. 8. 5. 피고 甲과의 위임약정에 의한 지분이전청구권이 가능할 여지도 있지만,[28] 민사소송에

---

28 1994. 8. 5.자 위임약정에 따르면 피고 甲은 수임인으로서 자신의 명의로 이 사건 전체 토지를 매수한 후 이를 처분하여 전매차익을 얻으려는 '공동의 목적 달성'을 위하여 상호 협력한 것에 불과하므로 피고 甲은 이 사건 전체 토지를 丙·丁·戊·己와 공유하는 관계에서 원고 丁에게 위임계약상 지분약정에 따른 소유권이전등기절차를 이행할 의무가 있다(민법 제684조 제2항). 따라서 위와 같은 위임약정에 따라 원고 丁이 피고 甲에 대한 이 사건 토지의 C지분의 소유권이전청구권을 피보전채권으로 하여 이행청구를 하는 것으로 상정할 수도 있게 된다. 그런데 원고 丁과 피고 甲 사이의 1994. 8. 5.자 이 사건 전체 토지에 관한 매수의 위임약정은 원고 丁과 피고 甲 사이의 채권관계에 불과하므로 이 사건 토지의 소유지분 등기명의자인 피고들(辛 등)에게 직접 소유권이전등기절차를 구할 수 없다. 따라서 위와 같이 채권자대위를 행사하여 C지분의 소유권이전을 청구하는 경우, 채무자 피고 甲의 피대위권리는 매도인 소외 乙에 대한 매매계약에 기한 소유권이전등기청구권이 될 것이다. [사안]에서는 매도인 소외 乙은 피고 甲이 1994. 10. 31.경 乙에게 위 분할 전 이 사건 전체토지의 실제 매수인이 누구인지 등의 구체적

서는 당사자 처분권주의에 따르므로(민사소송법 제203조) [사례 1]에서 원고 丁의 소송대리인이 주장하는바에 의하여 판단하여야 한다. 그러므로 원고 丁은 피고 甲이 1997. 4. 22. 이 사건 토지를 辛 등에게 명의신탁한 것을 추인하면서 이루어진 지분약정에 기한 지분이전청구권을 피보전채권으로 하고자 하는 것이고, 계약명의신탁약정은 부동산실명법 제4조 제1항에 의해 무효이므로 위 피보전채권의 적합성을 검토하여야 한다.

원고 丁의 소송대리인이 주장하는 바는 피고 甲과의 1997. 4. 22. 명의신탁약정에 의한 C지분의 소유권이전청구권을 피보전채권으로 하고, 피고 甲의 매도인 소외 乙에 대한 매매계약상 채권을 피대위권리로 하여 명의수탁자인 피고 辛 등에 대한 소외 乙의 각 지분이전등기 말소청구권을 순차적으로 대위행사한다는 것이다. 이러한 법리구성을 판례상 법리에 대응하여 보면, 신탁자(피고 甲)와 수탁자(피고 辛등)가 계약명의신탁을 약정하고, 이 사건 토지 소유자이자 매도인 소외 乙로부터 교부받은 辛 등 3인의 부동산 매도용 인감증명서를 이용하여 수탁자가 매매계약의 당사자가 되는 부동산에 관한 매매계약을 체결하는 3자간 등기명의신탁으로 인정되는 경우, 부동산 실권리자명

인 사정은 말하지 않은 채 매수인을 "辛 외 3인"으로 한 부동산매도용 인감증명서를 발급받아 달라고 부탁하여 이를 교부받은 사실, 그리고 이를 기초로 辛 등 3인 명의로 이 사건 토지의 매매계약서를 작성하여 소유권이전등기를 한 것임에 비추어 매수인 피고 甲과 피고 辛 등 사이에 명의신탁약정이 있다는 사실을 알았다고 여길 수 있는 여지가 있어 부동산실명법 제4조 제2항의 단서가 적용되지 아니하는 것으로 볼 수도 있으나, 1995. 7. 1. 부동산실명법 시행 이후에 유예기간 동안은 물론, 원고 丁이 2015. 12. 7. 이 사건 소송을 제기할 때까지 20여년 이상 피고 甲은 명의수탁자인 피고 辛 등에게 명의신탁약정 및 그에 근거한 소유권이전등기의 무효를 주장하여 매도인 소외 乙을 대위하는 등으로써 명의신탁된 이 사건 토지의 소유권이전등기 내지 그 말소 등을 요구한 사실을 인정할 수 없으므로 매도인 소외 乙에 대한 피고 甲의 매매계약에 기한 소유권이전등기청구권은 소멸시효가 완성되었거나, [사안]에서 제시된 그 밖의 정황에 비추어서도 피고 甲의 매도인 소외 乙에 대한 매매계약상의 권리를 행사를 인정하지 않는 것이 타당하다고 아니 할 수 없다. 그러므로 원고 丁이 피고 甲에 대해 위임약정상 이 사건 토지의 C지분의 소유권이전청구권을 피보전채권으로 하여 채권자대위권을 행사하여 이행청구를 하는 경우, 피고 甲의 소외 乙에 대한 피대위권리가 인정되지 않아 청구기각으로 판단하는 것이 적절하다.

의 등기에 관한 법률에서 정한 유예기간[부동산실명법 시행(1995. 7. 1. 이후 1년), 부칙 제1조]이 경과하여 위 명의신탁약정과 그에 따른 물권변동은 무효이므로(부동산실명법 제11조 제1항, 제12조 제1항, 제4조 제1, 2항), 위와 같이 명의신탁된 부동산은 매도인 소유로 복귀하므로, 매도인은 명의수탁자에게 무효인 명의등기의 말소를 구할 수 있고, 또한 부동산실명법에서 정한 유예기간 경과 후에도 매도인과 명의신탁자 사이의 매매계약은 여전히 유효하므로, 명의신탁자는 매도인에게 매매계약에 기한 소유권이전등기를 청구할 수 있고, 소유권이전등기청구권을 보전하기 위하여 매도인을 대위하여 명의수탁자에게 무효인 명의등기의 말소를 구할 수 있다[29]고 한다.[30]

그런데 원고 丁과 피고 甲 사이의 1994. 8. 5.자 위임약정은 피고 甲이 이 사건 전체 토지를 매수하는 것이다. 그리고 甲은 1994. 10. 31.경 매도인 乙에게 분할 전 이 사건 전체 토지의 실제 매수인이 누구인지 등에 관한 구체적인 사정은 말하지 않은 채 매수인을 '辛 외 3인'으로 한 부동산매도용 인감증명서를 발급받아 달라고 부탁하여 이를 교부받은 다음, 1994. 12. 29. 위 토지 중 각 1/4 지분에 관하여 자신의 어머니인 庚, 자매인 甲2, 남동생인 甲4, 그리고 자매인 甲1의 시아버지인 辛 앞으로 소유권이전등기를 하였기 때문에 소외 乙이 甲이 아닌 辛 등이 매수인으로 등기하려는 사실을 인지하였다고 할 수

---

29 대법원 1999. 9. 17. 선고 99다21738 판결, 대법원 2002. 3. 15. 선고 2001다61654 판결, 대법원 2011. 9. 8. 선고 2009다49193, 49209 판결 등.

30 그러나 3자간 등기명의신탁에서 이와 같이 부동산 실권리자명의 등기에 관한 법률에 의하여 그 명의신탁약정과 그에 의한 등기가 무효로 되더라도 명의신탁자는 매도인에 대하여 매매계약에 기한 소유권이전등기청구권을 보유하고 있어 그 유예기간의 경과로 그 등기 명의를 보유하지 못하는 손해를 입었다고 볼 수 없고, 그와 같이 명의신탁 부동산의 소유권이 매도인에게 복귀한 마당에 명의신탁자가 무효인 등기의 명의인인 명의수탁자를 상대로 그 이전등기를 구할 수도 없다 할 것이므로, 결국 3자간 등기명의신탁에 있어서 명의신탁자는 명의수탁자를 상대로 부당이득반환을 원인으로 한 소유권이전등기를 구할 수 없다. 대법원 2008. 11. 27. 선고 2008다55290, 55306 판결, 대법원 2009. 4. 9. 선고 2008다87723 판결.

있는바, - 비록 당시에는 부동산실명법이 시행되기 전이어서 명의신탁약정과 그에 근거한 부동산 소유권의 물권변동은 유효이었으나-, 소외 乙이 甲과 辛 등 사이의 명의신탁 사실에 관해 선의였다고 단정할 수는 없을 것이다. 한편, 1997. 4. 22.자 이 사건 공동문서의 약정은 위 토지의 지분을 확인하는 것이지만, -원고 丁의 소송대리인이 주장하는 바에 따르면-, 피고 甲이 보유하고 있다가 원고 丁의 의사에 따라 그에게 이전해 주기로 하는 일종의 위임약정이라는 것이므로, 동시에 위 토지의 등기는 원고 丁과 피고 甲이 지정하는 제3자 명의로 하지만 내부적으로는 원고 丁의 소유로 하는 사후적인 명의신탁약정을 추인하는 것과 다르지 않아 명의신탁약정이 혼합된 약정이라고 할 수 있을 것이다.

그리고 부동산 계약명의신탁인 경우, 수탁자는 신탁자에 대한 관계에서도 신탁부동산의 소유권을 완전히 취득하고 단지 신탁자에 대하여 명의신탁약정의 무효로 인한 부당이득반환의무만을 부담할 뿐이고, 신탁자와 수탁자 간의 명의신탁약정이 무효인 이상, 특별한 사정이 없는 한 신탁자와 수탁자 간에 명의신탁약정과 함께 이루어진 부동산 매수의 위임약정 역시 무효이다.[31] 이 경우 신탁자와 수탁자 사이에 신탁자의 요구에 따라 부동산의 소유명의를 이전하기로 한 약정도 명의신탁약정이 유효함을 전제로 명의신탁 부동산 자체의 반환을 구하는 범주에 속하는 것에 해당하여 역시 무효이다.[32]

[사례 1]에서 원고 丁의 소송대리인의 주장을 위와 같은 대법원 판례의 법리에 비추어 보면, 1997. 4. 22.자 지분약정은 피고 甲과의 계약명의신탁 관계(매수위임 관계) 및 피고들과의 등기명의신탁 관계에 기한 대내적 소유지분 보유에 관하여 공동매수인들 사이에 명확히 약

---

31 대법원 2001. 9. 25. 선고 2001도2722 판결, 대법원 2002. 4. 12. 선고 2001도2785 판결, 대법원 2004. 4. 27. 선고 2003도6994 판결, 대법원 2007. 3. 29. 선고 2007도766 판결 등 참조.
32 대법원 2006. 11. 9. 선고 2006다35117 판결 등 참조.

정하거나 재확인한 것이지만, 명의신탁약정에 관한 한 별개의 독립된 약정이 아니라 무효인 명의신탁약정을 전제로 명의신탁 부동산 자체 (지분)의 반환을 구하는 범주에 속하는 것으로서 역시 무효이다.

그러므로 원고 丁은 1997. 4. 22.자 지분약정상 대위채권자로서 채무자인 피고 甲 사이의 이 사건 토지에 관한 피고들과의 등기명의 신탁 관계에 기한 대내적 소유지분이전등기절차에 의한 피보전채권 이 인정되지 않는다.

2. 채권자대위소송의 당사자적격과의 관계

채권자대위소송에 있어서 대위에 의하여 보전될 채권자의 채무 자에 대한 권리(피보전채권)이 인정되지 아니할 경우에는 채권자가 스스로 원고가 되어 채무자의 제3채무자에 대한 권리를 행사할 당사자 적격이 없게 되므로 그 대위소송은 부적법하여 각하되어야 한다.[33]

따라서 [사례 1]에서 피보전채권이 인정되지 않는 상황에서, 채권자 丁이 원고가 되어 채무자(甲)의 제3채무자인 피고 甲4, 丙, 庚, 辛에 대한 권리를 소송상 행사할 당사자적격이 없게 되므로 대위소송 은 부적법하여 각하되어야 한다.

---

33 대법원 1994. 11. 8. 선고 94다31549 판결, 대법원 2012. 8. 30. 선고 2010다39918 판결 등 참조.

찾아보기

저자 약력

안법영 교수는 고려대학교에서 법학사, 고려대학교 대학원에서 법학석사학위, 독일 Johann Wolfgang Goethe대학에서 법학박사학위를 받은 후, 1992~1995년까지 한림대학교 법학과, 1995년부터 고려대학교 법학전문대학원 민법교수로 재직하고 있다.

백경희 교수는 고려대학교에서 법학사, 고려대학교 대학원에서 법학석사, 법학박사학위를 받은 후, 제43회 사법시험에 합격하여(사법연수원 제33기) 2004~2011년까지 법률사무소 해울에서 변호사로 활동 후, 2011년부터 인하대학교 법학전문대학원 민법교수로 재직하고 있다.

CASE STUDY OF CIVIL LAW 민사사례

초판인쇄	2016년 7월 25일
초판발행	2016년 8월 5일
공저자	안법영·백경희
펴낸이	안종만
편 집	김효선
기획/마케팅	강상희
표지디자인	권효진
제 작	우인도·고철민
펴낸곳	(주) **박영사**
	서울특별시 종로구 새문안로3길 36, 1601
	등록 1959. 3. 11. 제300-1959-1호(倫)
전 화	02)733-6771
f a x	02)736-4818
e-mail	pys@pybook.co.kr
homepage	www.pybook.co.kr
ISBN	979-11-303-2683-2 93360

정 가   19,000원